ONDE ESTÁ DAISY MASON?

ONDE ESTÁ DAISY MASON?

UM CASO DO DETETIVE
ADAM FAWLEY

CARA HUNTER

TRADUÇÃO
Edmundo Barreiros

TRAMA

Título original: *Close to Home*
Copyright © Cara Hunter, 2018
Os direitos morais da autora foram assegurados.

Copyright © Editora Nova Fronteira Participações S.A., 2021 mediante acordo com Johnson & Alcock Ltd.

Direitos de edição da obra em língua portuguesa no Brasil adquiridos pela Trama, selo da EDITORA NOVA FRONTEIRA PARTICIPAÇÕES S.A. Todos os direitos reservados. Nenhuma parte desta obra pode ser apropriada e estocada em sistema de banco de dados ou processo similar, em qualquer forma ou meio, seja eletrônico, de fotocópia, gravação etc., sem a permissão do detentor do copirraite.

Editora Nova Fronteira Participações S.A.
Av. Rio Branco, 115 — Salas 1201 a 1205 — Centro — 20040-004
Rio de Janeiro — RJ — Brasil
Tel.: (21) 3882-8200

Dados Internacionais de Catalogação na Publicação (CIP)
(Câmara Brasileira do Livro, SP, Brasil)

Hunter, Cara
  Onde está Daisy Mason? / Cara Hunter ; tradução Edmundo Barreiros. - 1. ed. - Rio de Janeiro : Trama, 2021.
  336 p.

  Título original: *Close to Home*
  ISBN 978-65-89132-08-0

  1. Ficção americana I. Título.

21-54752   CDD-813

Índices para catálogo sistemático:
1. Ficção : Literatura norte-americana   813
Maria Alice Ferreira - Bibliotecária - CRB-8/7964

www.editoratrama.com.br

 / editoratrama

Para Simon

PRÓLOGO

Está escurecendo, e a garotinha está com frio. Tinha sido um dia muito divertido — as luzes, as fantasias e os fogos de artifício que pareciam uma chuva de estrelas. Foi mágico, como em um conto de fadas, mas agora tudo foi arruinado, tudo deu errado. Ela olha para o céu por entre as folhas das árvores, e os galhos parecem estar se fechando sobre sua cabeça. Mas não é como em *Branca de Neve* nem em *A Bela Adormecida*. Não há príncipe, ninguém virá ao seu resgate em um lindo cavalo branco. Há apenas o céu escuro e monstros nas sombras. Ela ouve barulhos na vegetação rasteira, o farfalhar de pequenos animais e de alguém se aproximando num ritmo constante, passo a passo. Ela esfrega as bochechas, ainda molhadas de lágrimas, e deseja com todas as forças ser como a princesa em *Valente*. *Ela* não teria medo de estar sozinha na floresta. Mas Daisy tem.

Daisy, na verdade, tem muito medo.

— Daisy? — diz uma voz. — Cadê você?

Mais passos, agora mais próximos, e a voz está irritada.

— Você não pode se esconder de mim. Eu vou te encontrar. Você sabe disso, não sabe, Daisy? *Eu vou te encontrar.*

Vou dizer isso agora, antes de começarmos. Você não vai gostar, mas confie em mim: já fiz isso mais vezes do que gostaria de lembrar. Em um caso como este — envolvendo uma criança —, nove em cada dez vezes o criminoso é alguém próximo. Um familiar, um amigo, um vizinho. Não se esqueça disso. Por mais abalados que aparentem estar, por mais improvável que pareça, eles sabem quem é o culpado. Talvez não conscientemente, e talvez não desde o início. Mas eles sabem.
Eles sabem.

***

20 de julho de 2016, 2h05
Área residencial de Canal Manor, Oxford

Dizem que as pessoas tomam a decisão de comprar uma casa trinta segundos após entrarem nela. Bem, posso afirmar que um policial leva menos de dez. Na verdade, já chegou a uma conclusão muito antes de passar pela porta. Nós julgamos as pessoas, não o imóvel. Então quando paramos em frente ao número 5 da Barge Close, uma rua sem saída, tenho uma ideia muito boa do que esperar. É uma casa quase imponente. As pessoas que moram aqui têm dinheiro, mas não tanto quanto gostariam, ou teriam comprado uma casa vitoriana autêntica e não essa reprodução, que fica em uma propriedade novinha em folha do lado errado do canal. Os imóveis têm o mesmo tijolo vermelho, as mesmas janelas abauladas, mas os jardins são pequenos, e as garagens, enormes — não tanto uma cópia, mas uma imitação descarada.

O policial parado junto à porta da frente me informa que a família já fez a busca obrigatória na casa e no quintal. Você ficaria surpreso com quantas vezes encontramos crianças embaixo de camas ou dentro de guarda-roupas. Elas não estão perdidas, só escondidas. E a maioria dessas histórias também não tem final feliz. Mas não parece ser esse o caso. Pelo menos foi o que o inspetor encarregado me disse uma hora atrás quando me acordou: "Sei que normalmente não ligaríamos para você tão tarde, mas a esta hora da noite, e sendo uma criança tão nova, sinto que há algo errado nessa história. A família estava dando uma festa, então as pessoas começaram a procurar por ela muito antes de nos ligarem. Cheguei à conclusão de que irritar você era a menor das nossas preocupações." Eu, na verdade, não estou. Irritado, quer dizer. E, para ser sincero, teria feito a mesma coisa.

— Infelizmente, a parte de trás da casa está uma bagunça — diz o policial junto à porta. — Os convidados devem ter ficado andando por lá a noite inteira. Há restos de fogos de artifício por toda parte. Crianças. Não acho que vai ter muita coisa para a perícia lá nos fundos, senhor.

Ótimo, penso. *Absolutamente fantástico.*

Gislingham toca a campainha, e nós ficamos esperando ao lado da porta. Ele parece desconfortável. Não importa quantas vezes tenha que fazer isso, você nunca se acostuma. E, quando se acostuma, está na hora de entregar o distintivo. Dou umas últimas tragadas no cigarro e olho ao redor. Apesar de serem duas da manhã, quase todas as casas estão com as luzes acesas, e há pessoas observando em várias janelas do segundo andar. Dois carros da polícia estão estacionados na grama raquítica com marcas de bicicleta do outro lado da rua, com o pisca-alerta ligado, e alguns policiais cansados tentam manter os curiosos a distância. Há meia dúzia de outros policiais na entrada das casas, conversando com vizinhos. Então a porta da frente se abre, e eu me viro.

— Sra. Mason?

Ela é maior do que eu esperava. Com papadas já em formação apesar de não poder ter mais de, quanto, trinta e poucos anos? Está vestindo um cardigã por cima de um vestido de festa — uma peça laranja com estampa de oncinha e decote quadrado que não combina com seu cabelo. Ela olha para a rua, então aperta mais o casaco em torno do corpo. Mas a noite está longe de estar fria. Hoje a temperatura passou dos trinta graus.

— Detetive-inspetor Adam Fawley. Sra. Mason, podemos entrar?

— Vocês podem tirar os sapatos? Limpamos o carpete faz pouco tempo.

Eu nunca entendi por que as pessoas compram carpetes de cor creme, especialmente se têm filhos, mas esse não parece ser o momento para discutir. Então nos abaixamos como crianças voltando da escola e que desamarram os cadarços para entrar em casa. Gislingham me lança um olhar: há ganchos ao lado da porta, identificados com os nomes dos membros da família, e seus sapatos estão enfileirados ao lado do capacho. Por tamanho. E cor. Meu Deus.

É estranho o que expor os pés faz com sua mente. Andar de meias faz com que eu me sinta um amador. Não é um bom começo.

A sala de estar tem um portal em arco que dá para uma cozinha com uma bancada destinada às refeições. Há algumas mulheres ali, sussurrando, mexendo na chaleira, a maquiagem de festa sombria sob a luz néon agressiva. A família está sentada na beira de um sofá grande demais. Barry Mason, Sharon e o menino, Leo. O garoto olha fixamente para o chão, Sharon olha fixamente para mim, Barry está confuso. Ele se levantou, e parecia a caricatura de um pai hipster — calças cargo, cabelo um pouco espetado demais e uma camisa floral um tanto extravagante para fora da calça —, mas, apesar de o visual estar adequado aos 35 anos, o cabelo pintado em tom escuro me faz desconfiar de que ele tenha uns dez anos a mais que a esposa. E é ela, evidentemente, quem compra as calças nesta casa.

Você vê todo tipo de emoção quando uma criança desaparece. Raiva, pânico, negação, culpa. Eu vi todas elas, sozinhas ou misturadas. Mas há uma expressão no rosto de Barry Mason que eu nunca vi antes. Uma expressão que não consigo definir. Em relação a Sharon, seus punhos estão cerrados com tanta força que os nós dos dedos estão brancos.

Eu me sento; Gislingham, não. Acho que está preocupado que a mobília não aguente seu peso. Ele afrouxa o colarinho, torcendo para que ninguém perceba.

— Sra. Mason, sr. Mason — começo. — Sei que estão passando por um momento difícil, mas é vital reunir o máximo de informação possível. Tenho certeza de que vocês já sabem disso, mas as primeiras horas são cruciais. Quanto mais soubermos, maior é a probabilidade de trazermos Daisy para casa sã e salva.

Sharon Mason puxa um fio solto em seu cardigã.

— Não sei bem o que mais podemos contar ao senhor. Nós já falamos com aquele outro policial…

— Eu sei, mas seria bom contarem tudo outra vez para mim. Vocês disseram que Daisy foi à escola hoje como sempre e, depois, ficou em casa até o início da festa. Ela não saiu para brincar?

— Não. Ela ficou no quarto, no andar de cima.

— E a festa? Vocês podem me contar quem veio?

Sharon olha para o marido, depois para mim.

— Pessoas próximas. Colegas de turma das crianças. Seus pais. Os amigos dos filhos, então. Não dela. Nem deles.

— Eram quantos convidados? Umas quarenta pessoas, talvez?

Ela franze a testa.

— Não tantas. Eu tenho uma lista.

— Seria de grande ajuda se a senhora pudesse entregá-la ao detetive Gislingham.

Gislingham ergue brevemente os olhos de seu caderno.

— E quando exatamente vocês viram Daisy pela última vez?

Barry Mason ainda não disse uma palavra. Nem tenho certeza se ele me ouviu. Eu me viro em sua direção. Ele está com um cachorro de pelúcia nas mãos e não para de torcê-lo. É aflição, eu sei, mas parece, de um jeito enervante, que ele está torcendo seu pescoço.

— Sr. Mason?

Ele pisca.

— Não sei — diz ele, de forma embotada. — Por volta das onze, talvez? Estava tudo um pouco confuso. Movimentado. O senhor sabe, muita gente.

— Mas era meia-noite quando perceberam que ela tinha desaparecido.

— Decidimos que estava hora de as crianças irem para a cama. As pessoas estavam começando a ir embora. Mas não conseguimos encontrar Daisy. Nós procuramos em toda parte. Telefonamos para todo mundo em que conseguimos pensar. Minha garotinha… Minha garotinha linda…

Ele começa a chorar. Ainda acho difícil lidar com isso, mesmo agora. Com homens chorando.

Eu me volto para Sharon.

— Sra. Mason? E a senhora? Quando viu sua filha pela última vez? Foi antes ou depois dos fogos de artifício?

Sharon estremece.

— Antes, eu acho.

— E quando começaram os fogos de artifício?

— Às dez. Assim que escureceu. Nós não queríamos que eles fossem até muito tarde. Não queríamos causar problemas, nem ser advertidos pelo conselho do bairro.

— Então a senhora viu Daisy pela última vez antes disso. Foi no quintal ou em casa?

Ela hesita, franzindo a testa.

— No quintal. Ela ficou correndo de um lado para outro a noite inteira. Estava se sentindo a rainha da festa.

Eu me pergunto, por um instante, quanto tempo faz desde que ouvi alguém usar essa expressão.

— Então Daisy estava de bom humor, sem nenhuma preocupação, até onde a senhora sabe?

— Isso mesmo. Ela estava se divertindo muito. Rindo. Dançando. O que as meninas fazem.

Eu olho para o irmão de Daisy, interessado em sua reação. Mas não identifico nada. Ele está sentado, incrivelmente imóvel. Pensativo.

— Quando você viu Daisy pela última vez, Leo?

Ele dá de ombros. Diz que não sabe.

— Eu estava vendo os fogos de artifício.

Eu abro um sorriso.

— Você gosta de fogos de artifício?

Leo assente sem me encarar.

— Sabe de uma coisa? Eu também.

Ele ergue os olhos, e há um breve momento de conexão, mas então Leo torna a baixar a cabeça e começa a deslizar um pé pelo chão, fazendo círculos no carpete felpudo. Sharon lhe dá um tapinha na perna. Ele para.

Eu me volto outra vez para Barry.

— E, pelo que entendi, o portão lateral do quintal ficou aberto.

Barry Mason se recosta no sofá, parecendo na defensiva. Ele funga alto e esfrega o nariz.

— Bom, não dá para ficar abrindo a porta de cinco em cinco minutos, não é? Era mais fácil que as pessoas entrassem por ali. Menos bagunça na casa.

Ele olha rapidamente para a esposa.

Eu assinto.

— É claro. Notei que o quintal dá para o canal. Vocês têm algum portão que dê acesso à margem?

Barry Mason balança a cabeça.

— Sem chance, o conselho não permite. Ele não pode ter entrado por ali.

— Ele?

Barry desvia o olhar.

— Quem quer que tenha sido. O canalha que a levou. O canalha que levou minha Daisy.

Eu escrevo "minha" em meu bloco de notas e ponho um ponto de interrogação ao lado.

— Mas o senhor, na verdade, não *viu* um homem...

Ele respira fundo e começa a soluçar, as lágrimas voltando a escorrer.

— Não. Eu não vi ninguém.

Eu remexo em meus papéis.

— Eu tenho a foto de Daisy que vocês deram ao sargento Davis. Podem descrever o que ela estava vestindo na festa?

Há uma pausa.

— Era uma festa à fantasia — diz Sharon, por fim. — Para as crianças. Nós achamos que seria legal. Daisy estava vestida de margarida, por causa do seu nome.

— Desculpe, não entendi...

— Daisy significa margarida. Ela gostava de se vestir de margarida.

Sinto a reação de Gislingham, mas não me permito olhar para ele.

— Entendo. Então isso era...

— Uma saia verde, legging e sapatos verdes. E uma tiara com pétalas brancas e um miolo amarelo. Nós conseguimos naquela loja na Fontover Street. Custou uma fortuna, mesmo só para alugar. E nós tivemos que deixar um depósito como garantia.

Sua voz vacila. Ela arqueja, então cerra o punho e o pressiona sobre a boca, os ombros tremendo. Barry Mason passa o braço em torno da esposa. Sharon está gemendo, balançando o corpo, dizendo a ele que não é culpa dela, que ela não sabia, e ele começa a acariciar seu cabelo.

Há mais um momento de silêncio, então, de repente, Leo chega para a frente e desce do sofá. Suas roupas parecem um pouco grandes demais para ele; mal dá para ver suas mãos para fora das mangas. Ele se aproxima de mim e me mostra seu celular. Na tela há a imagem congelada de um vídeo. É de Daisy com sua saia verde. Ela é uma menina bonita, sem dúvida alguma. Aperto o play e assisto por cerca de quinze segundos enquanto Daisy dança para a câmera. Ela está transbordando confiança e exuberância — isso irradia dela mesmo em uma tela tão pequena. Quando o vídeo termina, checo a data: tem apenas três dias. Nosso primeiro golpe de sorte. Nós nem sempre conseguimos algo tão recente.

— Obrigado, Leo. — Olho para Sharon Mason, que agora está assoando o nariz. — Sra. Mason, se eu lhe der o número do meu celular, a senhora pode me enviar esse vídeo?

Ela acena de forma impotente com a mão.

— Ah, eu sou uma negação com essas coisas. É melhor Leo fazer isso.

Eu olho para ele, que assente. Sua franja está um pouco comprida demais, mas ele não parece se importar. Seus olhos são escuros... Como seu cabelo.

— Obrigado, Leo. Você parece ser bom com celulares para alguém da sua idade. Quantos anos você tem?

Ele enrubesce um pouco.

— Dez.

Eu me volto para Barry Mason.

— Daisy tinha um computador só para ela?

— De jeito nenhum. Ouço muitas histórias horríveis sobre crianças na internet. Às vezes, deixo ela usar o meu, desde que eu esteja com ela.

— Então ela não tem e-mail?

— Não.

— E celular?

Desta vez, é Sharon quem responde:

— Nós achamos que ela era nova demais. Eu disse que ela poderia ganhar um de Natal. Até lá, ela já vai ter nove anos.

É uma chance a menos de rastreá-la. Mas não digo isso.

— Você viu alguém com Daisy ontem à noite, Leo?

Ele abre a boca como quem vai começar a falar, então balança a cabeça.

— Ou antes disso? Notou alguém rondando? Alguém que você viu indo ou voltando da escola?

— Eu levo os dois para a escola de carro — retruca Sharon, como se isso encerrasse a questão.

Então a campainha toca. Gislingham fecha o caderno.

— Devem ser os forenses. Ou seja lá como devemos chamá-los.

Sharon olha para o marido, atônita.

— Ele está se referindo aos peritos criminais — diz Barry.

Ela se volta para mim.

— Por que eles estão aqui? Nós não fizemos nada de errado.

— Sei disso, sra. Mason. Por favor, não fique assustada. É o procedimento-padrão em um... quando uma criança desaparece.

Gislingham abre a porta da frente e deixa a equipe entrar. Eu reconheço Alan Challow imediatamente. Ele começou a atuar como policial alguns meses depois de mim. Mas não envelheceu muito bem. Peitoral pouco robusto, cintura robusta demais. Mas ele é bom. É bom.

Ele me cumprimenta com um aceno de cabeça. Nós não precisamos de gentilezas.

— Holroyd está pegando o kit no carro.

Seu traje especial estala. Vai ficar um inferno ali dentro quando o sol nascer.

— Vamos começar pelo andar de cima — diz Challow, calçando as luvas. — Depois vamos lá para fora assim que houver luz suficiente. Vejo que a imprensa ainda não chegou. Graças a Deus.

Sharon Mason ficou de pé, sem muita firmeza.

— Não quero vocês remexendo no quarto dela... tocando suas coisas... nos tratando como criminosos...

— Não é uma perícia criminal completa, sra. Mason. Nós não vamos fazer nenhuma bagunça. Na verdade, nem precisamos entrar no quarto dela. Só precisamos da escova de dentes.

Porque é a melhor fonte de DNA. Porque podemos precisar disso para identificar o corpo. Mas, novamente, eu não digo isso.

— Vamos fazer uma busca mais detalhada no quintal, porque o sequestrador pode ter deixado alguma evidência que nos ajude a identificá-lo. Temos sua permissão para fazer isso?

Barry Mason assente, então toca o cotovelo da esposa.

— É melhor deixarmos os policiais fazerem o trabalho deles, não é?

— E vamos providenciar quanto antes um policial para acompanhar a família.

Sharon me encara.

— O que quer dizer com "acompanhar"?

— Eles virão aqui para se assegurar de que vocês sejam mantidos informados e ficarão à disposição caso precisem de alguma coisa.

Sharon franze a testa.

— Como assim "aqui"? Aqui em *casa*?

— Isso, se não for um problema para vocês. Eles são treinados, não há nada com que se preocupar, não vão ser nada invasivos...

Mas ela já está balançando a cabeça.

— Não. Não quero ninguém aqui. Não quero gente da polícia nos espionando. Está claro?

Eu olho para Gislingham, que dá de ombros.

Respiro fundo.

— Claro, a senhora tem razão. Vamos designar um membro da nossa equipe para ser seu contato, e se vocês mudarem de ideia...

— Não — diz ela rapidamente. — Não vamos mudar.

***

Oxford's News @OxfordNewsOnline · 2h45
PLANTÃO Relatos indicam presença considerável da polícia na área residencial de Canal Manor. Ainda não há detalhes…

Julie Hill @JulieHillemOxford · 2h49
@OxfordNewsOnline Eu moro em Canal Manor. Houve uma festa ontem à noite e a polícia está aqui agora, interrogando os vizinhos

Julie Hill @JulieHillemOxford · 2h49
@OxfordNewsOnline Ninguém parece saber o que está acontecendo. Há cerca de 15 viaturas da polícia

Angela Betterton @AngelaGBetterton · 2h52
@JulieHillemOxford @OxfordNewsOnline Eu estava na festa. É a filha deles. Aparentemente, ela desapareceu. Ela é da turma do meu filho

Julie Hill @JulieHillemOxford · 2h53
@AngelaGBetterton Ah, que horror, achei que fossem drogas ou algo assim @OxfordNewsOnline

Oxford's News @OxfordNewsOnline · 2h54
@AngelaGBetterton Qual o nome e a idade da garotinha?

Angela Betterton @AngelaGBetterton · 2h55
@OxfordNewsOnline Daisy Mason. Deve ter 8 ou 9 anos

Oxford's News @OxfordNewsOnline · 2h58
PLANTÃO Relatos de um possível #sequestro de criança na área residencial de Canal Manor. Fontes dizem que uma menina de 8 anos desapareceu de casa

Oxford's News @OxfordNewsOnline · 3h01
Se souberem mais sobre o #sequestro de Oxford, mandem um tweet para cá. Vamos transmitir notícias locais de Oxford e outras informações durante a noite

***

Pouco depois das três da manhã, a equipe da assessoria de imprensa liga para me dizer que a notícia vazou, e que é melhor tirarmos o melhor disso. Vinte minutos depois, a primeira van chega. Estou na cozinha; a família ainda está na sala de estar. Barry Mason está recostado em uma poltrona, de olhos fechados, embora não esteja dormindo. Quando ouvimos o som de um veículo se aproximando, ele não se mexe, mas Sharon Mason se levanta do sofá e olha pela janela. Ela vê o repórter saltar, depois um homem de jaqueta de couro com um microfone e uma câmera. Ela os encara fixamente por um momento, em seguida dá uma olhada no espelho e começa a arrumar o cabelo.

— Detetive-inspetor Fawley?

É um dos membros da equipe de Challow, na metade da escada. Uma garota, mas acho que ela deve ser nova, porque não reconheço sua voz. Também não consigo ver seu rosto, por causa do capuz e da máscara. Ao contrário do que a TV mostra, o uniforme da perícia parece muito mais uma embalagem de frango do que programas como *CSI* tentam nos fazer acreditar. Eles me deixam loucos, esses programas irritantes — a última coisa que um verdadeiro perito forense faria é contaminar uma cena de crime balançando seus malditos fios capilares de um lado para outro. A garota gesticula para mim, e eu a sigo até o alto da escada. A porta à nossa frente tem uma placa bonita anunciando:

E em um pedaço de papel preso a ela com fita adesiva está escrito, em letras maiúsculas grandes e tortas:

CAI FORA!!

— Já temos tudo de que precisamos — diz ela. — Mas acho melhor você dar uma olhada no quarto. Mesmo que não entremos.

Quando ela abre a porta, entendo o que quis dizer. Nenhum quarto de criança tinha essa aparência a não ser em programas de TV. Nada no chão, nada sobre as superfícies, nada enfiado embaixo da cama. O pente perfeitamente alinhado com a escova. Bichinhos de pelúcia lado a lado nos encarando com seus olhos pequeninos e redondos. O efeito é bem desconcertante. E não só porque a criança animada e cheia de vida que vi no vídeo simplesmente não se encaixa em um quarto inexplicavelmente tão arrumado como este. Alguns quartos vazios ecoam as pessoas que os habitaram. Mas agora sinto apenas o vazio da ausência, não da presença. O único sinal de que ela já esteve ali é um pôster da Disney na parede. A princesa de *Valente* sozinha na floresta com seu cabelo ruivo e desafiador, e, embaixo, escrito em letras laranja grandes, MUDE SEU DESTINO. Jake também amava essa animação; nós o levamos ao cinema duas vezes por causa desse filme. Passava uma boa mensagem para as crianças — está tudo bem ser você mesmo; só é preciso coragem para ser quem realmente é.

— Horrível, não é? — diz a garota ao meu lado, invadindo meus pensamentos.

Pelo menos ela tem a sensibilidade de manter a voz baixa.

— Você acha?

Ela tirou a máscara, e agora posso vê-la franzir o nariz.

— É um exagero. Quer dizer, absolutamente *tudo* combinando desse jeito? Pode acreditar, ninguém gosta *tanto* assim do próprio nome.

Agora que ela menciona, eu vejo. São margaridas. Estão em toda parte. No papel de parede, na colcha, nas cortinas, nas almofadas. Todas diferentes, mas sempre margaridas. Há margaridas de plástico em um vaso verde, e uma faixa de cabelo amarela com estampa de margaridas pendurada no espelho da penteadeira; há presilhas cintilantes de margaridas, um abajur de margarida e um móbile de margaridas pendurado no teto. Parece mais um parque temático do que um quarto.

— Talvez ela goste. — Mas, mesmo enquanto digo isso, não estou convencido.

A garota dá de ombros.

— Talvez. Como vou saber? Não tenho filhos. Você tem?

Ela não sabe. Ninguém contou a ela.

— Não — digo.

Não tenho mais.

***

> BBC Midlands Today
> Quarta-feira, 20 de julho de 2016 – Atualizado às 6h41
>
> **Polícia faz apelo por ajuda na busca de menina de 8 anos desaparecida em Oxford**
>
> Uma menina de 8 anos desapareceu de sua casa em Oxford. Daisy Mason foi vista pela última vez à meia-noite de terça-feira no quintal de sua casa, onde seus pais, Barry e Sharon Mason, estavam dando uma festa.
>
> Daisy é loura, tem olhos verdes e estava usando um belo vestido florido e o cabelo preso em duas marias-chiquinhas. Vizinhos dizem que ela é extrovertida mas ajuizada, e é improvável que tenha ido espontaneamente com um estranho.

> A polícia pede que, se alguém tiver qualquer informação sobre o paradeiro de Daisy, entre em contato com o Departamento de Investigação Criminal de Thames Valley pelo telefone 01865 0966552.

***

Às sete e meia, a equipe de perícia já quase terminou seu trabalho no quintal, e os policiais deram início a outra busca na rua e nos arredores, agora tendo todos os movimentos observados por uma série de câmeras de TV vorazes. Há o canal nos fundos da casa também, mas não vou pensar nisso. Ainda não. Todo mundo deve supor que a menina está viva. Pelo menos, até que eu diga o contrário.

Estou parado no pequeno pátio olhando para o quintal. Há restos de fogos de artifício queimados espalhados pelos canteiros de flores, e o gramado seco de verão foi todo pisoteado. Aquele policial estava certo: as chances de encontrarmos uma pegada decente, ou qualquer coisa remotamente útil, são praticamente zero. Vejo Challow perto da cerca dos fundos, abaixando-se e abrindo caminho pela vegetação rasteira. Acima de sua cabeça, há um balão preso nos arbustos no caminho que margeia o canal, a fita prateada agitando-se delicadamente na brisa do início da manhã. Quanto a mim, estou desesperado por um cigarro.

Nesse ponto o canal faz uma curva suave, o que significa que o quintal dos Mason é um pouco maior do que a maioria dos outros da rua, mas ainda era apertado para comportar tantas pessoas. Não consigo me decidir se é o balanço no canto, o capim ornamental malcuidado ou apenas minha falta de sono, mas é quase enervante a semelhança com o quintal que tínhamos quando eu era jovem. Esmagado entre todas as outras casas identicamente tristonhas em uma área residencial lúgubre que devia toda a sua existência ao metrô — uma estação no final da linha, localizada aleatoriamente no que antes era uma campina, mas que já era concreto havia muito tempo na época em que moramos lá. Meus pais escolheram o bairro porque era seguro, e porque era tudo que eles podiam pagar, e mesmo hoje em dia não tenho como discordar. Mas o fato é que era horrível. Não era propriamente um lugar, apenas a única coordenada que lembrava uma cidade ao longo de quilômetros. A cidade para onde eu ia — para a escola, para a casa de amigos e, mais tarde, aos pubs e para me encontrar com garotas. Nunca levei um amigo em casa; nunca deixei que vissem onde eu realmente morava. Talvez eu não devesse ser tão duro com essas pessoas de Canal Manor: eu sei como é sentir que está do lado errado.

Nos fundos do quintal dos Mason, a churrasqueira ainda tem brasas acesas, e o metal emite pequenos estalidos enquanto esfria. As correntes do balanço estão presas juntas com fita adesiva, de modo que não possa ser usado. Há uma pilha de cadeiras de jardim, um gazebo (dobrado) e uma mesa sobre cavaletes com uma toalha de gingão (também dobrada). Embaixo, há três caixas térmicas verdes rotuladas como CERVEJA, VINHO, REFRIGERANTE. Há duas latas de lixo com rodinhas no pátio atrás de mim, o de reciclagem escancarado com latas e garrafas; o outro, repleto de sacos pretos. Então me dou conta — como devia ter feito imediatamente — de que Sharon Mason fez tudo aquilo. Limpou, dobrou as coisas. Ela passou pelo quintal, deixou o lugar apresentável. E fez isso depois de saber que a filha havia desaparecido.

Gislingham sai da cozinha e se junta a mim.

— A detetive Everett não descobriu nada útil até agora depois de ir de casa em casa. Ninguém com quem falamos que estava na festa se lembra de ver algo suspeito. Por via das dúvidas, estamos copiando as fotos de seus celulares. Isso deve ajudar com a linha do tempo. Não há câmeras de vigilância na parte residencial, mas vamos ver o que podemos encontrar na área ao redor. E estamos verificando o paradeiro de criminosos sexuais conhecidos em um raio de quinze quilômetros.

Eu assinto.

— Bom trabalho.

Challow se levanta e acena para nós. Atrás do balanço, uma das estacas da cerca está solta. A distância, parece firme, mas, se fosse empurrada com força suficiente, até um adulto conseguiria se espremer e passar por ali.

Gislingham lê meus pensamentos.

— Mas será que alguém entrou mesmo aqui, pegou a criança e saiu sem ninguém perceber? Em um quintal desse tamanho, com tantas pessoas espalhadas? E com a criança, supostamente, lutando?

Eu olho ao redor.

— Precisamos descobrir onde estava o gazebo e qual seu tamanho. Se eles o puseram atravessado no fundo do quintal, é possível que ninguém conseguisse ver aquele buraco na cerca ou alguém passando por ele. Acrescente a isso os fogos de artifício...

Ele assente.

— Todo mundo olhando para o céu, muitas explosões, crianças gritando...

— Além disso, a maioria das pessoas aqui era pai ou mãe de crianças da escola. Aposto que os Mason nem conheciam algumas antes da festa. Especialmente os pais. Com uma boa dose de coragem, alguém poderia entrar aqui, fingir ser um deles e conseguir se safar. E as pessoas iam realmente *esperar* que você estivesse conversando com as crianças.

Nós andamos pelo gramado na direção da casa.

— As fotos que você está recolhendo, Chris... Não vão servir apenas como linha do tempo. Comece a marcar o nome de todo mundo. Nós não precisamos apenas saber onde estavam as pessoas, mas *quem elas são*.

***

Às 7h05, na rua sem saída, a detetive Everett toca a campainha de outra casa. Está esperando que a porta se abra, esperando para armar seu sorriso profissional e perguntar se pode entrar e conversar com eles por um momento. Já é a décima quinta vez que ela faz isso, e está dizendo a si mesma para não se irritar por ter sido encarregada de ir de casa em casa, enquanto Gislingham fica no interior da única casa que importa. No palco principal. Afinal de contas, dá para contar nos dedos de uma das mãos as vezes que um sequestro de criança foi resolvido porque o vizinho viu alguma coisa. Mas, para falar a verdade, algumas dessas pessoas realmente estavam no quintal dos Mason quando a filha deles desapareceu. Embora o número de testemunhas em potencial naquele espaço reduzido fosse considerável, o trabalho de Everett teve pouca utilidade real até o momento. Foi "uma festa boa", "uma noite bem agradável". E mesmo assim, em algum momento no meio disso, uma garotinha desapareceu e ninguém percebeu.

Ela toca novamente a campainha (a terceira vez), então se afasta da porta e olha para a casa. As cortinas estão abertas, mas não há movimentação lá dentro. Ela confere sua lista. Kenneth e Caroline Bradshaw, um casal na casa dos sessenta anos. Eles podiam muito bem ter saído de férias antes do fim das aulas. Faz uma anotação ao lado de seus nomes e volta para a calçada. Uma policial vai falar com ela, um pouco sem fôlego. Everett já a viu na delegacia, mas ela acabou de terminar o treinamento em Sulhamstead, e as duas nunca conversaram. Everett está tentando se lembrar do seu nome... Simpson? Alguma coisa assim. Não, Somer. Isso mesmo. Erica Somer. Ela é mais velha que a maioria dos novos recrutas, então deve ter feito alguma outra coisa antes. Como Everett, que deu um passo em falso se dedicando à enfermagem. Mas ela guarda essa informação a sete chaves, pois sabe que isso poderia dar a seus colegas homens mais desculpas para fazer dela a portadora de más notícias. Ou quem sempre bate nas malditas portas.

— Encontramos algo em uma das latas de lixo. Acho que você deveria ver — diz Somer, gesticulando na direção de onde veio.

Ela vai direto ao ponto, sem rodeios. Everett gosta da colega imediatamente.

A lata de lixo em questão fica na esquina onde a rua sem saída desemboca na estrada secundária. Um perito criminal já está ali, tirando fotografias. Quando vê Everett, ele assente, e as duas mulheres observam enquanto o homem pega o que está jogado na lata de lixo. Aquilo se desenrola como pele de cobra. Flácido, vazio, verde. Muito verde.

É uma calça legging, rasgada em um dos joelhos. E pequena o suficiente para pertencer a uma criança.

***

Entrevista com Fiona Webster, realizada em Barge Close, nº 11, Oxford.

20 de julho de 2016, 7h45

Presente, a detetive V. Everett

VE: A senhora pode nos contar como conheceu os Mason, sra. Webster?

FW: Minha filha Megan está na mesma turma de Daisy na Kit, e Alice é um ano mais velha.

VE: Kit?

FW: Desculpe. A Bishop Christopher. Todo mundo por aqui chama a escola de Kit. E somos vizinhos, é claro. Nós emprestamos o gazebo para a festa.

VE: Então vocês são amigos?

FW: Não exatamente. Sharon é muito reservada. Nós conversamos no portão da escola, sabe. Às vezes também saímos parar correr juntas. Mas ela é muito mais disciplinada do que eu. Ela vai toda manhã, mesmo no inverno, depois que deixa os filhos na escola. Está preocupada com o peso. Quer dizer, ela nunca me disse isso, mas dá para notar. Uma vez almoçamos na cidade, mas foi por acaso. Nós nos esbarramos em frente àquela pizzaria na High Street, e Sharon não conseguiu dizer não. Mas ela quase não comeu nada, só beliscou a salada.

VE: Então ela não trabalha, né, se corre de manhã?

FW: Não. Acho que já trabalhou, mas não sei com o quê. Isso me deixaria louca, ficar presa dentro de casa o dia inteiro, mas ela parece totalmente ocupada com as crianças.

VE: Então ela é uma boa mãe?

FW: Pelo que lembro, ela só falou naquele almoço sobre as notas excelentes que Daisy tinha tirado em uma ou outra prova, e como ela quer ser veterinária, e se eu sabia qual seria a melhor universidade para isso.

VE: Uma mãe um pouco controladora?

FW: Cá entre nós, Owen, meu marido, não a suporta. Você conhece aquela expressão sobre mostrar as garras? Ele diz que ela não tem garras, mas *foices*. Pessoalmente, não acho que se pode culpar alguém por querer o melhor para seus filhos. Sharon só é um pouco mais óbvia em relação a isso do que a maioria de nós. Na verdade, acho que os Mason resolveram vir para cá por causa das escolas. Não acho que eles possam pagar uma escola particular.

VE: Estas casas não são exatamente baratas…

FW: Não, mas tenho a sensação de que as coisas estão um pouco apertadas.

VE: A senhora sabe onde eles moravam antes?

FW: Acho que em algum lugar no sul de Londres. Sharon

nunca fala muito sobre o passado. Nem sobre a família. Para ser honesta, estou um pouco confusa sobre por que você quer saber isso tudo. Você não deveria estar lá fora procurando por Daisy?

VE: Temos equipes de policiais revistando a área e verificando as câmeras de segurança da rua. Mas quanto mais soubermos sobre Daisy e sua família, melhor. Nunca se sabe o que pode se revelar importante. Vamos falar mais sobre ontem à noite. A que horas a senhora chegou?

FW: Logo depois das sete. Nós fomos uns dos primeiros convidados. O convite dizia para chegar entre seis e meia e sete horas, mas acho que Sharon esperava que as pessoas chegassem às seis e meia. Ela estava um pouco nervosa quando nós chegamos. Acho que talvez estivesse preocupada que ninguém fosse aparecer. Ela teve muito trabalho com aquilo. Eu lhe disse que todo mundo teria colaborado e levado alguma coisa de bom grado, mas ela quis fazer tudo sozinha. Estava tudo arrumado em mesas no quintal, coberto por papel filme. Essa coisa é horrível, não acha, quer dizer…

VE: A senhora disse que ela parecia nervosa?

FW: Bem, sim, mas só por causa da festa. Depois que começou, ela ficou bem.

VE: E Barry?

FW: Ah, Baz foi a alma da festa, como sempre. Ele é muito extrovertido, sempre tem alguma coisa para dizer. Tenho certeza de que a festa foi ideia dele. E Barry mima bastante Daisy, é algo bem normal entre pais e filhas. Ele está sempre carregando a menina nos ombros. Daisy estava uma gracinha naquela fantasia de flor. É triste quando elas passam da fase de usar fantasias. Eu quis que Alice se fantasiasse ontem à noite, mas ela se recusou terminantemente. Minha filha só é um ano mais velha que Daisy, mas agora só quer usar tops curtos e tênis.

VE: A senhora deve conhecer Barry Mason muito bem.

FW: Não entendi.

VE: A senhora o chamou de "Baz".

FW: [*risos*] Meu Deus, eu disse isso? Sei que é horrível, mas é assim que nós os chamamos, bem, alguns de nós. "Baz" e "Shaz". Apelidos para Barry e Sharon, sabe. Mas pelo amor de Deus, não diga a Sharon que eu a chamei assim. Ela odeia isso, ficou furiosa uma vez, quando alguém deixou escapar sem querer.

VE: Mas Barry não se importa?

FW: Parece que não. Mas ele é muito tranquilo. Bem mais que ela. Não que isso seja difícil.

VE: Então, quando a senhora viu Daisy pela última vez?

FW: Estou revirando minha mente em busca dessa informação. Acho que foi logo antes dos fogos de artifício. Havia um monte de garotinhas correndo de um lado para outro a noite inteira. Estavam se divertindo horrores.

VE: E a senhora não viu ninguém conversando com ela, ou alguém que não reconheceu?

FW: Não havia muita gente lá que eu não conhecia. Acho que eram todos da vizinhança. Pelo menos, não lembro de ter visto ninguém do outro lado.

VE: Do outro lado?

FW: Você sabe. Do outro lado do canal. A área elegante. Você não os vê vindo muito para estas bandas. Mas, de qualquer forma, pelo que lembro, Daisy passou o tempo inteiro com os amigos. Adultos são muito chatos quando você tem essa idade.

VE: E seu marido, Owen? Ele estava lá?

FW: Por que quer saber isso?

VE: Apenas precisamos saber onde todo mundo estava.

FW: Você está sugerindo que *Owen* teve alguma coisa

a ver com isso? Porque posso dizer a você agora mesmo...

VE: Como eu disse, só precisamos saber quem estava na festa.

[*pausa*]

VE: É possível que tenhamos encontrado a legging que Daisy estava vestindo. A senhora se lembra se ela ainda estava usando a legging quando a viu pela última vez?

FW: Desculpe, não consigo mesmo lembrar.

VE: E, até onde sabe, ela não caiu nem se machucou durante a festa?

FW: Não, tenho certeza de que me lembraria disso. Mas por que você está perguntando isso, que diferença faz?

VE: Havia sangue na legging, sra. Webster. Estamos tentando descobrir como ele foi parar lá.

***

Às 8h30, estou no carro, estacionado na esquina da Waterview Crescent, que sem dúvida está um nível acima na esfera social das propriedades — casas de três andares com até, acredite se quiser, dois leões de pedra sobre pedestais na entrada. Estou comendo um salgado que alguém trouxe para mim do posto de gasolina da estrada principal. Já posso sentir minhas artérias entupindo só de olhar. Mas há uma coletiva de imprensa marcada para as dez, e, se eu não comer nada, vou ficar zonzo. Por falar nisso, meu carro é um Ford, caso esteja se perguntando. E eu também não fico fazendo palavras cruzadas.

Alguém dá batidinhas na janela do motorista e eu a abaixo. É a detetive Everett. Seu primeiro nome é Verity, que significa "verdade"

— uma vez eu disse a ela que alguém com um nome assim estava destinado a esse trabalho. Ela não desiste de procurar pela verdade. Não se deixe enganar pela frieza dela. Everett é uma das detetives mais implacáveis que já conheci.

— O que é? O que Fiona Webster tem a dizer?

— Muito, mas não se trata disso. A senhora no número 36. Ela viu alguma coisa. Alguns minutos depois das onze, especificamente. Ela tem certeza porque estava prestes a ligar para o conselho para reclamar do barulho.

Eu lembro o que Sharon Mason disse sobre os vizinhos delatarem você. Talvez eu a tenha julgado mal, não é paranoia quando seus vizinhos são mesmo uns merdas.

— Então o que a senhora…

— Bampton.

— O que a sra. Bampton disse?

— Ela disse que viu um homem se afastando da casa dos Mason com uma criança no colo. Uma menina, e ela estava chorando. Na verdade, se esgoelando, de acordo com a senhora. E por isso ela foi até a janela.

Balanço a cabeça.

— Era uma festa. Como sabemos que não era uma cena perfeitamente inocente, que não era apenas um dos pais indo para casa?

Se estou negando, não é por duvidar do que ela está dizendo, é porque, na verdade, não quero que isso seja verdade. Mas suas bochechas estão rosadas, ela ainda não terminou.

— A sra. Bampton disse que não conseguiu ver o rosto do homem àquela distância, então não pode nos dar uma descrição.

— Então como ela sabe que ele estava com uma menina?

— Porque ela estava usando uma fantasia. Estava usando uma *roupa de flor*.

***

Polícia de Thames Valley @PoliciaDeThamesValley · 9h
Vocês podem ajudar a encontrar Daisy Mason (8 anos)? Vista pela última vez na área residencial de Canal Manor #Oxford terça à meia-noite. Qualquer informação, ligar para 01865 0966552
RETWEETS 829

BBC Midlands @BBCMidlandsPlantao · 9h09
Vai haver uma coletiva de imprensa com a polícia às 10h sobre o desaparecimento de Daisy Mason, de 8 anos
RETWEETS 1.566

ITV NEWS @ITVAoVivoPlantao · 9h11
URGENTE: Polícia de Oxford vai explicar às 10h como está a busca para encontrar #DaisyMason, de 8 anos. Vai dar detalhes sobre o possível suspeito
RETWEETS 5.889

***

Durante os primeiros quinze minutos, a coletiva de imprensa transcorreu sem incidentes. As perguntas habituais, as não respostas habituais. "Estágios iniciais da investigação", "Fazendo todo o possível", "Qualquer um que tenha alguma informação". Você sabe como é. A plateia estava nervosa, sabendo que aquele caso podia ser grande, mas sem encontrar uma nova perspectiva e andando em círculos. O possível suspeito provocou uma agitação momentânea, mas, sem uma foto ou uma descrição, não acrescentou muita coisa. Uma das repórteres de sempre forçou a barra com uma tentativa bem grosseira de tornar aquilo pessoal ("Detetive-inspetor Fawley, o senhor é mesmo o policial apropriado para conduzir uma investigação de sequestro de criança?"), mas o restante evitou esse caminho. Eu já estava verificando meu relógio

— tinham acabado os quinze minutos reservados a eles — quando alguém no fundo ficou de pé. Parecia ter uns dezessete anos. Cabelo louro-escuro, pele pálida que começou a ficar rapidamente vermelha quando todo mundo se virou para olhá-lo. Não era de um veículo de repercussão nacional, isso eu sabia. Provavelmente o estagiário de um jornalzinho local que era pouco mais que uma folha de anúncios. Mas eu o subestimei, e não devia ter feito isso.

— Detetive-inspetor Fawley, o senhor teria como confirmar se encontraram perto da casa uma peça de roupa que pode pertencer a Daisy? Isso é verdade?

Foi como se o ar tivesse sido eletrificado. Dezenas de pessoas de repente fervilhavam de atenção.

Hesitei. O que, claro, é sempre fatal.

Agora havia mãos erguidas, o som de digitação furiosa na tela de tablets. Seis ou sete pessoas estavam tentando se meter na pergunta, mas o rapaz de rosto pálido se manteve firme. Nos dois sentidos.

Eu percebi, nos poucos segundos que demorei para responder, que o garoto, deliberadamente, não havia detalhado o que tínhamos encontrado. Mas não porque não soubesse. É porque queria manter essa parte do furo para si mesmo.

Eu respirei fundo.

— É, isso é verdade.

— E essa... *peça*... estava coberta de sangue?

Eu abri a boca para responder, para contar a ele a verdade, mas era tarde demais. A sala estava em alvoroço.

***

Às 10h15, o detetive Andrew Baxter montou um cavalete à frente do salão da igreja na Banbury Road, que tinha sido tomada pelas equipes de busca, e abriu um mapa enorme do norte de Oxford. As áreas próximas já estavam sendo escrutinadas por policiais, e com o número de moradores que estava aparecendo e telefonando, perguntando se podiam ajudar, a fase seguinte da investigação precisava de organização adequada.

— Certo — diz ele, elevando a voz acima do barulho. Dava para ouvir o helicóptero da polícia no céu. — Prestem atenção. Nós precisamos ser claros em relação a quem está fazendo o que para não acabarmos correndo atrás do próprio rabo. Sintam-se livres para escolher seu próprio clichê se esse não servir.

Baxter pega um marcador vermelho.

— Nós dividimos as próximas áreas de busca em três zonas. Cada equipe vai ter pelo menos uma dúzia de policiais e um Consultor de Buscas treinado, cuja responsabilidade vai ser coletar as evidências e garantir que nenhum voluntário com excesso de entusiasmo esteja atrapalhando mais do que ajudando.

Ele pega a caneta e traça uma linha em torno de uma parte do mapa.

— A equipe 1, sob o comando do sargento Ed Mead, vai ficar com a escola Griffin e todos os seus malditos quarenta hectares. A maior parte deles é de área descampada, felizmente, mas ainda há um grande número de bosques e áreas arborizadas, e a vegetação ao longo do lado leste do canal. A escola está cheia de alunos vigorosos do ensino médio para ajudar. O professor de educação física esteve no Exército, então tenho certeza de que ele vai dar conta do recado. A equipe 2, sob o comando do sargento Philip Mann, vai ficar responsável pelas trilhas de Canal Manor e pela reserva natural a oeste do canal. Voluntários de organizações de proteção à vida selvagem vão se encontrar com vocês lá. Aparentemente, algumas aves ainda estão nidificando, então eles estarão a postos para garantir que não vamos causar nenhum dano desnecessário. Algumas residências têm barcos ao longo do canal, e vamos precisar interrogar os donos.

Ele traça mais linhas no mapa.

— A equipe 3, sob o comando do sargento Ben Roberts, vai ficar com a área de recreação, o estacionamento perto da passagem de nível e o parque esportivo da faculdade perto da Woodstock Road. Lá também há muitos voluntários felizes em poder ajudar.

Ele põe a tampa na caneta.

— Alguma pergunta? Certo. Mantenham contato por telefone, e vamos fazer outra reunião se a busca precisar ser ampliada ou se o helicóptero encontrar alguma coisa. Mas vamos torcer para que isso não seja necessário.

***

Estou quase saindo da sala de imprensa quando meu telefone toca. É Alex. Eu olho para a tela, me perguntando se atender é uma boa ideia. Meu papel de parede é uma dessas imagens genéricas do fabricante do aparelho. Árvores, grama e céu. Eu não a escolhi — na verdade, não ligava para o que era, só precisava me livrar da foto antiga. A foto de Jake nos ombros de Alex que tirei no verão passado, com o sol ao fundo dando um brilho avermelhado a seu cabelo escuro. Eu tinha acabado de dizer que ele estava um pouco grande demais para andar nos ombros dos outros, mas ele continuava sorrindo e fazendo isso mesmo assim. A foto sempre me fez pensar em um poema que lemos uma vez na escola, "Surpreso pela alegria". Era essa a aparência de Jake na foto, surpreso pela alegria. Como se sua própria felicidade o houvesse pegado desprevenido.

Eu atendo a ligação.

— Alô, Adam? Onde você está?

— Estou na delegacia, numa coletiva de imprensa. Surgiu um novo caso... Não quis acordar você...

— Eu sei. Eu ouvi. Estava no noticiário. Disseram que uma criança sumiu.

Eu respiro fundo. Eu sabia que, mais cedo ou mais tarde, íamos enfrentar uma situação como essa, era só questão de tempo. Mas saber que algo vai acontecer nem sempre torna tudo mais fácil quando acontece.

— É uma garotinha — digo. — O nome dela é Daisy.

Eu quase consigo ouvir seu batimento cardíaco.

— Coitados dos pais. Como eles estão?

Era para ser uma pergunta direta, mas eu não tenho uma resposta direta. E isso, mais que qualquer outra coisa até então, faz com que eu pense em como os Mason são intrigantes.

— É difícil dizer — digo, optando pela honestidade. — Acho que eles estão mais em estado de choque que qualquer outra coisa. Mas é cedo para ter certeza. Não há nada que indique que não vamos encontrá-la sã e salva.

Alex fica em silêncio por um momento. Então, em seguida, diz:

— Eu às vezes me pergunto se isso é pior.

Eu viro o rosto e falo mais baixo:

— Pior? O que você quer dizer com isso?

— Esperança. Se isso é pior. Pior do que saber. Pelo menos nós…

Ela se cala.

Alex nunca falou desse jeito antes. *Nós* nunca falamos desse jeito. Queriam que fizéssemos isso, disseram que era preciso. Mas nós continuamos adiando. Sempre adiando, até que não conseguíamos falar sobre o que aconteceu de jeito nenhum. Até agora. Logo agora. Ela está chorando baixinho, porque não quer que eu escute. Não consigo decidir se é por orgulho ou por não querer me deixar preocupado. Eu ergo os olhos, e um dos detetives está me chamando.

— Desculpe, Alex. Preciso ir.

— Eu sei. Desculpe.

— Não, *eu* que peço desculpa. Ligo para você mais tarde. Prometo.

***

19 de julho de 2016, 15h30
Dia do desaparecimento
Escola Primária Bishop Christopher, Oxford

O sinal indicando a hora de ir para casa está tocando, e as crianças saem ruidosamente das salas de aula para a luz do sol e os carros superaquecidos de seus pais, que as esperam no portão. Umas correm, outras pulam, uma ou duas ficam para trás, e algumas das crianças mais velhas se reúnem em grupos, conversando e compartilhando coisas em seus iPhones. Há duas professoras paradas na escada observando-as irem embora.

— O semestre está quase acabando, graças a Deus — diz a mais velha das duas enquanto pega um moletom caído e o devolve a seu dono. — Mal posso esperar. Este semestre pareceu ter sido mais exaustivo que o normal.

A mulher a seu lado abre um sorriso triste.

— Nem me fale.

Alguns de seus alunos passam neste momento, e uma das meninas para diante delas para se despedir. Está um pouco chorosa porque sua família vai sair de férias no dia seguinte, e sua professora não vai voltar no próximo semestre. Ela gosta da professora.

— Divirta-se na África do Sul, Millie — diz a mulher com simpatia, tocando-a de leve no ombro. — Espero que você consiga ver os filhotes de leão.

Os colegas de turma de Millie a alcançam e saem atrás dela. Dois meninos, uma menina alta com tranças e uma que parece chinesa. Por fim, em uma pressa desabalada, surge uma garotinha loura com um cardigã rosa-claro amarrado em torno dos ombros, carregando uma bolsa de princesa da Disney.

— Devagar, Daisy! — exclama a professora enquanto a menina desce correndo a escada. — Com cuidado, por favor! Senão você pode se machucar.

— Ela está animada — comenta a mulher mais velha enquanto observam a menina correr para se juntar às garotas a sua frente.

— A família vai dar uma festa hoje à noite. Um churrasco. Por isso que ela está empolgada.

A mulher mais velha faz uma careta.

— Eu queria ainda ser jovem o suficiente para me empolgar com alface murcha e hambúrgueres passados demais.

Sua colega ri.

— Vai ter fogos de artifício, também. Nunca se está velho demais para isso.

— Tá, você me pegou. Eu ainda adoro pirotecnia. Mesmo na minha idade.

As duas mulheres trocam um sorriso, então a mais nova dá meia-volta e entra na escola, enquanto a outra fica observando o parquinho por alguns minutos. Nas semanas seguintes, esse momento vai surgir para assombrá-la: a garotinha loura, iluminada pelo sol no portão da escola, conversando alegremente com uma de suas amigas.

***

— Quem é o filho da mãe que está falando com a imprensa?

São 10h35. A sala de ocorrência está abafada. As janelas estão abertas, e alguém desencavou um ventilador elétrico de algum depósito. Ele faz um zumbido baixo enquanto se move, devagar, da esquerda para a direita, da direita para a esquerda. Algumas pessoas estão sentadas a mesas, outras estão apoiadas nelas. Eu olho para todos os presentes, devagar, da esquerda para a direita, da direita para a esquerda. A maior parte não tem problema em me olhar nos olhos. Um ou dois parecem envergonhados. Mas é isso. Se dez anos de interrogatórios me ensinaram alguma coisa, é que em situações assim não adianta insistir.

— Dei instruções precisas para não fazermos nenhuma referência ao público sobre a legging ou sobre o sangue. E agora a família vai ter que ouvir sobre isso no maldito noticiário. Como acham que eles vão se sentir? A informação veio de alguém nesta sala, e eu pretendo descobrir quem foi. Mas não vou perder meu valioso tempo fazendo isso agora. Não com Daisy Mason ainda desaparecida.

Eu me volto para o quadro branco. Há um mapa com um punhado de fotos sem muita definição, obviamente tiradas por celulares, presas por alfinetes coloridos ao longo de uma linha do tempo rudimentar. A maioria das fotos tem nomes anexados; uma ou duas têm pontos de interrogação. Ao lado, uma fotografia da própria Daisy. Eu percebo, pela primeira vez ao olhar para os retratos, como ela é parecida com a mãe. Como é parecida e ao mesmo tempo diferente. Então me pergunto por que estou tão convencido disso, já que nunca cheguei a conhecê-la.

— Em que pé estamos com esse suposto suspeito?

Alguém atrás de mim pigarreia.

— Temos imagens de todas as câmeras de segurança em uma distância de três quilômetros.

A voz é de Gareth Quinn. Você conhece o tipo. Terno elegante e modos bruscos. Atuando como sargento-detetive enquanto Jill Murphy está de licença-maternidade, e determinado a fazer com que cada minuto desse período conte a seu favor. Pessoalmente, eu o acho irritante, mas ele não é burro, e seu visual é útil quando se precisa de alguém que não pareça muito um policial. Não vai ser surpresa para você saber que ele é chamado de "GQ", como a revista, pelos piadistas do distrito, um apelido que ele finge — de modo um pouco teatral demais — desprezar. Eu o escuto se aproximar às minhas costas.

— O canal aqui fica a leste de Canal Manor. Então você precisa passar por uma dessas duas pontes para sair, e nenhuma delas tem câmera. Mas *tem* uma câmera na Woodstock Road no sentido norte, aqui. — Quinn aponta para um alfinete vermelho. — E uma aqui, na rotatória do anel viário. Se ele quisesse fugir rapidamente, teria seguido por esse caminho, em vez de ir para o sul, atravessando a cidade.

Eu olho para o mapa, para a área de terreno aberto que se estende para o oeste: 120 hectares não cultivados por mil anos, e, mesmo nesse clima, parcialmente embaixo d'água. Não fica a mais de cinco minutos da área residencial de Canal Manor, mas seria necessário atravessar a linha férrea para chegar lá.

— E Port Meadow? Tem câmeras na passagem de nível? Eu não me lembro de ter visto nenhuma.

Quinn balança a cabeça.

— Não. De qualquer modo, a passagem de nível está fechada há dois meses enquanto eles constroem uma passarela nova e assentam novamente parte da linha. O trabalho está sendo feito à noite, e havia uma equipe inteira por lá. A passarela antiga está fechada aguardando demolição, então ninguém poderia ter chegado a Port Meadow por esse caminho.

— Quais são as outras opções?

Quinn aponta para um alfinete verde.

— Considerando que encontramos a legging aqui, a rota mais provável para o suspeito parece ser a Birch Drive, depois subir até o anel viário, como eu disse. Isso também se encaixa com o local onde aquela velha fofoqueira disse que viu Daisy.

Ele recua e põe a caneta atrás da orelha. É um tique, e vejo alguns dos caras nos fundos o imitarem — eles estão brincando, mas sem malícia. Quinn é um deles, mas agora também é um sargento-detetive, pelo menos por enquanto, e isso faz dele um alvo.

— Nós vimos as imagens de todas as câmeras nesse caminho — prossegue ele. — Mas não conseguimos encontrar porra nenhuma. Não havia muito trânsito àquela hora da noite, e todos os motoristas com quem conversamos até agora estão limpos. Há um ou dois que ainda não conseguimos localizar, mas nenhum deles é um homem andando de carro sozinho. E com certeza não tem ninguém a pé com uma criança pequena nem carregando nada que vagamente lembre uma criança. O que significa uma de duas coisas: ou aquela velha desagradável não viu o que achou ter visto…

— … ou Daisy ainda está em Canal Manor.

Com certeza não sou o único a pensar em Shannon Matthews, escondida pela mãe como parte de um golpe para arrancar dinheiro de pessoas solidárias, enquanto a polícia fazia de tudo para encontrar uma menina supostamente desaparecida. E um dos vizinhos não disse que os Mason estavam com pouco dinheiro? Mas esse pensamento não dura muito. Não só porque os Mason não são tão burros, mas porque, mesmo que sejam, o momento escolhido simplesmente não faz sentido.

Eu respiro fundo.

— Está bem. Vamos ampliar as buscas ao longo da margem do canal e em qualquer outro lugar da área residencial onde seria possível esconder um corpo. Tudo *discretamente*, por favor. Até onde a imprensa sabe, esse ainda é um caso de pessoa desaparecida, não de assassinato. Está bem, por enquanto é tudo. Voltamos a nos reunir às seis, a menos que haja alguma evolução.

***

— Acho que descobrimos quem foi, senhor.

São três da tarde. Estou em meu escritório, prestes a ir para Canal Manor e recém-saído de um esporro colossal do superintendente sobre o que aconteceu na coletiva de imprensa. A pessoa na porta é Anna Phillips, temporariamente transferida da *startup* de software do parque empresarial, que está cumprindo sua obrigação de envolvimento com a comunidade local ajudando a catapultar todos nós, os policiais lentos, para o século XXI. Ela, por sua vez, usa saltos muito altos. E saias muito curtas. Faz sucesso na delegacia, o que não é nenhuma surpresa. Alex tinha o cabelo curto como o dela quando nos conhecemos — isso fazia com que ela parecesse travessa.

Brincalhona. Todas as coisas que ela perdeu nesses últimos meses. Eu me confundi algumas vezes desde a chegada de Anna, mas então eu a vejo sorrir e sei que estou enganado. Não consigo me lembrar da última vez que vi minha esposa sorrir.

— Desculpe, não estava prestando atenção. Quem foi o quê?

Se sou um pouco brusco, é porque ainda tenho palavras como "incompetência" e "consequências" esquentando minhas orelhas. E porque não consigo encontrar as chaves do meu carro. Mas ela parece inabalável.

— O responsável pelo vazamento. Gareth, quer dizer, o sargento-detetive Quinn me pediu para ver se conseguia descobrir como isso aconteceu.

Ergo os olhos. "Gareth", é? Ela ficou um pouco ruborizada, e eu me pergunto se ele já contou a Anna que tem namorada. Não seria a primeira vez que ele desenvolveria uma amnésia conveniente em relação a isso.

— E?

Ela dá a volta até meu lado da mesa e abre o navegador. Então digita um endereço e se afasta, deixando que eu veja. É uma página do Facebook. A publicação mais recente ainda é a imagem do vídeo de Daisy que liberamos para a imprensa. Isso não me incomoda — quanto mais pessoas compartilharem, melhor. O que me incomoda é todo o resto. Fotos de policiais uniformizados na porta das casas. Várias imagens da equipe de Challow entrando na casa dos Mason. Uma minha, fumando um cigarro, o que também não vai me ajudar muito com o superintendente. A julgar pelo ângulo, as fotos foram tiradas do interior de uma das casas da rua. E quando Anna rola a tela, há uma publicação de sete horas atrás dizendo que a polícia encontrou uma legging verde manchada de sangue, que eles acreditam ser o que Daisy estava vestindo quando desapareceu.

— A página pertence a Toby Webster — diz ela, antes que eu faça a pergunta.

— Quem?

— O filho de Fiona Webster. A vizinha que a detetive Everett entrevistou esta manhã. Acho que ela perguntou alguma coisa sobre a legging verde. Ele deve ter conseguido a informação daí. Toby tem quinze anos.

Como se isso explicasse tudo. O que, imagino, de certa forma explica.

— Não seria necessário muito para aquele repórter descobrir isso — prossegue ela. — Na verdade, estou surpresa pelos outros não terem descoberto.

O que é um código para "Acho que você deve desculpa à sua equipe". O que eu, evidentemente, devo.

— E tem mais uma coisa…

O telefone toca de novo e eu atendo. É Challow.

— Você queria resultados rápidos sobre aquela legging, não é?

— E?

— Não é dela. O sangue. Não bate com o DNA na escova de dentes.

— Tem certeza de que não pode mesmo ser de Daisy Mason?

— O DNA não mente. Mas você sabe disso.

— Merda.

Mas Challow já desligou. Anna está olhando fixamente para mim, uma expressão estranha no rosto. Se ela se incomoda com palavrões, não vai durar muito tempo aqui.

— Eu dei outra olhada nas fotos — começa ela. — As da festa.

— Desculpe, preciso ir. Já estou atrasado.

— Não, espere… Só vai levar um minuto.

Ela se debruça novamente sobre o computador e abre o arquivo com imagens do servidor compartilhado. Ela seleciona três fotografias, em seguida abre uma imagem de Daisy extraída do vídeo e a posiciona cuidadosamente ao lado das outras.

— Levei algum tempo para notar, mas, quando você percebe, fica muito óbvio.

Óbvio para ela, talvez, mas não para mim. Ela me lança um olhar cheio de expectativa, mas eu apenas dou de ombros.

Ela pega uma caneta e aponta.

— Essas três da direita são as únicas fotos da festa em que Daisy aparece. Pelo menos de tudo o que conseguimos até agora. Mas nenhuma é muito nítida, ou ela está de costas, ou está parcialmente escondida atrás de outra pessoa. Mas tem uma coisa que nós, com certeza, podemos ver.

— Que é?

Ela aponta para a imagem extraída do vídeo de três dias antes.

— Veja o comprimento do vestido aqui. Sem dúvida acima do joelho. Agora olhe para as outras três fotos.

E então eu vejo. Vejo com muita clareza. A menina usando o vestido na festa deve ter pelo menos cinco centímetros a menos que Daisy Mason. Na verdade, ela não é Daisy Mason.

É outra criança.

***

Oxford's News @OxfordNewsOnline · 15h18
Atualização sobre o #sequestro em Canal Manor – fontes dizem que a polícia achou roupas sujas de sangue. Qualquer um com informações deve entrar em contato com @PoliciaDeThamesValley
#EncontremDaisy

Elspeth Morgan @ElspethMorgan959 · 15h22
Coitada da família. Não consigo imaginar pelo que estão passando #EncontremDaisy

BBC Midlands @BBCMidlandsPlantao · 15h45
#MidlandsHoje Às seis teremos as últimas informações sobre o desaparecimento de #DaisyMason. @PoliciaDeThamesValley divulgou mais cedo uma foto dela

William Kidd @AqueleBillytheKid - 15h46
Se vc sabe onde está Daisy Mason, por favor, ligue para a polícia #EncontremDaisy #DaisyMason

Anne Merrivale @Annie_Merrivale_ - 15h56
Sou a única que acha que há alguma coisa estranha nesse caso da #DaisyMason? Como uma criança pode desaparecer do próprio quintal e ninguém ver?

Caroline Tollis @nadatollis - 16h05
@Annie_Merrivale_ Concordo. Eu disse para o meu namorado no momento que soubemos: tem coisa aí #DaisyMason

Danny Chadwick @ChadwickDanielPJ - 16h07
Quem deixa os filhos ficarem acordados até meia-noite? É óbvio que os pais não cuidavam dela direito. A culpa é exclusivamente deles #DaisyMason

Angus Cordery @AngusNCorderyEsq - 16h09
@Annie_Merrivale_ @nadatollis @ChadwickDanielPJ Anotem o que eu digo: foi um dos pais. Sempre é #DaisyMason

Anne Merrivale @Annie_Merrivale_ - 16h10
@AngusNCorderyEsq É esquisito que nenhum dos dois tenha aparecido em público ainda @nadatollis @ChadwickDanielPJ #DaisyMason

Elsie Barton @ElsieBarton_1933 - 16h13
@AngusNCorderyEsq @Annie_Merrivale_ @nadatollis @ChadwickDanielPJ Meu Deus, eu odiaria ter uma mente tão desconfiada quanto a de vocês #EncontremDaisy

Anne Merrivale @Annie_Merrivale_ - 16h26
@ElsieBarton_1933 Você tem que admitir que tudo parece muito estranho #DaisyMason

Elsie Barton @ElsieBarton_1933 - 16h29
@Annie_Merrivale_ Tudo o que eu sei é que uma garotinha desapareceu e nós devíamos nos concentrar em encontrá-la, e não em fazer acusações sobre seus pais #EncontremDaisy

Angela Betterton @AngelaGBetterton - 16h31
@AngusNCorderyEsq @ChadwickDanielPJ @Annie_Merrivale_ @nadatollis Vcs não sabem do que estão falando, nem conhecem a família #EncontremDaisy

Danny Chadwick @ChadwickDanielPJ - 16h33
@AngelaGBetterton Eu só sei que vigiaria melhor meu próprio filho. E o que mesmo faz de você uma especialista? #DaisyMason

Angela Betterton @AngelaGBetterton – 16h35
@AngusNCorderyEsq Eu estava na festa. Os pais dela ficaram lá a noite toda. Não há como estarem envolvidos #EncontremDaisy

Caroline Tollis @nadatollis - 16h36
@AngelaGBetterton Tem alguma notícia sobre a legging suja de sangue, a polícia confirmou isso? #DaisyMason

Anne Merrivale @Annie_Merrivale_ - 16h37
@nadatollis Não vi nada no noticiário. Mas isso prova que alguém a machucou naquela noite, não? #DaisyMason

Caroline Tollis @nadatollis - 16h39
@Annie_Merrivale_ Pobrezinha, acho que já está morta #DaisyMason

Anne Merrivale @Annie_Merrivale_ - 16h42
@nadatollis Eu também. Acho que o único mistério agora é quem a matou #DaisyMason

***

Quando abro a porta da sala de ocorrências, o ar está denso, há muita expectativa. Todo mundo se vira para olhar para mim enquanto vou até o quadro branco e aponto para uma das fotos da festa.

— Como provavelmente a esta altura vocês já sabem, é muito improvável que a menina nesta foto seja Daisy Mason.

O burburinho começa a aumentar, obrigando-me a levantar a voz.

— O que vocês não sabem é que acabei de ter a confirmação do laboratório de que o sangue na legging não era, eu repito, *não era de Daisy Mason*. O que significa que provavelmente veio dessa menina na foto. E se a velha sra. Bampton viu mesmo um homem carregando uma criança, provavelmente era essa outra menina, e *não* Daisy Mason.

Então aquilo me atinge, como às vezes acontece. Não dá para se preparar para isso, não dá para impedir — você nunca sabe que associação aleatória de palavras ou ideia vai provocar um gatilho —, mas, de repente, sua mente cuidadosamente vedada é tomada por lembranças indesejadas. Eu carregando Jake, ele dormindo com a cabeça aninhada em meu peito, eu sentindo o cheiro de xampu em seu cabelo e do jardim em sua pele, seu calor, seu peso...

De repente, me dou conta da imobilidade terrível no salão. Eles estão olhando fixamente para mim. Pelo menos, alguns deles. Os que conheço há mais tempo estão olhando para qualquer lugar, menos para mim.

— Desculpem. Como estava dizendo, não acho que temos duas crianças desaparecidas. Desconfio que seja um caso simples de identidades trocadas. Olhando para o rasgo na legging, o sangue provavelmente não era nada mais sinistro que um joelho ralado. *Mas* ainda precisamos encontrar essa outra menina e nos assegurarmos de que ela esteja bem. E precisamos determinar como ela conseguiu a fantasia de flor. Talvez as duas crianças tenham trocado de fantasia, então ela poderia nos dizer o que Daisy estava realmente vestindo naquela noite. Enquanto isso, Everett, você pode olhar de novo todas as fotos da festa com Anna Phillips e ver se consegue encontrar qualquer outra menina loura que possa ser Daisy?

Gareth Quinn fica de pé. Ele está segurando seu tablet e rola a tela freneticamente.

— Acho que eu sei quem é a menina, chefe. Tenho certeza de que um dos carros nas imagens das câmeras era um 4x4 que pertence a uma família daquela rua. Isso, aqui está... David e Julia Connor. Eles têm uma filha chamada Millie que está na turma de Daisy na Kit, e eles estavam na lista de convidados, mas, aparentemente, saíram cedo porque tinham que ir até o aeroporto de Gatwick pegar um voo bem cedo esta manhã. Nós temos imagens da família feitas por uma câmera se dirigindo para o anel viário às 23h39. Por isso nós ainda não conseguimos falar com eles. E, para ser sincero, até agora não era uma prioridade muito alta. Mas deixei um recado no telefone de David Connor para me ligar.

Ele vai até o mapa e então se vira para mim, apontando com olhos ávidos.

— A casa dos Connor é aqui, número 54. Eles teriam que passar andando bem em frente à casa da sra. Bampton no caminho de volta da festa. Acho que foi *David Connor* que a mulher viu, levando a filha para casa.

Nesse momento, há uma sensação estranha no salão. Eu já vi isto antes: a descoberta importante que na verdade não é bem uma descoberta importante porque tudo o que faz é fechar uma possibilidade, em vez de deixá-lo um pouco mais próximo da verdade. A sensação de que as peças estão finalmente se encaixando, mas você ainda não está nem perto de ver a imagem que formam. Mas, de repente, uma peça que parece muito sombria surge na mente de todos.

É Gislingham quem a traz à tona. Dizer o óbvio é uma característica sua. Mas, ei, toda equipe devia ter alguém assim. Especialmente nesse trabalho.

— Então é isso mesmo que estamos dizendo? — pergunta ele. — Que os Mason viram essa menina correndo de um lado para outro naquela roupa a noite inteira e não perceberam que na verdade não era sua filha?

— A tiara de margarida cobre a maior parte do rosto — começa Everett. — Quer dizer, nós também não percebemos que não era ela, e estamos olhando para essas fotos com muita atenção.

— Mas vocês não são os pais dela — digo em voz baixa. — Acreditem em mim, eu reconheceria meu filho mesmo com uma máscara de esqui e vestindo um saco de lixo. Você simplesmente sabe, sabe como eles se movimentam, seu jeito de andar…

O jeito como Jake se movimentava, o jeito como Jake andava. O tempo para. Apenas por uma fração de segundo, evita o abismo, então segue em frente.

— E como eles *falam*, sem dúvida — diz Gislingham. — Se os Mason tivessem realmente falado com aquela menina, teriam percebido imediatamente…

— O que pode significar duas coisas — interrompe Quinn. — Ou eles não falaram com a filha naquela noite, o que não é muito verossímil, ou há algo muito mais preocupante acontecendo aqui.

— Não são apenas eles — digo. — É Leo também. Ele devia saber que não era Daisy na festa. Os pais podem alegar que estavam muito ocupados, mas ele me parece uma criança observadora. *Ele sabia*. Então por que não contou aos pais? Por que não contou para *a gente*? Ou ele está escondendo alguma coisa, ou está com medo de alguma coisa. E neste exato momento, não tenho certeza do que é pior.

— Então o que fazemos agora, chefe? Contamos aos Mason sobre Millie Connor? Vamos trazê-los para um interrogatório?

— Não — digo, devagar. — Vamos pedir que façam um apelo por sua filha na TV. Quero ver como lidam com isso, todos os três. Garantam que o irmão também esteja presente. De qualquer forma, não há nenhum mal em fazer um apelo. Afinal de contas, Daisy ainda pode estar por aí em algum lugar, e isso pode não ter nada a ver com aquela família.

As pessoas começam a se mexer, se levantam e pegam telefones, mas eu ainda não terminei.

— E sei que não preciso dizer isso, mas não quero que *ninguém* fora desta sala tenha a menor ideia de que a menina na festa não era Daisy. Assegurem-se de que os Connor saibam disso também. Porque é possível que agora tenhamos uma linha do tempo inteiramente diferente daquela que estávamos considerando. É possível até mesmo que Daisy Mason nunca tenha ido àquela festa.

***

Entrevista por telefone com David Connor
20 de julho de 2016, 18h45
Na ligação, o sargento-detetive em exercício G. Quinn e (como ouvinte) o detetive C. Gislingham

GQ: Obrigado por telefonar, sr. Connor, e peço desculpa por perturbar suas férias.

DC: Sem problema. Desculpe não ligar antes. Foi um grande choque ouvir o que aconteceu. Minha esposa viu no BBC World News no quarto do hotel.

CG: O senhor sabia que a fantasia de flor que sua filha usou na festa era a que Daisy Mason devia estar vestindo?

DC: Não, mas parece que minha esposa sabia. Millie recebeu algumas amigas da escola na tarde anterior...

GQ: Na tarde de segunda-feira?

DC: Hum, era segunda-feira? Desculpe, ainda estou com *jet lag*. O senhor tem razão, deve ter sido na segunda-feira. Enfim, Julia disse que todas levaram suas fantasias e as experimentaram. Depois experimentaram as fantasias umas das outras, o senhor sabe como as meninas são nessa idade. Parece que, em determinado momento no caos que se instaurou, Daisy decidiu que preferia a fantasia de Millie, e Millie disse que elas podiam trocar.

GQ: O senhor tem ideia se a mãe de Daisy sabia que as fantasias tinham sido trocadas?

DC: Não tenho ideia. Deixe-me perguntar a Julia...

[*ruídos abafados*]

DC: Julia está dizendo que Daisy garantiu que sua mãe não ia se importar. Mas obviamente ela não sabe se Daisy de fato falou com a mãe sobre isso.

GQ: Nós encontramos a legging em uma lata de lixo na rua, mas o sangue na peça não bate com o de Daisy...

DC: Ah, é, desculpe por isso. Millie caiu e, como estava ficando tarde e ela estava um pouco chorosa, resolvemos ir embora. A legging estava destruída, por isso simplesmente jogamos fora. Desculpe se isso causou problemas para vocês.

GQ: Que fantasia sua filha ia usar a princípio, sr. Connor?

DC: De sereia, foi o que Julia me disse. Eu nunca a vi, mas, aparentemente, ela tinha um top cor de pele e uma cauda brilhante com escamas azuis e verdes.

GQ: Algum tipo de tiara ou máscara?

DC: Espere um minuto.

[*mais ruídos abafados*]

DC: Não, nada do gênero.

GQ: Então se Daisy estava usando essa fantasia na festa, não seria óbvio que ela estava lá?

DC: Acho que sim… O senhor está sugerindo…?

GQ: Estou apenas estabelecendo os fatos, sr. Connor. O senhor viu Daisy ontem à noite?

DC: Agora que o senhor falou, acho que não. Quer dizer, no noticiário disseram que ela estava lá, que ela desapareceu depois, então eu simplesmente supus que… Meu Deus, isso muda um pouco as coisas, não é?

GQ: E tem alguma coisa que Millie possa nos dizer, alguma coisa que ela possa ter ouvido ou visto na festa?

DC: Para ser sincero, neste momento não estamos conseguindo que ela diga coisa com coisa. Ela está só chorando o tempo inteiro e se recusando a falar sobre isso. Na verdade, não quero forçá-la. Mas quando ela se acalmar, vou pedir a Julia para perguntar a ela… Eu telefono se houver qualquer coisa que possa ajudar.

GQ: Obrigado, sr. Connor. E deixe-me lembrá-lo de não comentar essa conversa com mais ninguém. Isso é muito importante. Principalmente em relação à imprensa.

DC: É claro. E, por favor, diga se houver mais alguma coisa que possamos fazer. Todos temos que nos juntar para encontrar o canalha que fez isso, não é?

***

18 de julho de 2016, 16h29
Véspera do desaparecimento
Casa dos Connor, Barge Close, nº 54

Julia Connor enche meia dúzia de copos com suco e leva a bandeja até o quarto da filha. Enquanto sobe a escada, ela pode ouvir a algazarra que as crianças estão fazendo. Os vizinhos provavelmente também podem ouvir. Lá dentro, o carpete está soterrado por roupas e fantasias.

— Espero que todas saibam que fantasia pertence a quem — diz Julia, pousando a bandeja. — Não quero ter problema com a mãe de vocês.

Três das meninas estão diante do espelho comprido, admirando a si mesmas. Uma princesa rosa, uma flor, uma borboleta.

— Quem é a mais bela de todas? — pergunta a princesa para seu reflexo, enquanto sua coroa dourada de papelão cai por cima de um olho. — Você não acha que eu estou absolutamente *linda*?

Julia sorri, desejando ter tido metade da confiança daquela criança quando tinha a idade dela. Então fecha a porta e volta para a cozinha, onde liga o rádio e começa a cortar legumes para o jantar. Está tocando uma música antiga de Annie Lennox, então Julia aumenta o volume e canta sozinha. "Sisters are doing it for themselves." Está tão alto, na verdade, que ela não nota a comoção repentina no andar de cima. Por isso ela não escuta os gritos chorosos de "*Odeio você! Queria que você morresse!*", ela não vê a menina com a fantasia de flor presa contra a parede, nem a outra criança que a está atacando furiosamente, batendo no rostinho pálido com uma tiara de pétalas.

***

Às seis, a equipe de buscas está esgotando todos os seus recursos. A trilha à margem do canal foi isolada com fita por quase dois quilômetros ao norte da área residencial, e eles passaram por lá, centímetro a centímetro, usando bastões para abrir os arbustos e recolhendo em sacos plásticos qualquer coisa que tivesse alguma possibilidade de ser uma prova. Embalagens de balas, latas de cerveja, um sapato de criança. Por que, pergunta-se Erica Somer, esticando as costas doloridas e verificando o relógio, sempre há apenas *um* sapato? Será que as crianças perdem um deles e vão mancando para casa só com um pé calçado? E como exatamente alguém perde um sapato, afinal? É difícil não notar sua falta. Então ela balança a cabeça diante da inutilidade de sequer pensar nisso e culpa o baixo nível de açúcar no sangue.

Alguns metros à frente, seis ou sete voluntários preservacionistas usando botas de caminhada impermeáveis estão avançando por valas parcialmente cheias de folhas em decomposição e lixo jogado fora por pessoas andando de barco. Depois de muitos dias quentes, o nível da água está baixo, e o cheiro, pungente. Eles já cobriram a reserva natural cem metros atrás. Erica nem sabia que ela existia, apesar de ter crescido a menos de oito quilômetros dali. Mas a escola dela não era do tipo que fazia excursões ou promovia dias de estudo da natureza; os professores já tinham muito trabalho para conter o caos. Ela não tinha ideia de que havia um lugar selvagem como aquele tão perto do centro da cidade. Tão selvagem, tão coberto de vegetação, parcialmente alagado e sem trilhas. Ela viu três ratos-d'água, uma família de galinhas-d'água e, de repente, saída do nada, uma massa branca com asas, sibilando: um cisne macho se erguia em defesa de seus filhotes.

Mas, depois de todas aquelas horas, o que eles têm para mostrar? Além da dor nas costas e do recolhimento de lixo glorificado, nada. Ninguém viu nada, nem aqueles vivendo em barcos, nem aqueles de costas para a água, vários dos quais faziam um churrasco em seus quintais na hora em que os Mason estavam dando sua festa. Dois ou três até se lembraram dos fogos de artifício, mas nenhum deles viu uma menininha. Era como se Daisy tivesse evaporado.

Às 7h25 ela recebe um telefonema de Baxter.

— Podem parar por hoje. Vamos trazer mergulhadores amanhã de manhã.

Erica franze a testa.

— Sério? Eu nem me daria o trabalho. O canal não é muito fundo, não como um rio, e com todo o tráfego de barcos, a água está constantemente sendo mexida. Se a menina estivesse aqui, a esta altura já a teríamos encontrado.

— Olhe, eu não estou discordando. Cá entre nós, desconfio que seja mais por causa da opinião pública do que de qualquer outra coisa. A chefia quer provar ao mundo que estamos fazendo todo o possível. Por isso o maldito helicóptero.

— A imprensa deve estar adorando tudo isso.

— É — diz Baxter. — Acho que essa é a ideia.

***

Eu me preparo para a segunda coletiva de imprensa exatamente 24 horas depois da primeira. Muita coisa pode mudar em um dia. O rosto de Daisy está por toda a internet, e me disseram que #EncontremDaisy está entre os *trending topics* no Twitter. Agora é oficial: este caso é importante, o que significa que o superintendente está de olho em tudo o que fazemos. Estamos na sala de imprensa em Kidlington, embora mesmo aqui alguns jornalistas tenham que ficar de pé. Há um link ao vivo para a Sky News e pelo menos uma dúzia de outras câmeras, e entre elas, de forma discreta, Gareth Quinn e Anna Phillips com uma pequena câmera digital. Eu quero garantir que nós captemos tudo isso, cada quadro.

Precisamente às 10h01, nós conduzimos a família Mason até o palanque sob o brilho dos flashes. Leo Mason parece meio esverdeado sob a luz — por um momento terrível, acho que o menino pode realmente vomitar, bem ali diante das câmeras. Quanto ao pai, ele empurra imediatamente sua cadeira para trás o máximo possível, o que entrega na hora como está se sentindo. Espero, pelo bem dele, que nunca resolva jogar pôquer. Quando fui até a casa da família Mason ontem à noite para falar sobre o apelo, ele não parava de perguntar se esse tipo de coisa funcionava mesmo para trazer alguém de volta. É seguro dizer que nunca vi um pai tentar me convencer a *não* divulgar que seu filho havia desaparecido. E essa é sua princesinha, sua filha adorada. Mas não acho que ele esteja fingindo. Pelo menos, não sobre essa parte. O que só serve para deixar tudo ainda mais desconcertante. Em relação a Sharon, ela praticamente não disse uma palavra durante o tempo em que estive lá. Eu não parava de falar, mas sabia que ela não estava escutando nada. E agora, olhando para ela, posso ver o que, de repente, se tornou tão preocupante: ela estava se perguntando *o que vestir*. Roupas, maquiagem, joias — tudo combina, é imaculado. Ela parece estar ali para uma entrevista de emprego, não para implorar pela volta de sua filha.

Às 10h02, o superintendente pigarreia e lê o papel que está à sua frente. Nós temos que ser mais cuidadosos que o normal em relação ao que dizemos, considerando o que sabemos agora. Não podemos mentir descaradamente, mas também não podemos nos dar ao luxo de contar toda a verdade.

— Senhoras e senhores, obrigado por sua presença. O sr. e a sra. Mason vão fazer uma declaração curta sobre o desaparecimento de sua filha, Daisy. Isso é tudo o que vamos dizer nesta coletiva de imprensa. Nossa prioridade é encontrar Daisy e devolvê-la à sua família. Não temos mais nenhuma informação que podemos compartilhar com vocês no momento, e nem a família nem o detetive-inspetor Fawley vão responder a perguntas. Agradeço sua compreensão, e gostaria de pedir que vocês dessem à família a privacidade de que eles precisam nesse momento difícil.

Flashes, os repórteres chegam para a frente em suas cadeiras. Eles não estão interessados no que a família diz — todo mundo diz a mesma coisa quando uma criança desaparece —, mas sim em *como* eles dizem isso. Querem descobrir o tipo de pessoa que os Mason são. Eles vão se sair bem diante da exposição? Parecem convincentes? Nós gostamos deles? Tudo é questão de caráter e credibilidade. E, é desnecessário dizer, aquela grande obsessão inglesa: classe.

O superintendente se vira para a esquerda, para Barry Mason. Ele abre a boca para dizer alguma coisa, mas então afunda a cabeça nas mãos e começa a chorar. Nós só conseguimos escutá-lo murmurar alguma coisa sobre sua "princesinha". Uma palavra que está começando a me dar nos nervos. Faço um esforço consciente para manter minha expressão impassível, mas não sei ao certo meu nível de sucesso. Leo arregala os olhos e lança um olhar angustiado para a mãe, mas ela está encarando as câmeras e não percebe. Por baixo da mesa, fora da vista de todos, menos de mim, ele leva a mão até a perna dela, mas ela não se mexe, não faz nenhum sinal.

O superintendente tosse.

— Talvez a senhora pudesse ler a declaração, sra. Mason.

Sharon começa, então leva a mão ao cabelo. Como fez quando viu a equipe de TV chegando na sua casa. Ela se vira direto para a câmera.

— Se alguém souber qualquer coisa sobre o paradeiro de nossa filha, *por favor*, apareça. E, Daisy, se você estiver assistindo, você não está em apuros, querida, nós só queremos que você volte para casa. Sentimos sua falta, seu pai e eu. E Leo, é claro.

Então ela coloca o braço sobre os ombros do filho, puxando-o para perto. Para dentro do círculo.

***

Eu assisto ao vídeo com Bryan Gow, o consultor que chamamos para situações como essa. Você provavelmente o consideraria um especialista em traçar perfis, mas hoje em dia ficamos cautelosos em relação a qualquer coisa que pareça com os programas da TV. O próprio Bryan, muito ironicamente, parece saído direto de uma agência de atores: nerd, responsável pelo time de trivia do pub local e matemático amador (não me pergunte como isso funciona, sempre me pareceu uma grande contradição).

Nós vemos a fita até o fim, então ele pede para vê-la outra vez.

— O que achou? — digo depois de algum tempo.

Ele tira os óculos e os esfrega na calça.

— Para ser sincero, por onde começar? O pai, sem dúvida, não quer estar ali, e não acreditei nem um segundo naquele choro teatral.

— Nem eu. Na verdade, acho que foi apenas uma desculpa para cobrir o rosto.

— Concordo… Ele está escondendo alguma coisa. Mas não necessariamente tem a ver com a criança. Eu olharia seus antecedentes. É possível que ele esteja tendo um caso ou esteja envolvido em alguma outra coisa que o faça não querer seu rosto exibido na TV.

— Ele tem uma empresa de construção — digo, seco. — Imagino que há muitas pessoas que ele pode estar evitando. E o menino?

— É difícil interpretar. Ele está nervoso, mas pode ser apenas o trauma do desaparecimento da irmã. Eu também verificaria seu comportamento recente. Veria se tem alguma outra coisa acontecendo que preceda o desaparecimento. Como ele vai na escola.

— E Sharon?

Gow faz uma careta.

— *Cada vez mais curioso, disse Alice.* Ela saiu direto do cabeleireiro ou é sempre assim?

— Pedi a Everett para perguntar isso a ela. Com naturalidade, para não assustá-la. Aparentemente, ela disse: "Não quero que eles tenham a impressão errada."

— *Eles?*

— Já tinha percebido isso antes. Ela é nitidamente paranoica em relação ao que as outras pessoas pensam, mas na verdade nunca define quem são "eles".

Gow franze a testa.

— Entendo. Volte o vídeo até a parte que ela fala sobre a filha.

O rosto de Sharon Mason aparece, em close, então congela, com a boca levemente aberta.

— Me diga uma coisa, você já ouviu falar em uma pessoa chamada Paul Ekman?

Eu balanço a cabeça.

— Já viu *Engana-me se puder*?

— Não, mas sei de que série você está falando. Aquela em que ele descobre quem está dizendo a verdade apenas pela linguagem corporal.

— Isso. Aquele personagem é baseado em Ekman. Sua teoria é que há certas emoções que não podem ser fingidas, porque você não consegue controlar conscientemente os músculos em seu rosto que as expressam. Em relação à tristeza, por exemplo, tudo está ligado ao espaço entre as sobrancelhas. Se você está realmente infeliz, não apenas fingindo estar, suas sobrancelhas vão se aproximar. É surpreendentemente difícil fingir isso de forma convincente por mais de um ou dois minutos. Eu sei porque já tentei. Se verificar pessoas fazendo apelos na TV em casos em que, mais tarde, descobriu-se terem elas mesmas cometido os crimes, vai ver exatamente o que estou dizendo. São as sobrancelhas que as entregam, a metade de cima do rosto não se encaixa com a de baixo. Tente pesquisar no Google sobre Tracie Andrews na próxima vez que entrar na internet. Um exemplo clássico. E agora olhe para Sharon Mason.

E ali está. Pode haver lágrimas se acumulando em seus olhos e um tremor em seu lábio, mas as sobrancelhas estão estáveis. Calmas.

Eu me levanto para ir embora, mas ele me chama.

— Eu já adianto que as coisas vão ficar feias na internet — diz ele, tornando a botar os óculos. — Em casos como esse, as pessoas costumam basear os julgamentos no tipo de sinal visual sobre os quais acabamos de conversar, mesmo que a maioria delas não saiba que está fazendo isso. Desconfio que os Mason estejam sendo julgados no Twitter. Quer mereçam isso ou não.

Eu ligo para a base na igreja de St. Aldate quando estou saindo. Everett me diz que não tem nenhuma criança com fantasia de sereia nas fotos tiradas na festa, o que significa que vamos precisar reorientar toda a investigação. Precisamos determinar quando Daisy foi vista pela última vez, onde e por quem. Precisamos confirmar o que ela estava vestindo quando desapareceu. Precisamos interrogar os Mason. E quando isso vier a público, a merda vai mesmo ser jogada no ventilador.

***

ITV News @ITVAoVivoPlantao · 10h02
Assistam ao vivo: Daisy Mason desaparecida. Família faz apelo #EncontremDaisy
RETWEETS 6.935

Scott Sullivan @GuerreiroNervoso · 10h09
#DaisyMason Assistindo ao apelo da família. O pai parece totalmente culpado. E o que falar da mãe? Fria como gelo

Indajit Singh @MrSingh700700700 · 10h10
Não estou achando os pais de Daisy Mason nada convincentes & por que a polícia não deixa a imprensa fazer perguntas? Suspeito

Scott Sullivan @GuerreiroNervoso · 10h11
#DaisyMason Os pais vão ser presos antes do fim do dia, esperem só. Já vi isso tudo antes

Lisa Jenks @MaiorTorcedoradoManchesterUnited · 10h12
@GuerreiroNervoso Não acredito que vc está sendo juiz e júri & eles ainda nem a encontraram. Você existe mesmo? #EncontremDaisy

Scott Sullivan @GuerreiroNervoso · 10h12
@MaiorTorcedoradoManchesterUnited VC existe mesmo? Qualquer um pode ver que tem alguma coisa errada. Olhe para o irmão: morrendo de medo

Danny Chadwick @ChadwickDanielPJ - 10h14
Nunca vi um pai chorar mais que a mãe em uma coisa como essa. Eu sabia que tinha alguma coisa errada #DaisyMason

Rob Chiltern @RockingRobbin1975 - 10h15
#DaisyMason Espero que a polícia tenha revistado a maldita casa. Acho que eles fizeram uma bela cagada. Não seria a primeira vez

Lilian Chamberlain @LilianChamberlain - 10h16
@RockingRobbin1975 Os pais não sabem onde ela está. Não é surpresa que eles estejam traumatizados. As pessoas reagem de formas diferentes ao estresse...

Lilian Chamberlain @LilianChamberlain - 10h16
@RockingRobbin1975... Eles não são suspeitos. Só pais. Meu coração está com eles #EncontremDaisy

Caroline Tollis @nadatollis - 10h17
A polícia já pensou em interrogar o irmão? #sódizendo #DaisyMason

Garry G @EspadaseSandálias - 10h19
Sabem o que eu acho? O pai é culpado. Com certeza #DaisyMason

***

Nós tínhamos pedido aos Mason que ficassem em Kidlington depois do apelo. Inventamos algumas bobagens sobre procedimentos policiais e burocracia e os deixamos com Maureen Jones, que deu azar e foi designada a acompanhá-los, mas a verdadeira razão foi evitar levá-los para o interrogatório na frente de todo mundo. Especialmente na frente daquele sujeitinho enxerido com a página superativa no Facebook.

Levo Quinn comigo e, no caminho, paro para falar com o superintendente, a pedido dele. Embora eu dê uma grande demonstração de estar com pressa, ele pergunta se pode trocar uma palavrinha comigo em particular e me manda fechar a porta, então eu sei o que me espera. Mas, primeiro, as más notícias.

— Não vou pedir um mandado de busca e apreensão na casa dos Mason — diz o superintendente. — Pelo menos, não agora. O promotor vai querer mais do que provas circunstanciais e perguntas sem respostas antes de procurarem um juiz.

— Ah, pelo amor de Deus...

— Entendo o seu lado, mas esse caso já está se transformando em um circo, e não estou disposto a abastecer a mídia com fotos de homens com trajes brancos carregando ursinhos de pelúcia. Pelo que me informaram, nós nem sabemos ao certo onde a menina dos Mason foi vista pela última vez. É bem possível que ela tenha sido sequestrada ao sair da escola, voltando para casa.

— Mas Sharon Mason disse que sempre buscava as crianças de carro. O que reduz as chances de outra pessoa ter levado Daisy para algum lugar desconhecido.

— Faz sentido, mas até que você determine que é um fato, vou segurar o mandado. Talvez nem precisemos de um. Você já pediu permissão aos pais?

— Simplesmente não consigo vê-los concordando, senhor. Eles não autorizam nem que tenhamos um policial na casa, o que por si só...

— ... não está nem perto de ser uma causa razoável para suspeita. Peça a eles, com educação, se podemos fazer uma busca. Depois conversamos. Certo?

Dou um suspiro.

— Certo.

Eu me viro para sair, mas ele gesticula na direção da cadeira, se senta e em seguida se recosta, juntando os polegares e trazendo à tona sua expressão que o RH sem dúvida chama de "empatia apropriada".

— Você tem certeza de que está bem assumindo esse caso, Adam? Quer dizer, sei que você é mais pragmático que a maioria dos detetives-inspetores, mas não vai ser fácil, especialmente depois...

— Eu estou bem, senhor. Sério.

— Mas perder o filho daquele jeito. Quer dizer, naquelas circunstâncias. Qualquer um ficaria abalado. Como você poderia não estar?

Eu abro a boca, em seguida torno a fechá-la. Eu me vejo, de repente, com uma raiva profunda e violenta. Encaro minhas mãos e me seguro para não dizer nada de que possa me arrepender. Como ele tem coragem de ficar ali sentado e escancarar despreocupadamente a dor que passei meses aplacando? Há marcas lívidas nas palmas de minhas mãos agora, onde as unhas se cravaram na carne. Marcas vermelhas profundas. Não consigo olhar para elas sem me sentir mal.

Quando enfim ergo os olhos, percebo que ele ainda está me encarando.

— E Alex? — diz ele, ainda sondando. — Como ela está?

— Bem. Alex está bem. Por favor, eu só quero continuar meu trabalho.

Ele franze a testa, uma expressão que vem com a legenda "preocupação apropriada". Eu estou começando a me perguntar se ele passou por algum tipo de treinamento de empatia.

— Eu sei disso. E ninguém está sugerindo nem por um instante que seu trabalho tem sido menos que primoroso. Mas é que se passaram apenas, o que, seis meses desde que aconteceu? Não é muito, não para uma coisa assim. E essa é a primeira vez que você tem que lidar com uma criança...

Eu me levanto.

— Agradeço pela preocupação, senhor, mas na verdade não é necessário. Eu prefiro me concentrar em encontrar Daisy Mason. O tempo não está do nosso lado. O senhor conhece as estatísticas tão bem quanto eu, e já se passaram quase 36 horas.

Ele hesita, mas assente.

— Bom, se você tem certeza... Mas é possível que surja alguma coisa na imprensa. Provavelmente vão desenterrar tudo de novo. Você está preparado para isso?

Faço uma expressão que, espero, expressa "desprezo completo".

— Eles logo vão ter alguma coisa melhor para fazer. E, de qualquer forma, não há nada o que encontrar.

— Não — diz ele rapidamente. — É claro que não.

Quinn me lança um olhar inquisidor quando reapareço.

— Assuntos administrativos — digo, e ele sabe que é melhor não insistir.

Sigo pelo corredor.

— Em que pé estamos com a escola?

— Everett e Gislingham estão lá agora. Achei que, nesse caso, um apoio feminino ia ser útil para Chris.

— Nada ainda das equipes de busca?

— Nada. Estamos ampliando o perímetro, mas, sem inteligência sobre onde procurar, é mais fácil encontrar uma agulha em um palheiro.

"Inteligência", por falar nisso, é outra palavra que me irrita.

Eu paro na porta da sala.

— Separados ou juntos? — pergunta Quinn.

— Separados. Mas quero falar com os dois.

— Primeiro o pai?

— Certo — respondo enquanto bato na porta. — Quero o pai primeiro.

Maureen Jones a abre e se afasta para nos deixar passar.

Sei que a polícia deveria fazer um esforço maior, mas aquela sala está longe da minha ideia de um ambiente reconfortante. É só um pouco melhor que a sala de entrevistas número um na St. Aldate, reconheço isso, mas, com os móveis baratos encostados nas paredes, parece a sala de espera de um consultório médico, o que apenas reforça a sensação avassaladora de que você só vai até ali para receber más notícias. Barry Mason está sentado em um sofá, com os olhos fechados e as pernas afastadas. Ele está suando. Sua pele parece oleosa, como se estivesse coberta por uma camada fina de gordura. Mas o dia está fresco para julho. Sharon está em uma cadeira de espaldar duro, com os pés bem juntos e a bolsa no colo. É uma daquelas réplicas de produtos de grife, marrom com padronagem creme. A cadeira é tão desconfortável que esperava que ela estivesse se remexendo, mas Sharon está perfeitamente imóvel. Ela nem ergue os olhos quando entramos. Leo, sim. Então, depois de um instante, ele se levanta do chão onde estava sentado brincando com um trem e recua devagar na direção da mãe, os olhos fixos em mim.

Eu pigarreio.

— Sr. Mason, sra. Mason, obrigado por esperarem. Tenho uma informação que agora posso compartilhar com vocês. Nós queríamos ter certeza antes de dizer qualquer coisa.

Eu faço uma pausa. Uma pausa cruel e deliberada. Sei o que eles devem estar pensando, mas preciso ver a reação.

Sharon leva a mão lentamente até o rosto, e Barry arqueja, as lágrimas escorrendo.

— Não... minha princesinha... — geme ele. — Não a minha Dais...

Leo segura a manga da mãe, com olhos arregalados de puro terror.

— Do que eles estão falando, mãe? É sobre a Daisy?

— Agora não, Leo — diz ela sem olhar para o garoto.

Não consigo mais sustentar a pausa. Não com alguma decência. Eles estão esperando que eu me sente, mas não faço isso.

— Nós descobrimos que Daisy não estava na festa na terça-feira.

Barry engole em seco.

— O que quer dizer com *ela não estava lá*? Eu *vi* a Daisy, todos nós vimos...

Sharon volta-se para o marido e segura seu braço.

— Do que eles estão falando? O que querem dizer com isso?

Olho na direção de Leo, que baixou os olhos para os sapatos surrados. Seu rosto está corado. Era como eu tinha imaginado... Ele sempre soube.

— Nós conversamos com os pais de Millie Connor, e eles confirmaram que ela estava usando a fantasia de margarida. Não Daisy. Até onde sabemos, sua filha não estava na festa.

— É claro que estava! — grita Sharon. — Eu já disse, eu *a vi*. E não tente me dizer que não conheço minha própria filha. Nunca ouvi tamanho... tamanho *disparate*.

— Infelizmente não há espaço para dúvida, sra. Mason. E, como tenho certeza de que a senhora vai perceber, isso muda toda a investigação. Nós agora vamos ter que rever os acontecimentos do dia e determinar a última vez que sua filha foi vista: isto é, quando Daisy foi vista pela última vez, onde e por quem. Também vamos ter que ampliar nossas investigações além dos convidados da festa para os colegas de escola de Daisy, seus professores e qualquer outra pessoa com quem ela possa ter entrado em contato nos dias anteriores ao desaparecimento. E, como parte desse processo, vamos ter que entrevistá-los de novo, para confirmar exatamente o que aconteceu naquela terça-feira. Vocês entenderam?

Os olhos de Barry se estreitam. Foi como se um interruptor tivesse sido ligado. Ou talvez uma torneira fechada fosse uma analogia melhor. Porque agora as lágrimas secaram.

— Nós estamos presos?

Olho para ele com firmeza.

— Não, sr. Mason, vocês não estão presos, nós os estamos entrevistando na condição do que chamamos de "testemunhas importantes". Temos uma sala especial, aqui, para entrevistas como essas, e vocês devem saber que vamos gravar toda a conversa em vídeo. É importante gravar tudo o que vocês possam nos dizer. Pode nos acompanhar agora, sr. Mason? Nós vamos conversar com a sra. Mason depois.

Sharon se recusa a olhar para mim. Ela muda de posição na cadeira, e seu nariz se empina com um pequeno movimento preciso e desafiador.

— Nós também gostaríamos de sua permissão para mandar a equipe forense revistar sua casa.

Barry Mason olha para mim, claramente hostil.

— Eu vejo TV. Sei o que isso significa. Você acha que nós somos culpados, mas não tem provas suficientes para conseguir um mandado. *Tem?*

Eu me recuso a morder a isca.

— Uma busca desse tipo pode ser muito valiosa...

Mas ele já está balançando a cabeça.

— De jeito nenhum. Não há a menor chance. Eu não vou deixar que vocês me enquadrem por algo que eu não fiz.

— Nós não *enquadramos* as pessoas, sr. Mason.

Ele faz uma expressão de escárnio.

— É, eu sei.

Nós ficamos olhando um para o outro. Um impasse.

— Já mandamos chamar um assistente social para acompanhar a entrevista — digo, após algum tempo. — A pessoa deve chegar nos próximos dez minutos.

— Ah, vá se foder — retruca Barry rispidamente. — Se eu quiser alguém segurando a minha mão, vou chamar a porra do meu advogado.

— Não para o senhor — digo com calma. — Para seu filho. Precisamos entrevistar Leo também, e ele vai precisar de alguém presente para proteger seus interesses. Infelizmente, essa pessoa não pode ser nenhum de vocês.

Quando saio com Barry pela porta e estendo a mão para fechá-la, escuto o som de alguém vomitando. Quando me viro, vejo Leo apoiado na parede parecendo enjoado. Maureen fica de pé imediatamente, pega a caixa de lenços de papel e passa o braço em torno dos ombros dele, dizendo que está tudo bem. A última coisa que vejo antes de fechar a porta é Sharon Mason pegando uma toalha umedecida de dentro da bolsa e se curvando para limpar um respingo infinitesimal de seu sapato.

***

BBC Midlands Today
Quinta-feira, 21 de julho de 2016 – Atualizado às 10h09

Daisy Mason: polícia amplia as buscas até Port Meadow

A polícia de Oxford está usando um helicóptero para ajudar nas buscas por Daisy Mason, de 8 anos, que foi vista pela última vez na noite de terça-feira. A antiga área de Port Meadow, a oeste da cidade, se estende por mais de 120 hectares e nunca foi cultivada. O detetive-inspetor Adam Fawley afirmou à BBC: "É uma área enorme, com partes densamente florestadas. Usar um helicóptero para dar apoio às equipes em terra vai nos ajudar a realizar a busca muito mais rápido e com muito mais eficiência." Fawley se recusou a confirmar se o helicóptero está equipado com câmera infravermelha, mas destacou que a polícia ainda está tratando a investigação como um inquérito de pessoa desaparecida.
 Solicitou-se a proprietários de terrenos próximos de Port Meadow que verificassem barracões e outras construções externas.

> Se você tiver qualquer informação sobre o paradeiro de Daisy, entre em contato com o Departamento de Investigação Criminal de Thames Valley pelo telefone 01865 0966552.

***

Amy Carey @SoUmaGarotaQueNaoPode - 10h41
Moro ao norte de Port Meadow, posso ver o helicóptero procurando por Daisy Mason. Torcendo para que encontrem a garotinha logo #EncontremDaisy

Danny Chadwick @ChadwickDanielPJ - 10h43
Quanto mais o tempo passa, mais estranha essa história fica. A polícia está sugerindo que uma menina de 8 anos conseguiu atravessar a linha férrea no escuro? #DaisyMason

Amy Carey @SoUmaGarotaQueNaoPode - 10h44
@ChadwickDanielPJ Também achei estranho. Nem dá mais para ir a Port Meadow daqui. Você precisa fazer a volta por Walton Well

Samantha Weston @SraCaixadeDispersão - 10h46
Não consigo ver isso terminando com um final feliz. Descanse em paz, pobre anjinho Bj #DaisyMason

Amy Carey @SoUmaGarotaQueNaoPode - 10h47
Há literalmente centenas de pessoas ajudando na busca #EncontremDaisy

Scott Sullivan @GuerreiroNervoso - 10h52
#DaisyMason Como eu disse, vão ser os pais. Aposto que o pai abusava dela, ele parece o tipo

Jenny T @56565656Jennifer · 10h53
@GuerreiroNervoso Isso é uma coisa horrível de se dizer. Trolls como você me dão nojo #EncontremDaisy

Scott Sullivan @GuerreiroNervoso · 10h54
@56565656Jennifer Quantas vezes isso vai ter que acontecer até que idiotas como vc vejam o que está diante de seus narizes? #DaisyMason

Jenny T @56565656Jennifer · 10h54
@GuerreiroNervoso Olhe para a fotografia de Daisy tirada 3 dias antes de seu desaparecimento. Não é uma foto de uma criança abusada #Feliz

Kathy Baines @CheiadoCalidoSul · 10h55
#DaisyMason Eu não estou entendendo nada. Só sei que é de partir o coração. Muito, muito triste

Jimmie Chews @RedsNaSombra · 10h56
Soube que a chance de a criança estar morta é de 80% após as primeiras 24 horas. Essa história de #DaisyMason vai acabar em tragédia

J the Kid @JohnnyNovato · 10h56
É uma reflexão triste sobre nosso mundo moderno e midiático que todo mundo sempre desconfie dos pais. Como se seu filho desaparecer já não fosse ruim o suficiente

Kathy Baines @CheiadoCalidoSul · 10h59
@JohnnyNovato Concordo. Queria que as pessoas não fizessem sensacionalismo com tudo. Já é horrível demais #DaisyMason

JJ @festadoburaco88 · 10h59
Difícil acreditar que nada disso não faça sentido. Mto desconfiado #DaisyMason

Kevin Brown @NascidoECriadoEmOxford · 11h
#EncontremDaisy #DaisyMason #Oxford #DaisyOndeEstáVocê #Desaparecida

Eddie Thorncliffe @AguiaVoadoradeDover · 11h01
Acabei de ver aquele apelo na TV por #DaisyMason. Aqueles pais não são inocentes DE JEITO NENHUM. Linguagem corporal horrível

Lilian Chamberlain @LilianChamberlain · 11h02
O Twitter às vezes pode ser terrível. Deixem os pais dela em paz. Eles já estão passando por muita coisa. Calem a boca e deixem a polícia trabalhar #EncontremDaisy

Scott Sullivan @GuerreiroNervoso · 11h03
@LilianChamberlain Não acredito que alguém pode ser tão ingênua. Espere só, você vai ver que tenho razão #DaisyMason

***

A sala de entrevistas é apenas um pouco mais confortável que a sala de espera, mas só um pouco. A diferença principal parecem ser fotos impressas de labradores. Eu me pergunto, não pela primeira vez, se isso devia ser alguma espécie de mensagem subliminar. Barry Mason entra caminhando com aquele seu passo arquetípico de macho alfa — ombros para atrás, pernas afastadas. Alex chama isso de "andar do peru". Ele encara a câmera de vídeo no alto da parede, assegurando-se de que eu o veja fazer isso, em seguida puxa uma das poltronas de couro falso para o mais longe da mesa possível, senta-se e cruza as pernas.

— O que quero saber — diz ele, sem esperar que eu ou Quinn nos sentemos. — É por que estão desperdiçando tempo comigo quando deviam estar por aí procurando minha filha.

Eu me sento, e Quinn faz o mesmo em seguida.

— Nós estamos "por aí", sr. Mason, como o senhor disse. Temos mais de cem policiais procurando Daisy. Não estamos poupando esforços.

— Se isso é verdade, como não a encontraram ainda? Não acredito que ninguém viu *nada*, não em um lugarzinho vagabundo como aquela área residencial. Todo mundo está sempre metendo o nariz onde não é chamado. Vocês não devem estar interrogando as pessoas certas, não devem estar procurando nos lugares certos.

Parte de mim não consegue evitar concordar com Barry, por mais que eu não goste dele. Nunca vi um caso de sequestro como esse. Ninguém viu nada, não há pistas, nada. É como se alguém tivesse agitado uma varinha mágica e Daisy simplesmente houvesse evaporado. O que, é claro, é um grande absurdo. Mas em um caso como esse, absurdos e boatos crescem para preencher qualquer vácuo, e nesse momento não temos nenhum fato confiável para botar no lugar.

— Como eu disse, sr. Mason, há uma equipe dedicada ao caso. Maior do que qualquer outra de que eu me lembre nos dez anos em que trabalho nesta delegacia. Mas até descobrirmos exatamente *quando* Daisy desapareceu, há o risco de que o senhor esteja certo, que estejamos mesmo procurando no lugar errado. E só o senhor pode nos ajudar com isso. O senhor e sua esposa.

Com essa eu o peguei, e ele sabe disso. Ele olha fixamente para mim, então dá de ombros e desvia o olhar.

Eu pego meu caderno.

— Então, o senhor nos contou agora que não sabia que a menina na festa não era sua filha. Preciso dizer que acho muito difícil acreditar nisso.

— Acredite no que você quiser, porra. Mas é verdade.

— O senhor não falou com ela naquela noite? Não a pegou no colo? Um dos vizinhos disse que o senhor sempre a carregava por aí nos ombros.

Ele faz uma careta diante de minha estupidez.

— Não faço isso há meses. Ela diz que isso faz com que ela pareça um bebezinho na frente dos amigos. Além disso, ela está pesada demais. Não consigo mais carregá-la desde que tive um problema nas costas em fevereiro. Nunca mais fiquei bom.

Com isso são três respostas complexas para uma pergunta simples. Mentirosos sempre exageram, pelo menos na minha experiência.

— E o senhor não falou com ela na festa? Chamou seu nome? Não fez isso a noite inteira?

— Eu estava cuidando do churrasco. Você nunca fez isso? Se tirar a droga dos olhos da churrasqueira por um minuto, ou o fogo apaga, ou queima toda a carne. É sempre assim. Eu me lembro de vê-la correndo de um lado para outro, mas agora que mencionou, não acho que falei com ela. Não de perto. Eu a chamei em determinado momento e perguntei se ela queria salsichas, mas ela só riu e saiu correndo.

E mesmo assim você não percebeu que não era a risada da sua filha. Eu posso ouvi-la, mesmo agora, e eu só a ouvi uma vez, em um celular barato.

— Quanto o senhor bebeu?

Ele se encolhe. Sabe que isso não é uma pergunta sem conexão com as anteriores.

— Bebi um pouco. Era um churrasco, pelo amor de Deus. Eu não estava dirigindo.

Eu anoto uma ou duas coisas. Apenas para fazer uma pausa.

— Quando o senhor se lembra de ver sua filha antes disso?

— Deviam ser umas 17h30. Foi quando eu cheguei em casa. Eu devia ter tirado a tarde de folga, mas houve uma emergência em uma das obras em Watlington. Um cano estourou, e meia tonelada de telhas ficou embaixo d'água. O cliente estava louco. O trânsito estava terrível na volta.

Três respostas. De novo.

— Mas Daisy com certeza estava em casa quando o senhor chegou?

— Sim. Ouvi música no andar de cima. Taylor Swift. Ela está sempre ouvindo isso.

Isso, pelo menos, parece verdade. Era a música que ela estava dançando no vídeo. Eu olho para Quinn, que chega para a frente no assento.

— O senhor subiu?

— Até o quarto dela? Não. Sharon estava me perturbando para começar o churrasco logo. Me deu uma bronca por me atrasar. Eu só gritei "oi" para Daisy e fui para o quintal. Nem tive tempo de me trocar.

Ele parece não ter ideia das implicações do que está dizendo.

— Então o senhor não viu sua filha nem ouviu a voz dela?

Ele fica vermelho.

— Bem, não. Pelo menos, acho que não. Talvez ela tenha respondido, mas não tenho certeza.

— O que significa que a última vez que o senhor a viu foi durante o café da manhã? Nenhum contato depois disso?

Nitidamente, não. Agora, por fim, ele parece abalado.

— Nada disso faz sentido — diz Barry. — Onde ela está?

— Isso, sr. Mason, é o que estamos tentando descobrir.

Novamente no corredor, digo a Quinn para confirmar a história de Watlington.

— Não deve ser difícil verificar se ele estava mesmo onde disse que estava. Sei que tenho preconceito quando se trata desses empreiteiros cretinos, mas não acredito em uma palavra do que esse cara diz.

Quinn faz uma careta, mas não posso culpá-lo; ele provavelmente já ouviu o suficiente de minhas histórias sobre empreiteiros. A pia daquela maldita ampliação está vazando até hoje.

— Certo, chefe. Quer que eu chame a sra. Mason?

— Ela pode esperar mais alguns minutos. Vou fumar um cigarro.

***

5 de julho de 2016, 16h36
Duas semanas antes do desaparecimento
Casa dos Connor, Barge Close, nº 54, corredor do segundo andar

Mille Connor e Daisy Mason estão brincando com os bichos de pelúcia de Millie. Daisy tem a expressão de uma criança que descobriu que o Papai Noel não existe, mas a quem disseram que não estragasse a magia para os pequenos. Millie, por outro lado, está mergulhada em uma história extremamente complexa envolvendo Angelina Bailarina, Peppa Pig e um urso de pelúcia caolho. De vez em quando, Daisy faz uma sugestão, então fica sentada observando a reação de Millie. Ela sorri toda vez que isso acontece, sejam suas ideias incorporadas à história ou não, como se isso, na verdade, não importasse. No momento seguinte, as duas ouvem um barulho de chave, e, depois de algumas tentativas, Julia Connor por fim abre a porta da frente e larga três sacolas grandes no chão. Seu rosto está vermelho, e seu cabelo, úmido. Ela está usando roupa de ginástica.

— Millie! — chama. — Você está em casa? Quer um pouco de suco?

Millie espicha a cabeça além do parapeito da escada.

— Não, obrigada. Estou aqui em cima brincando.

— Então seu irmão ainda não voltou?

Millie dá de ombros.

— Ele disse que ia jogar futebol depois da escola.

Julia Connor sorri.

— Ah, lembrei. Aquele time de High Wycombe, não era? Espero que ele ganhe. Ou vai ficar mais mal-humorado que o normal, jogando na chuva.

Ela pega as sacolas outra vez e as leva até a cozinha, onde liga o rádio e começa a desembalar as compras.

Cerca de meia hora depois, a campainha toca. As duas meninas levam um susto e trocam um olhar, então Daisy recua mais para fora de vista, e Millie chega para a frente até um ponto de onde pode ver o andar de baixo. É possível ver a sombra de uma pessoa no vidro jateado. Julia Connor se aproxima da cozinha, limpando as mãos em um pano de prato.

— Ah, é você — diz ela quando abre a porta. — Acho que faz séculos desde a última vez que nós…

— Desculpe incomodá-la, sra. Connor…

— Pode me chamar de Julia, por favor… Desse jeito parece que sou minha sogra.

— Isso é tão constrangedor, mas você por acaso viu Daisy? Ela devia chegar em casa às quatro em ponto, mas ainda não voltou, e vai escurecer logo. O pai dela vai ficar muito preocupado.

Julia é a imagem da preocupação.

— Ah, querida. Que horror. Mas tenho certeza de que não há nada com que se preocupar. Ela provavelmente só parou na casa de alguma amiga e perdeu a noção da hora. Você tentou falar com outras pessoas?

Sharon Mason agita as mãos, parecendo desesperada.

— Atualmente, nunca pareço saber quem são os amigos dela, muito menos quais são seus telefones. Não lembro a última vez que ela levou alguém lá em casa. Você foi a única pessoa em que pude pensar.

Julia toca sua mão.

— Vou perguntar a Millie, ela pode saber.

Millie ergue os olhos ao ouvir seu nome, mas Daisy segura imediatamente seu braço e leva o indicador aos lábios. Em seguida, balança a cabeça devagar, com os olhos sempre atentos ao rosto da amiga.

— Você ainda está aí em cima, Millie? — chama a mãe. — Você viu a Daisy hoje depois da escola?

Millie se levanta e vai até o alto da escada, onde as duas mulheres podem vê-la.

— Não, mãe. Não sei onde ela está.

Julia se volta para Sharon com uma expressão tristonha.

— Desculpe. Eu também não sei o que sugerir. Talvez você possa me dar seu telefone, e eu ligo se souber de alguma coisa. E que chato isso acontecer logo hoje que você ia sair.

Sharon franze a testa.

— Sair para onde?

Julia enrubesce.

— Bom, a bolsa... os sapatos. Eu achei que você ia sair. Desculpe, não quis dizer nada com isso.

— Claro que não vou sair. Minha menininha *sumiu*.

Julia abre a boca, mas não consegue encontrar nada para dizer. Ela, porém, anota educadamente o telefone de Sharon antes de vê-la caminhar com cuidado pelo caminho irregular de cascalho e retornar para a rua. Então fecha a porta e volta para a cozinha. No segundo andar, perto da escada, Millie se volta para Daisy.

— Você vai se meter em encrenca.

— Está tudo bem... Vou descer em um minuto quando sua mãe não estiver olhando e sair. — Ela dá um grande sorriso. — Não se preocupe. Ela não vai nem perceber.

***

Amy Cathcart está sentada no café Hill of Beans no centro de Newbury, assistindo à TV na parede atrás do balcão, esperando sua amiga chegar. Ela tem 27 anos, é loura, baixinha, tem um ótimo senso de humor, gosta de crianças e animais e adora fazer longas caminhadas pelo campo. Pelo menos é o que diz seu perfil. Na verdade, ela tem altura mediana, caminhar a deixa entediada e está perdendo seu senso de humor. Neste exato minuto, a culpada é Marcia, que está quinze minutos atrasada, mas seu trabalho, o mundo e ela mesma são todos igualmente cansativos. Igualmente decepcionantes. Naquela manhã, ela recebeu um convite para mais um casamento, em mais um hotel elegante. Seu guarda-roupa está cheio de vestidos que ela não pode usar pela segunda vez, e ela está ficando cansada de ser aquela pessoa na extremidade esquerda da foto de grupo, de cujo nome ninguém vai se lembrar em dez anos.

Marcia abre a porta, os olhos ainda no celular. Ela enfia uma mecha do cabelo louro-avermelhado perfeito atrás da orelha enquanto olha fixamente para a tela, a toca algumas vezes, então finalmente ergue os olhos.

— Amy! Desculpe o atraso. Passei a manhã inteira no telefone. Malditos redatores, nunca fazem o que a gente manda. Eles estão sempre ocupados demais achando que vão ser o próximo Dan Brown para se concentrar no maldito *briefing*.

Elas se cumprimentam, e Marcia se senta na banqueta.

— O que você vai beber?

— Um café americano. Mas é minha vez de pagar.

Marcia dispensa uma possível discordância com um aceno.

— É o mínimo que posso fazer. Então me conte… O que você tem feito? Conheceu alguém interessante?

Faz seis meses desde que Amy se inscreveu no site de encontros, e tem sido — para ser bondoso — um misto de sensações. Ela está começando a achar que pode estar em uma idade difícil — parece que pouca coisa diferencia a "divorciada levemente desesperada" e a "nunca fui casada e dá para ver por quê". No último Natal, sua mãe lhe deu um ímã de geladeira que dizia: "Os homens são como uma caixa de chocolate — se passar tempo demais, estragam." Que é exatamente o tipo de coisa traiçoeira e irritantemente precisa que ela esperaria de sua mãe. Embora, desta vez, possa ser diferente.

— Bom — começa ela. — Tem um cara com quem tenho trocado e-mails. Ainda não nos conhecemos pessoalmente, mas ele parece mais promissor que a maioria. Não que isso signifique muita coisa.

— Nome, idade, renda, bagagem? — É o catecismo padrão de Marcia.

— Ele se chama Aidan. Tem 39 anos e trabalha na City. Divorciado, mas sem filhos, graças a Deus.

Os cafés chegam, e Marcia mexe na espuma de seu cappuccino e lambe a colher.

— Então, quando você vai se encontrar com ele?

— Possivelmente no próximo fim de semana. Ele está trabalhando em uma aquisição importante, por isso não tem tido muito tempo. Mas estamos trocando muitas mensagens. Às vezes, até quando está em uma de suas reuniões. Ele reclama sobre como elas são chatas e como todos os funcionários do banco ficam brincando de "meu pai é mais rico que o seu pai". Embora eu não esteja muito esperançosa, não até conhecê-lo. Quer dizer, você se lembra do sr. Lambe-Lambe?

Marcia arregala os olhos.

— Ah, meu Deus. Um destino pior que a morte. Mas vamos, me mostre as mensagens.

Amy pensa em dizer não, é cedo demais, elas são particulares, mas Marcia não quer nem saber.

— Vamos lá! Não é só sexo virtual, né?

— Não, claro que não.

— Então, qual o problema? Vamos, venha cá, me dê aqui.

Amy entrega o telefone e se recosta enquanto a amiga examina suas mensagens. Ela finge se importar, mas na verdade gosta de, dessa vez, conseguir sair por cima. Marcia nunca teve problemas para encontrar homens, e tem um histórico invejável de largá-los, não de ser largada. Com certeza, uma hora ia chegar a vez de Amy. Talvez seja demais esperar que ele seja o amor da sua vida, mas dá para ter um relacionamento que a deixe nas nuvens antes de ir por água abaixo.

Mas é exatamente isso o que acontece. Bem ali, exatamente às 10h06, ela leva a xícara aos lábios e seus olhos se fixam na tela da TV.

***

Entrevista com Sharon Mason

21 de julho de 2016, 11h49

Estão presentes o detetive-inspetor A. Fawley e o sargento-detetive G. Quinn

AF: Peço desculpa por fazê-la esperar, sra. Mason. A senhora gostaria de uma xícara de chá?

SM: Não, obrigada. Eu tomei chá mais cedo. Estava horrível. Parecia ter sido feito com leite evaporado.

AF: Como explicamos antes, estamos tentando determinar exatamente quando Daisy foi vista pela última vez, e onde. A senhora nos contou que não sabia que a fantasia de Daisy estava sendo usada naquela noite por Millie Connor, certo?

SM: Eu estava ocupada. Organizando a comida, preparando os drinques. As pessoas sempre pedem uma coisa que você não tem. E estava escuro, havia crianças correndo por toda parte. Eu simplesmente supus que fosse ela. O senhor teria feito o mesmo.

AF: Na verdade, sra. Mason, não tenho tanta certeza disso. Mas não estamos aqui para falar de mim. A senhora sabe o que aconteceu com a fantasia de sereia que Daisy trocou com Millie? A senhora a viu em casa?

SM: Não, eu nunca vi essa fantasia. Com certeza não está no quarto dela.

AF: E Daisy usou o uniforme de sempre para ir à escola naquele dia? A senhora verificou se *isso* estava em casa?

[*pausa*]

SM: Não. Eu não olhei.

AF: Talvez a senhora pudesse fazer isso, sra. Mason. Considerando que não permite que nós mesmo façamos uma busca apropriada.

[*pausa*]

GQ: A que horas buscou as crianças na escola?

[*pausa*]

SM: Na verdade, eu não fiz isso.

AF: Como assim? Está dizendo que não as buscou na terça-feira? A senhora nos contou que as tinha apanhado...

SM: Não contei, não. O que eu *disse* é que as levo de carro para a escola todos os dias. Eu as levo e busco. Mas não fiz isso na terça-feira.

AF: A senhora percebe a seriedade disso, quanto tempo nós desperdiçamos? Se a senhora tivesse nos contado que Daisy foi para casa sozinha...

SM: Ela não estava sozinha. Leo estava com ela. Eu disse aos dois pela manhã que eles teriam que voltar para casa a pé.

AF: E por que não nos contou isso antes?

[*pausa*]

SM: Eu sabia que vocês iam ter uma ideia errada. Que iam começar a me culpar. E não é minha culpa. Não posso estar em dois lugares ao mesmo tempo, posso? Sabe quanto trabalho dá organizar uma festa daquelas? Barry devia me ajudar, ele *disse* que ia tirar a tarde de folga, mas então ligou e disse que ia se atrasar. Como sempre.

GQ: A que horas foi isso, o telefonema?

[*pausa*]

SM: Não tenho certeza. Por volta das quatro, acho.

GQ: Nós podemos verificar isso com facilidade com a companhia telefônica.

AF: E a senhora disse ao Leo que ele tinha que voltar para casa com a irmã?

SM: Disse aos dois durante o café da manhã. Pedi a Daisy para não deixar de encontrar Leo e para não sair correndo sozinha.

GQ: Ela tinha o hábito de fazer isso?

SM: Não do jeito que *vocês* estão pensando. Ela sempre foi muito ajuizada. Mas se interessa por coisas. Animais e coisas assim. Insetos. Às vezes ela se distrai, só isso.

AF: Soube que ela quer ser veterinária quando crescer. É um curso longo.

SM: Daisy sabe a importância de se dedicar ao máximo na escola e arranjar um bom emprego. Ela é brilhante. Tirou 97 em uma prova de matemática no último semestre. A maior nota depois dela foi 72.

AF: Então vamos voltar à tarde de terça-feira. A que horas as crianças chegaram em casa da escola?

SM: Daisy chegou por volta das 16h15. Eu estava na cozinha, a porta da frente bateu, e ela subiu para o quarto.

AF: A senhora a viu?

SM: Não. Como disse, estava ocupada. Daisy estava fazendo muito barulho lá em cima, por isso achei que ela e o irmão deviam ter brigado no caminho de casa.

AF: Os irmãos discutem muito?

SM: Às vezes. Não mais que os filhos de outras pessoas.

[*pausa*]

SM: Talvez um pouco mais, nos últimos tempos.

AF: E por que isso?

SM: Quem sabe o que se passa com as crianças? Dá para enlouquecer tentando descobrir por que elas fazem determinadas coisas.

AF: Um de seus filhos tem dado mais problemas que o outro?

SM: Ah, Leo. Com certeza o Leo. Adolescentes podem ser muito temperamentais.

GQ: Ele só tem dez anos.

[*pausa*]

SM: Barry acha que ele pode estar preocupado com as provas.

AF: Mas ainda falta um pouco para os exames finais. Ele está no quinto ano, não está?

SM: Ele não é tão inteligente quanto a irmã.

[*pausa*]

AF: Entendo. Então voltemos à tarde de terça-feira. Daisy chegou às 16h15. Quando a senhora tornou a vê-la?

SM: Eu chamei e perguntei se ela queria alguma coisa, mas ela não me respondeu. Supus que ela estivesse de mau humor.

AF: Então a senhora não a *viu*? Nem nessa hora e nem mais cedo, quando ela chegou em casa?

[*pausa*]

SM: Não.

GQ: Que horas foi isso? Quando a senhora a chamou?

SM: Não lembro.

AF: E que horas ela desceu para a festa?

SM: Não sei, nessa hora as pessoas começaram a chegar. Tudo estava um pouco caótico. Eu me lembro de vê-la correndo com os amigos, como contei a vocês.

[*pausa*]

AF: Entendo. E Leo? Ele estava com Daisy quando ela voltou da escola?

SM: Não, eu o vi mais tarde.

AF: Quanto mais tarde?

SM: Não sei. Uns quinze minutos depois. Algo assim.

AF: Por volta das 16h30, então. O que aconteceu, sra. Mason? Por que eles não chegaram juntos?

[*pausa*]

AF: Sra. Mason?

SM: Ele disse que os dois discutiram, e Daisy saiu correndo.

GQ: Sobre o que foi essa discussão?

SM: Como já disse, pode ter sido sobre qualquer coisa, ou sobre nada. Eu não consegui tirar nem uma palavra dele.

AF: E a senhora não subiu para conversar com Daisy?

SM: Não, claro que não. Eu já expliquei. Ela estava obviamente bem, não estava? Ela não é uma garota mimada. Está sempre dizendo que odeia isso. E, de qualquer modo, eu não vejo que diferença faz.

[*pausa*]

SM: O que foi? Por que está me olhando desse jeito? Não é minha culpa. O que quer que tenha... o que quer que tenha *acontecido* deve ter sido depois disso, não? Alguém deve tê-la pegado durante a festa.

AF: Nós já determinamos que ela nunca foi à festa, sra. Mason.

[*pausa*]

AF: Creio que os primeiros convidados chegaram por volta das sete. Confere?

SM: Isso. Embora tivessem sido convidados para mais cedo. As pessoas são tão mal-educadas.

AF: Então sua alegação é de que em algum momento entre 16h15, quando Daisy chegou em casa, e sete horas, quando os primeiros convidados chegaram, sua filha desapareceu do próprio quarto, debaixo do seu nariz?

SM: Não ouse usar esse tom comigo. O que o senhor quer dizer com "minha alegação"? Não é *minha alegação*, é *o que aconteceu*. Ela estava no quarto. A música estava ligada, ainda estava ligada quando voltei. Pergunte ao Barry, ele escutou também, quando finalmente se dignou a dar as caras…

AF: Desculpe, o que a senhora quis dizer com "quando voltei"?

[*pausa*]

SM: Eu precisei dar uma saída de vinte minutos. Fui comprar maionese. Eu trouxe um pouco na véspera, mas, quando fui fazer os sanduíches, percebi que alguém quebrou o vidro. E como ninguém tinha se dado o trabalho de me contar, precisei sair de novo.

AF: Por que a senhora não nos contou isso antes?

SM: Barry não gosta de deixar as crianças sozinhas em casa.

AF: Então a senhora não quis que ele soubesse?

[*silêncio*]

AF: Tem mais alguma coisa que não nos contou, sra. Mason?

[*silêncio*]

AF: Então exatamente a que horas foi essa sua saída para fazer compras?

SM: Eu não olhei a hora.

AF: Mas foi antes de seu marido voltar.

SM: Ele chegou quinze minutos depois.

AF: A porta da frente estava trancada?

SM: Claro que a *porta estava trancada*...

AF: E o portão lateral?

[*pausa*]

SM: Não tenho certeza.

GQ: A senhora disse que ele ficou aberto durante a festa. E, supostamente, ficou aberto na noite anterior também, quando o sr. Webster levou o gazebo. A senhora o trancou depois que ele foi embora na segunda-feira?

SM: Não lembro.

GQ: E seu marido? Ele ajudou o sr. Webster a instalar o gazebo?

SM: Ele não estava. Chegou tarde em casa. De novo.

GQ: E a porta do pátio? Ela estava aberta quando a senhora foi comprar maionese?

[*pausa*]

SM: Acho que sim. Mas eu só saí por um minuto.

AF: Então a senhora deixou a casa e o portão lateral possivelmente abertos. Com duas crianças pequenas sozinhas em casa.

SM: O senhor não pode pôr a culpa em mim. Não é minha culpa.

AF: Então de quem foi a culpa, sra. Mason?

[*pausa*]

AF: Essa maionese, onde a senhora a comprou?

SM: Não consegui encontrar. Tentei aquele lugarzinho engraçado na Glasshouse Street, mas eles estavam sem, depois fui ao Marks na rotatória do anel viário, mas eles também estavam sem.

GQ: A senhora deve ter levado mais de vinte minutos para fazer esse trajeto. Estacionar, entrar, dirigir, estacionar de novo, voltar para casa. Eu diria, pelo menos, meia hora, talvez até quarenta minutos. Especialmente àquela hora do dia.

AF: Tempo mais do que suficiente para alguém entrar na casa e levar sua filha.

SM: Eu já disse, a música ainda estava ligada no andar de cima quando eu cheguei.

AF: Mas a senhora não tem ideia se Daisy estava lá para ouvi-la. Tem, sra. Mason?

***

Quando Everett e Gislingham chegaram à Bishop Christopher, o sinal do almoço tinha acabado de tocar, e duzentas crianças saíam como uma horda pelas portas.

— De onde as crianças tiram toda essa energia? — grita Gislingham acima do barulho.

— Carboidratos. — Everett sorri. — Você sabe, essas coisas que Janet não deixa mais você comer.

— Nem me lembre — resmunga ele, olhando com tristeza para a barriga. — Um homem não pode viver só de queijo com baixo teor de gordura, Ev. Pelo menos, eu não consigo.

Ele para um momento e olha ao redor para as crianças que estão gritando e correndo.

— Não parecem estar muito preocupadas com sua colega de escola, não é? Acho que seria diferente se fosse uma escola do ensino médio. Teriam conselheiros, psicólogos educacionais, tudo o que têm direito. Acho que esse grupo é novo demais para entender.

Everett acompanha seu olhar.

— A maioria delas, sim. Mas aquelas meninas ali… Elas sabem que alguma coisa aconteceu. Aposto que são da turma dela.

Há três meninas sentadas no mesmo banco, com a cabeça bem próxima uma da outra. Duas têm tranças longas, e a outra parece chinesa. Enquanto os policiais observam, uma das meninas começa a chorar, e Everett vê a professora encarregada seguir até lá e se sentar ao lado da menina aos prantos.

Dentro da escola, os corredores ecoam o silêncio. Gislingham para um momento e respira fundo.

— Por que todas as escolas têm o mesmo cheiro?

— Uma mistura de frutas com meias sujas, peido e gordura de salgadinhos, com um toque de doença e desinfetante. Ah, sim, realmente inconfundível.

Everett olha ao redor e vê um mapa do local na parede à frente.

— Como chegamos ao gabinete da diretora?

Gislingham faz uma careta.

— Nossa, isso me traz lembranças. Passei mais tempo aí do que em sala de aula. Poderia encontrar o caminho de olhos fechados.

— O fato de você ter se tornado um policial nunca deixa de me surpreender, Gislingham.

Ele dá de ombros.

— Acho que eles decidiram que era melhor me ter do lado deles.

O gabinete da diretora fica nos fundos do prédio, de onde se avista uma pracinha de grama seca com algumas ervas daninhas, uma cerca de arame coberta de madressilvas e uma fileira de choupos compridos e delgados.

Alison Stevens se levanta para cumprimentá-los. Ela é uma mulher elegante, negra, com um traje pensado para transmitir autoridade e acessibilidade: uma saia azul-marinho logo abaixo dos joelhos, um cardigã macio azul-claro e brincos de argola pequenos.

— Detive Everett, detetive Gislingham, por favor, sentem-se. Esta é a professora de Daisy.

A jovem se inclina para a frente para apertar a mão dos dois. Ela provavelmente não tem mais que 25 anos, com cabelo ruivo cacheado, um vestido fino florido destacando as pernas nuas e morenas. Everett vê Gislingham endireitar os ombros um pouco. *Homens*, pensa ela. *São todos iguais.*

— Kate Madigan — diz ela, com um sotaque irlandês suave e olhos preocupados. — Não consigo nem imaginar pelo que os Mason estão passando. Deve ser o pior pesadelo de todo pai e toda mãe.

Alison Stevens pigarreia.

— Pedi para o zelador baixar as imagens da câmera de segurança do portão. Aqui estão as imagens de que vocês precisam.

Ela digita no teclado, em seguida vira o laptop para ficar de frente para eles. A tela mostra a hora, 15h38. Daisy está no portão conversando com a menina chinesa que eles acabaram de ver no playground, e há outra garota parada a poucos metros de distância. Daisy segura a mochila em uma das mãos.

Gislingham olha para Everett.

— Merda. Alguém pensou em verificar se essa mochila está na casa?

— Acho que não. E, por enquanto, os pais não pretendem nos deixar entrar. Foi o que eu soube.

— Quem são as outras meninas? — prossegue Everett, olhando para Kate Madigan.

— A loura é Portia Dawson. Seus pais trabalham na clínica do hospital universitário. A outra é Nanxi Chen. Ela é americana. Seu pai é professor. Política, acho. Eles só estão aqui desde o Natal.

— Vejo que Daisy mantém companhias de alto nível — diz Gislingham.

Alison Stevens olha para ele com cautela, sem saber ao certo se aquilo é uma crítica ou apenas uma dedução.

— É comum nessa região, detetive. Muitas de nossas crianças têm pais acadêmicos. Um deles é ganhador do Prêmio Nobel.

— Acho que acabamos de ver Nanxi lá fora — diz Everett. — Nós podemos falar com ela antes de irmos?

— Vou ligar para a mãe dela e ver se não tem problema.

— E Portia Dawson?

— Ela não vem à escola desde quarta-feira. Aparentemente, está muito abalada. Como estamos no fim do semestre e ela não ia perder muita coisa, não me opus. Vou ligar para eles.

No vídeo, Daisy conversa com Nanxi até sua mãe chegar para buscá-la às 15h39. Leo aparece às 15h52. Ele está de cabeça baixa e com as mãos nos bolsos. Ele não fala com Daisy. A menina o vê passar e espera até que ele chegue na metade da rua antes de colocar a mochila e ir atrás do irmão, sumindo de vista. É a última vez que eles a veem, e aquela é a única câmera entre a escola e Canal Manor.

— Sra. Stevens — diz Everett. — Tem mais alguma coisa que a senhora possa nos contar sobre Daisy? Como ela estava recentemente? A senhora sabe de alguma coisa que a estava incomodando?

— Acho que Kate tem mais condições de falar sobre isso que eu.

Gislingham se vira para a professora.

— Qualquer coisa que puder nos dizer seria de grande ajuda, srta. Madigan.

Everett se contorce por dentro; meu Deus, ele até percebeu que ela não usa aliança.

Kate parece perdida.

— Não consigo dizer a vocês como estamos todos devastados. Tive crianças chorando a manhã inteira. Daisy é uma menina muito simpática; inteligente, comportada. Muito popular. É uma alegria dar aula para ela.

— Mas?

— O que o senhor quer dizer com *mas*?

— Desculpe, é que eu achei que tinha um "mas" chegando, só isso.

Kate Madigan olha para a diretora, que assente.

— Bom — prossegue ela —, notei que suas notas caíram um pouco de um tempo para cá. Nada dramático, ela ainda está entre os melhores alunos da turma. Mas ela parecia bem mais quieta que o normal. Digamos, um pouco preocupada.

— Falou com ela sobre isso?

— Eu tentei. Superficialmente, como se faz, para não deixá-la nervosa. Mas ela disse que tudo estava bem.

— E você acreditou nela?

Kate parece preocupada.

— Acho que fiquei em dúvida. Por causa de uma ou duas coisas que ela disse antes, desconfio que ela não estivesse feliz em casa. Nada... *sério* — diz ela na mesma hora. — Nada que sugerisse que ela estava correndo algum risco. — Ela fica vermelha. — Eu costumava conversar muito com ela sobre livros. Não acho que os Mason se interessam por esse tipo de coisa. Mas eu sei que ela estava ansiosa pela festa.

— Na última vez que *eu* falei com ela, Daisy estava de muito bom humor — intervém a diretora. — Ela me falou como estava animada pelo que ia fazer nas férias.

— Eu queria poder ajudar mais — diz Kate. — Mas, para ser sincera, só estou com essa turma há alguns meses, não conheço nenhuma das crianças muito bem.

— Kate foi a substituta que nos mandaram quando Kieran Jennings quebrou a perna esquiando na Páscoa — explica a diretora. — Nós ficamos bastante satisfeitos em recebê-la e lamentamos muito que ela vá embora.

— Embora? — diz Gislingham.

Kate Madigan sorri.

— De volta para a Irlanda. Eu tenho um emprego esperando por mim em Galway. Quero voltar para perto da minha família.

— Então — diz Everett, um pouco apressada —, você estava preocupada com Daisy.

Kate Madigan olha mais uma vez na direção da diretora.

— Eu não usaria uma palavra tão forte quanto essa. Eu só percebi uma pequena mudança. Uma mudança *muito* pequena. Comentei com Alison sobre isso, e ela ia informar Kieran quando ele voltasse, para que pudesse ficar de olho. Não havia nada específico. Se houvesse, teríamos feito mais alguma coisa.

Pela terceira vez em poucos minutos, as duas mulheres trocam um olhar.

Everett não precisa que a encorajem novamente.

— Tem mais alguma coisa, não tem? Alguma coisa que vocês não querem nos contar.

Alison Stevens respira fundo.

— Para ser sincera, detetive, não era com Daisy que estávamos preocupadas.

***

O assistente social é homem. Não sei por que isso me surpreende, mas acontece — de algum modo, sempre suponho que vai ser uma mulher. Mas quando o vejo com Leo no vídeo, percebo que um homem, na verdade, é uma ideia muito melhor. Em cinco minutos eles estão falando sobre futebol, e em dez concordaram que o Chelsea vai ganhar o Campeonato Inglês novamente na próxima temporada, que Wayne Rooney é superestimado e que o técnico Louis van Gaal tem um cabelo engraçado. Quando abro a porta e me junto a eles, Leo parece uma criança comum pela primeira vez desde que eu o conheci.

— Então, Leo, só preciso fazer algumas perguntas rápidas sobre a tarde de terça-feira, está bem?

Ele se enrijece, e eu praguejo por dentro.

— Não precisa se preocupar. Você quer que sua irmã volte em segurança para casa, não quer?

Ele assente, mas não faz isso imediatamente, e também não olha para mim. Leo pega a lata de Coca-Cola que Gareth Quinn oferece a ele e começa a brincar com o anel. Não é preciso ser psicólogo infantil para perceber que há alguma coisa errada ali. Ou que a verdade, qualquer que seja, o está perturbando. Ainda assim, aqui estou eu, metendo o pé na porta com minhas botas de chumbo.

— Você voltou a pé da escola com Daisy naquele dia, estou certo?

Ele assente.

— Minha mãe estava muito ocupada.

Ele ainda está de cabeça baixa. Mal consigo vê-lo por trás da franja escura e espessa.

— Vocês voltaram juntos para casa por todo o caminho?

Ele torna a assentir.

— Tem certeza? Porque achamos que vocês podem ter tido algum tipo de briga.

Ele me encara.

— Quem contou isso?

— Sua mãe. Ela disse que você e Daisy chegaram em casa separados. Ela achou que vocês deviam ter tido uma discussão.

De volta, outra vez, para a lata de Coca-Cola.

— Ela viu uma borboleta idiota e pediu para eu tirar uma foto dela, mas eu não quis.

— Por que não? Não parece ser nada de mais. Ela não tinha celular, não é?

— Minha mãe não deixa.

— Então por que não tirou a foto?

Leo dá de ombros.

— Não sei.

— Então, o que aconteceu depois?

— Ela quis ficar olhando a borboleta. Eu disse que precisávamos ir para casa por causa da festa, e que a mamãe ia ficar com raiva, mas ela não vinha. Então eu deixei a Daisy lá.

— Entendi.

Eu faço uma pausa.

— Então você é torcedor do Chelsea?

Leo me lança um olhar rápido, mas assente. Ele tem belos olhos azuis e cílios incrivelmente longos. Há algo élfico em seu rosto que não consigo identificar.

— Um dos meus detetives é torcedor do Chelsea. É louco por eles. Quem é seu jogador favorito?

— Eden Hazard.

— É o belga, não é? Em que posição ele joga?

— No meio-campo.

— É onde você joga também?

— Meu pai diz que eu estaria melhor se ficasse na defesa. Ele diz que não sou rápido o suficiente para jogar no meio-campo.

— Seu pai leva você aos jogos?

— Não. Ele diz que é caro demais e que leva muito tempo para chegar lá.

— Mas Londres não é tão longe.

Ele dá de ombros.

— Eu fui uma vez com Ben e o pai dele. Nós ganhamos do Stoke por três a zero. Foi muito bom. Ele comprou um cachecol para mim.

— Ben é seu melhor amigo?

Ele dá de ombros novamente.

— Ele era, mas se mudou.

— E quem é seu melhor amigo agora?

Silêncio.

Estou começando a perceber como esse garoto é solitário. Parte de mim quer abraçá-lo e tornar tudo melhor. Mas não posso fazer isso. Porque a outra parte está prestes a tornar as coisas piores. Às vezes, eu odeio muito meu trabalho.

— Leo, eu estou com um probleminha e preciso que você me ajude.

Ele está olhando fixamente para a latinha vazia e balança a perna direita. Eu troco um olhar com o assistente social.

— Sabe, o problema é que sua mãe disse que Daisy chegou em casa bem mais cedo que você na terça-feira. O que não faz muito sentido se ela ficou para trás para olhar a borboleta. Você entende o que eu quero dizer?

Ele faz uma pausa e assente — um movimento quase imperceptível. Suas bochechas ficaram vermelhas.

— Você só precisa me contar o que aconteceu, é só isso. Você não está com nenhum problema.

O assistente social se inclina para a frente e põe a mão delicadamente no braço dele.

— Está tudo bem, Leo. Você pode contar ao policial. É sempre melhor contar a verdade, não é?

E aí ele conta tudo.

***

Gislingham abre a porta da sala de aula do quarto ano. O sol da tarde entra pelas janelas, caindo enviesado sobre um cartaz do alfabeto com animais e uma faixa que diz "o que vamos fazer nas férias". Embaixo, as crianças escreveram coisas e colaram fotos recortadas de revistas. Duas ou três vão para a Disneylândia, outra para a Nova Zelândia. Daisy parece ser a mais empolgada por andar de *ferry boat* pela primeira vez, e Nanxi Chen vai visitar os primos em Nova York. Mas, neste exato momento, ela está sentada com Kate Madigan e Verity Everett, no canto oposto da sala.

Gislingham gesticula para chamar Everett, que se levanta e vai até ele. Ele baixa a voz.

— Deixei uma mensagem para o chefe. Eles estão entrevistando o irmão. — Gislingham olha para o relógio. — Droga, eu devia pegar Janet em vinte minutos. É a ultrassonografia de 18 semanas.

Ele não diz, mas Everett sabe que é seu primeiro filho e, aos 42, depois de perder três bebês, a esposa quer que ele esteja presente.

— Não se preocupe — diz ela. — Pode ir. Eu termino aqui. Alison Stevens disse que os Dawson podem nos receber às duas, por isso vou até lá depois daqui, e encontro você mais tarde.

— Não tem problema você ir até a casa?

Ela sorri.

— É uma caminhada de apenas dez minutos. Acho que consigo.

Se Everett estava preocupada em fazer Nanxi Chen se abrir, logo fica óbvio que, na verdade, o problema a enfrentar é o oposto. Nanxi tem a confiança de uma criança com o dobro de sua idade, acompanhada de uma franqueza totalmente americana. Daisy Mason, em sua opinião, é "superinteligente" e "muito ousada". Ela é quem melhor planta bananeira na turma (Kate Madigan dá um sorriso triste ao ouvir isso) e conta as histórias mais incríveis, embora Portia desenhe melhor, e Daisy não é uma boa dançarina, embora ache que é. Millie Connor é melhor, mas, fora isso, é um pouco burra (a afirmação provoca uma leve repreensão e um rubor por parte da professora).

— E em que você é boa, Nanxi? — pergunta Everett.

— Ah, matemática. Meu pai quer que eu estude no MIT, como ele.

Everett não tem ideia do que seja o MIT, mas ela entende a ideia.

— Então, como Daisy tem se saído na escola recentemente? Tinha alguma coisa a preocupando?

Nanxi pensa por um momento.

— Bom, acho que tinha uma coisa, sim, mas era segredo. Ela só nos contou porque somos suas melhores amigas.

Everett faz o possível para não parecer ávida demais.

— Que segredo, Nanxi?

A menina, de repente, fica em dúvida, como se tivesse percebido que falou demais, mas Kate Madigan a encoraja.

— Está tudo bem, Nanxi. Tenho certeza de que a detetive Everett não vai contar para ninguém.

— Daisy não me contou o que era. Ela disse que estava se encontrando com uma pessoa, mas que isso era segredo. Primeiro ela parecia muito empolgada, mas depois disse que não era nada e que não ia acontecer de novo.

— E ela não contou a você quem ela tinha visto? Um adulto? Outra criança?

A garota balança a cabeça com vigor.

— E ela ficou triste depois de ver essa pessoa?

Nanxi pensa sobre isso.

— Não, não triste. Ela não estava chorando nem nada. Acho que ela estava só com raiva.

— Daisy estava feliz em casa, Nanxi?

Nanxi faz uma careta.

— Tipo, *sério*? A senhora *viu* aquela casa?

Kate intervém rapidamente.

— Nanxi, isso não é uma coisa bonita de se dizer. Nós não julgamos as pessoas pelo dinheiro que elas têm, julgamos?

Nanxi dá a entender que dinheiro é o único parâmetro confiável para se ter, mas não diz nada.

— O que quero dizer é se Daisy era feliz com sua família.

— Bom, Leo é meio estranho. Meio fracote. E a mãe da Daisy está sempre em cima dela por causa das notas.

— E o pai? Todo mundo diz que eles são muito próximos.

— Acho que sim, só que…

— Só que?

— Ele costumava ser, tipo, seu herói, seu príncipe encantado ou algo assim. Mas ela não fala mais sobre ele desse jeito. Ela nem o chama de pai agora.

— Do que ela o chama, Nanxi?

A garota olha para Everett, os olhos se iluminando de repente.

— Ela o chama de Porco.

***

Alguns minutos depois, quando Everett se levanta para ir embora, ela se vê diante de um mural com desenhos intitulados "Nossos contos de fadas". Talvez tenha sido a referência de Nanxi a um príncipe encantado, mas alguma coisa faz com que ela olhe atentamente. A maioria deles é uma mistura previsível de *Once Upon a Time* com *Harry Potter* — meninos mágicos, dragões verdes e princesas de cabelos compridos em torres não muito mais altas que elas. Ela percebe ao passar que Nanxi tem razão, e Portia é nitidamente a artista mais talentosa da turma, mas o desenho que mais chama sua atenção é o de Daisy. Ela chama Kate Madigan.

— Onde estão as histórias que acompanhavam esses desenhos?

Kate sorri.

— Você é muito observadora. Nós fizemos as histórias primeiro, depois mandei que desenhassem o que tinham escrito.

— Você tem essas histórias?

— Tenho, acho que estão em uma pilha em algum lugar.

Ela vai até sua mesa. Está coberta de presentinhos ainda embrulhados.

— As crianças obviamente gostam de você — diz Everett, lendo algumas das mensagens: *Para a melhor professora do mundo. Nós vamos sentir sua falta bj bj bj bj.*

— O quê? Ah, isso. É, é bom quando eles trazem presentes. Eu ainda não abri. Não parece, sabe, o momento certo.

Ela encontra uma pilha de trabalhos e começa a folheá-los, e um cacho de cabelo ruivo cai sobre seu ombro. Ela remexe até o último, franze a testa, então ergue os olhos, um pouco confusa.

— Bem, isso é estranho. Parece que o texto de Daisy não está aqui.

É a vez de Everett franzir a testa.

— Sério? Onde mais poderia estar?

Kate Madigan parece perplexa.

— Talvez na minha casa? Eu levei os trabalhos para meu apartamento para corrigi-los. Mas não vejo como um deles pode ter se separado do resto.

— Alguém pode ter pego? Quer dizer, daqui? Alguém pode ter entrado na sala de aula?

— Bom, suponho que seja possível. A sala não fica trancada durante o dia. Mas o que alguém ia querer com isso? — Ela, agora, parece realmente agoniada. — Eu não entendo... É só um conto de fadas.

Everett também não entende. Mas isso a incomoda mesmo assim.

***

Página do Facebook de Encontrem Daisy Mason

Decidimos criar esta página para compartilhar informações sobre Daisy e talvez ajudar a encontrá-la. Então mostre seu apoio acrescentando uma margarida ao seu avatar, tanto aqui, no FB, quanto no Twitter, e vamos tentar fazer uma corrente de margaridas forte o suficiente para trazer nosso anjinho para casa.

Lorraine Nicholas, Tom Brody, Alice Shelley e outras 33 pessoas curtiram isso

PRINCIPAIS COMENTÁRIOS

John Stoker Vamos botar essa corrente de margaridas para a frente. Quem sabe, alguém pode vê-la e se lembrar de alguma coisa. Não seria ótimo se as redes sociais pudessem fazer uma diferença positiva dessa vez, em vez de apenas toda aquela trollagem horrível que teve no Twitter? ❀
21 de julho às 14h32

Jan Potts É uma ótima ideia. E eu concordo: esses trolls do Twitter me deixam com ânsia de vômitos ✿
21 de julho às 14h39

Encontrem Daisy Mason E lembrem-se: liguem para o Departamento de Investigação Criminal de Thames Valley se tiverem qualquer informação. Mesmo que seja algo que não pareça relevante. 0185 0966552
21 de julho às 14h56

***

A família Dawson vive a menos de dois quilômetros de Barge Close, mas parece uma cidade completamente diferente. Verity Everett para na calçada em frente para avaliar o local antes de bater na porta. Quatro andares, incluindo um subsolo, e, mesmo de onde está, pode ver que dois dos quartos nos andares superiores estão cheios de livros. A fachada é de tijolos vermelhos desgastados e pedra recentemente renovada, e há uma grade negra em cima de um muro baixo e uma entrada de carros bem-cuidada e coberta de cascalho. A rua tem fileiras de árvores que devem ter sido plantadas quando as casas foram construídas, mais de um século antes.

A porta é aberta por uma mulher bonita de avental que explica estar ali apenas para limpar, e que a sra. Dawson está no jardim. Everett desce um lance de escada e chega a uma cozinha enorme que vai até os fundos da casa e dá para um jardim cheio de macieiras. A mãe de Portia a vê chegando e sobe para cumprimentá-la, com uma cesta de vime em um dos braços. Ela é alta e magra, com cabelo castanho farto em um corte assimétrico estiloso e uma túnica creme comprida sobre uma calça cáqui. O tipo de mulher que pode fazer com que você se sinta malvestida, mesmo se ela estiver apenas removendo gerânios mortos. Everett não tem uma roupa tão cara nem entre suas melhores peças.

— A senhora tem uma bela casa, dra. Dawson.

— Ah, me chame de Eleanor, por favor. Já me chamam demais de doutora no hospital.

Ela nitidamente já usou essa frase antes, mas o sorriso que a acompanha parece verdadeiro.

— O jardim é bonito, não é? — continua ela. — Mas você devia ter visto como era quando nos mudamos. Um verdadeiro canteiro de obras. Exatamente o que era, é claro. Toda a casa precisou ser modificada. Os vitorianos podem ter feito construções para durar, mas esses lugares parecem geladeiras no inverno, então tivemos que deixá-la no tijolo e instalar um novo isolamento térmico. Tive que limpar poeira de gesso por meses.

Eu desconfio que foi sua faxineira quem fez isso, pensa Everett, mas não diz nada.

— Bom, agora está linda.

— É muita gentileza. Vamos descer até o quiosque do jardim. Portia está lendo. Estamos muito tristes por causa de Daisy. Uma garotinha tão bonita e inteligente. Eu me lembro, uma vez, de quando ela me perguntou quem foi Leonardo. E ela não estava falando sobre tartarugas ninjas. — Ela sorri. — Veja só, estou falando sem parar. Eu devia ter perguntado: você quer um chá?

Everett está prestes a responder o não habitual, mas, de repente, decide: que se dane.

— Quero, seria ótimo.

— Deixe-me só pedir a Amélie para botar a chaleira no fogo e já volto para falar com você.

Seu sotaque francês é perfeito. E quando o chá chega, há fatias de limão em um prato e leite em uma jarra. Evidentemente, nada de servir o leite na caixa para os Dawson.

Portia está sentada em um banco de balanço com um exemplar de *Beleza negra* na cadeira ao seu lado e um gato grande e malhado no colo. Ela não parece estar lendo. Parecia cheia de vida na imagem da câmera de segurança da escola, mas não é assim que está agora.

Há manchas escuras sob seus olhos, e Everett acha que ela não anda comendo muito.

— Esta é a detetive Everett, querida — diz Eleanor Dawson, pousando a bandeja. — Você se lembra? Ela quer fazer perguntas sobre Daisy.

— Tem problema, Portia? Não vai demorar muito.

— Tudo bem — responde a menina, acariciando o gato, que pisca seus olhos âmbar por um momento antes de se acomodar de novo com um bocejo.

— Nós demos uma olhada nas imagens da câmera em frente ao portão da escola, e elas mostram que você e Nanxi provavelmente foram as últimas pessoas que viram Daisy antes de ela ir para casa naquele dia. É isso mesmo?

— Acho que sim.

— Vocês estavam ansiosas pela festa?

— Eu não ia.

— Sério, por quê? Achei que a turma toda tinha sido convidada. E você é a melhor amiga dela.

Portia fica vermelha.

— Daisy se esqueceu de nos dizer que dia era e, quando lembrou, minha mãe já tinha outra coisa para fazer naquele dia. Nanxi também não pôde ir.

Se duas de suas amigas mais próximas não estavam na festa, pensa Everett, *isso pode explicar por quê, aparentemente, nenhuma das crianças no evento percebeu que Daisy não estava lá.*

— Você foi na casa dos Connor no dia anterior, Portia? Quando as meninas estavam experimentando as fantasias?

Portia olha para a mãe.

— Fui, por pouco tempo. Não fiquei muito.

— E à casa de Daisy? Você ia lá com frequência? Você conhece a família dela?

Portia desvia os olhos.

— A gente costumava vir aqui, em vez disso. Ela dizia que era por ser mais perto da escola, mas acho que Daisy gostava mais da minha casa que da dela.

— Entendi. Quando falei com Nanxi, ela disse que Daisy tinha conhecido alguém recentemente, mas isso era segredo. Você sabe quem era?

Portia balança a cabeça.

— Ela falou sobre isso. No começo, ficou muito feliz. Mas depois disse que não queria mais falar sobre isso. Que se a gente fosse mesmo amiga dela, não ia perguntar mais nada. Desculpe. Eu não sei nada.

A garota está começando a parecer ansiosa, e ao ver o olhar preocupado da mãe, Everett decide mudar de assunto.

— Qual a melhor coisa de ser amiga de Daisy?

Portia se anima um pouco.

— Ela é muito inteligente. Ela me ajuda com as coisas da escola. E faz… Como se diz, quando você tenta falar igual a outra pessoa?

— Imitações?

— Isso! Ela é muito boa. Faz uma da mãe dela. E de pessoas famosas da TV.

— Televisão… — diz Eleanor Dawson em voz baixa. — Nós dizemos televisão.

— As imitações fazem você rir?

Portia desvia o olhar.

— Às vezes.

— E qual a pior coisa?

Portia abre a boca, então para.

— Ela escuta — diz, por fim, com o rosto vermelho.

— Ela escuta as conversas dos outros?

— Às vezes ela se esconde e você não sabe que ela está lá, e ela escuta o que você diz.

— Entendo — diz Everett quando seu celular começa a tocar.

Ela se levanta com um gesto de desculpa e vai rapidamente para a sombra de uma macieira que provavelmente é mais velha que seu apartamento. É Gislingham.

— O chefe quer todos nós de volta no distrito em uma hora.

— Está bem. Eu praticamente acabei aqui. Como foi a ultra?

Ela quase consegue ouvi-lo sorrindo de alegria.

— Está tudo bem. É um menino.

— Que boa notícia, Chris. Estou muito feliz por você.

— Nós estamos terminando aqui também. Vou passar para pegar você depois de deixar Janet em casa.

— Mande meus parabéns para ela. E diga para ela não deixar você forçá-la a escolher um nome pelo qual não vai perdoá-lo. Como Stamford Bridge.

— Eu diria que isso é muito engraçado vindo de alguém chamada Verity Mabel.

Mas ela sabe que ele está sorrindo.

***

Às 15h30, abro a porta da sala de ocorrência na St. Aldate. Dava para ouvir o ruído do meio do corredor, mas assim que eles me veem, o salão fica em silêncio. Um silêncio cheio de expectativa. Todos estão concentrados.

Eu vou até a frente e me viro para olhar para eles.

— Certo, tenho certeza de que muitos de vocês já sabem o que aconteceu hoje, mas é importante que todos estejam atualizados, por isso tenham paciência. Primeiro, o apelo. Até agora, recebemos mais de mil ligações, e a quantidade habitual de supostos avistamentos do outro lado do país, mas nada que pareça promissor. Ainda. Com certeza nenhum avistamento confirmado de Daisy depois que ela deixou o portão da escola às 15h52, e, ao contrário do que os Mason nos fizeram acreditar no início, Sharon Mason *não* buscou as crianças na escola, por isso Daisy e Leo tiveram que voltar a pé.

A sra. Mason também acabou de ligar para confirmar que não encontrou o uniforme da filha. Tudo isso significa que não podemos descartar *completamente* a possibilidade de que Daisy tenha sido sequestrada a caminho de casa. Por outro lado, ainda não localizamos a fantasia de sereia, e considerando que ela não podia estar usando as duas vestimentas ao mesmo tempo, algo não está batendo. Da mesma forma, ambos os pais insistem que, quando Daisy chegou em casa da escola naquela tarde, ela subiu para o segundo andar e colocou uma música. Os dois disseram que ouviram, mas nenhum deles de fato a *viu*. Então isso também não bate. E, infelizmente, há mais uma coisa que precisamos considerar. — Eu respiro fundo. — Sharon Mason nos disse há pouco que saiu por quarenta minutos naquela tarde, deixando as crianças sozinhas em casa...

— Pelo amor de Deus, só agora ela nos conta isso?

— Olhem, estou tão frustrado quanto vocês, mas o negócio é o seguinte: ela, aparentemente, não queria que o marido soubesse, por isso não nos contou até conversarmos com ela sozinha. Ela acha que saiu pouco depois das 16h30, pois foi quando Leo chegou em casa. A sra. Mason diz que foi primeiro no comércio na Glasshouse Street e depois à Marks & Spencer na rotatória do anel viário, mas as câmeras de segurança não estão funcionando, e ninguém se lembra dela. O que pode provar alguma coisa ou absolutamente nada. A questão é que as crianças ficaram sozinhas, e o portão lateral e as portas do pátio estavam provavelmente abertos. Então, em teoria, Daisy pode ter simplesmente saído andando sozinha, embora, se esse fosse o caso, a esta altura nós provavelmente já a teríamos encontrado, considerando o número de pessoas que estão ajudando na busca. A outra possibilidade é que alguém possa tê-la levado. De fora de casa, ou, algo a se considerar, mesmo de dentro do imóvel.

— Ah, que palhaçada... — diz uma voz no fundo. Andrew Baxter, eu acho. — As chances de um pedófilo aleatório calhar de passar por ali *exatamente naqueles quarenta minutos*...

— Eu sei, e concordo com você. As probabilidades são extremamente pequenas. Na verdade, há apenas um jeito de isso fazer sentido, e seria se alguém já estivesse observando a família e, quando Sharon saiu, visse ali a oportunidade. Talvez alguém que Daisy conhecesse, alguém que ela deixaria entrar na casa. E isso pode não ser tão absurdo quanto parece. Everett, você pode nos contar o que descobriu com as amigas de Daisy?

Verity Everett fica de pé.

— Acabei de falar com Nanxi Chen e Portia Dawson. As duas confirmaram que Daisy conheceu alguém recentemente e que isso era um grande segredo. Elas não souberam me dizer quem era essa pessoa, mas ambas afirmaram que, depois, Daisy ficou com raiva e não queria mais falar sobre isso.

— Tem certeza? — perguntou Baxter. — Tem certeza de que elas quiseram dizer raiva, e não angustiada?

Everett se mantém firme.

— Sem dúvida, raiva. E tem mais uma coisa. As crianças na turma de Daisy escreveram contos de fadas neste semestre, e a história de Daisy desapareceu. A professora vai procurar de novo. E, sim, pode ser só uma coincidência, mas vamos precisar verificar se alguém que não devia estar lá entrou na sala de aula. Porque é possível que nessa história haja algo que pudesse identificar a pessoa com quem ela estava se encontrando. Algo que essa pessoa não quer que ninguém veja.

— Então — digo, olhando em torno do salão —, nós precisamos urgentemente descobrir quem é essa pessoa. E considerando que Daisy Mason parece ter sido monitorada bem de perto na maior parte do tempo, minha opinião é que o único lugar onde ela podia ter conhecido alguém sem que os pais soubessem era na escola. Então eu preciso que alguém examine as imagens do circuito fechado de TV da Bishop Christopher nas últimas seis semanas. Todo recreio, toda hora do almoço. Ganha um prêmio quem for voluntário, ou então eu vou simplesmente escolher uma vítima.

Eu examino os rostos ao redor.

— Se ninguém se oferecer, é sua vez de perder o sorteio, Baxter.

— Ele não vai se importar — ironiza Gislingham. — O cara é torcedor do Aston Villa. Está acostumado a olhar para uma tela por horas sem nada acontecer.

— E o menino? — diz outra pessoa no fundo, mais alto que os risos que se seguiram. — Qual a história dele? Sem dúvida Leo teria ouvido se alguém tivesse entrado na casa.

Eu espero as risadas terminarem.

— Boa pergunta. Na verdade, uma ótima pergunta. Quando entrevistamos Leo, ele disse que Daisy se distraiu com uma borboleta no caminho de casa e ele seguiu sem ela. O que não batia com a versão de Sharon, sobre Daisy chegar em casa primeiro. Então nós o pressionamos um pouco mais e ouvimos uma história completamente diferente. O que ele diz *agora* é que alguns dos garotos mais velhos estavam fazendo bullying com ele na escola, e esses garotos encontraram ele e Daisy no caminho de casa e começaram a provocá-lo. Empurraram Leo de um lado para outro e zombaram de seu nome. Eles, aparentemente, o chamam de "Nuka, o Vomitão". Nuka é um personagem de *O Rei Leão*. Para quem não assistiu, é o leão sarnento.

— Meu Deus — diz Baxter. — É quase sofisticado, não é? Quando eu estava na escola, era baleia ou espinhento.

Mais risos. Baxter, que fique registrado, é bastante corpulento, mas pelo menos suas espinhas desapareceram há muito tempo.

— Isso não me surpreende — diz Everett em tom seco. — O tipo de criança que você tem naquela escola… É, sem dúvida, o tipo de coisa que elas inventariam.

— A questão é a seguinte — continuo, elevando a voz. — Leo diz que Daisy saiu correndo quando os valentões os alcançaram, e foi por isso que ela chegou antes dele. Sharon Mason afirma não saber nada sobre o que ocorreu. Segundo a última versão dos acontecimentos, Leo foi direto para o quarto quando voltou para casa e fechou a porta, então, *em teoria*, ele pode não ter ouvido ninguém entrar em casa. Ele diz que estava irritado com a irmã porque ela o abandonou, e ele se manteve afastado dela na festa pela mesma razão, por isso não percebeu que a menina na fantasia de margarida não era Daisy. Não tenho certeza se acredito nisso, mas ele se manteve firme, por mais que eu o tenha pressionado. O que *parece* verdade é que Daisy e Leo tiveram algum tipo de briga a caminho de casa.

— Será que não foi *ele*? — questiona Baxter. — Se eles tiveram uma briga a caminho de casa, ele pode tê-la atacado, não? Garotos dessa idade podem ser bem instáveis. Daisy pode ter caído, batido a cabeça...

— Em teoria, sim, mas, se ele fez isso, onde está o corpo? Uma criança de dez anos não conseguiria esconder um corpo tão bem. Nós já a teríamos encontrado mesmo que ele tivesse bastante tempo, coisa que Leo não tinha.

— Certo — diz Baxter, embora não pareça completamente convencido. — Mas mesmo que possamos descartá-lo como suspeito, em que parte dessa história nova dele podemos acreditar? Algumas crianças dessa idade não sabem a diferença entre verdade e mentira.

Meninos dessa idade, penso. *Meninos da idade de Jake.*

— Não acho que ele esteja mentindo. — É Gislingham, em voz alta após o silêncio que se instaurou. — Não, pelo menos, em relação ao bullying. A professora de Leo, Melanie Harris, acha que isso aconteceu durante a maior parte do semestre. Suas roupas estavam rasgadas algumas vezes, e ele tinha arranhões nas mãos, mas nunca pegaram os garotos no flagra, e Leo sempre insistia que tinha apenas caído ou alguma coisa assim. Sem uma reclamação oficial, não havia muito o que pudessem fazer. Mas ele, com certeza, está escondendo algo.

Quinn pensa sobre o assunto.

— Sharon não disse que ele estava triste?

Mas Gislingham já está balançando a cabeça. Eles estão se alfinetando desde que Quinn foi alçado a sargento-detetive.

— Acho que é mais do que apenas triste. Ele teve acessos de raiva, causou problemas em sala de aula. Algumas semanas atrás, tentou furar o olho de outra criança com um lápis. A professora desconfiou que foi um dos garotos que estava fazendo bullying com ele. Leo não causou nenhum mal ao menino, o que, provavelmente, é a única razão para ele não ter sido punido por isso. A escola chamou Sharon Mason para falar sobre o assunto, mas ela se recusou a levar aquilo a sério. Aparentemente, ela não parava de dizer que "isso é coisa de garoto", "as crianças, hoje em dia, são muito mimadas" e coisas assim.

Quanto mais sei sobre Sharon Mason, menos a entendo. Para alguém tão superficial, ela é curiosamente insossa. Tem alguma coisa acontecendo, mas eu, com toda a certeza, não sei o que é.

— Você viu as imagens das câmeras de segurança depois que Leo e Daisy saíram da escola, para ver se alguém os estava seguindo?

— Eu verifiquei quadro a quadro a meia hora seguinte, mas não havia nada óbvio. Alguns garotos seguiram na mesma direção, mas isso não prova nada. As crianças hoje em dia não são burras. Elas sabem onde estão as câmeras. Especialmente se estão aprontando.

— De qualquer jeito, você pode insistir nesse aspecto do bullying, Chris? Veja se podemos conseguir alguns nomes. Os professores devem ter uma ideia de quem pode ser.

— Está bem, chefe.

— Quem é o próximo? Quinn?

Quinn se levanta e vai até a frente da sala.

— Barry Mason diz que chegou em casa tarde no dia por causa de uma emergência em uma de suas obras. Uma em Watlington. Bom, eu verifiquei. Ele só tem um trabalho por lá, e a obra está parada há três semanas. A proprietária contou que pagou dez mil libras a Mason no mês passado e não o viu depois disso. Ele sempre diz que vai até lá, mas nunca aparece. Ela conhece pelo menos três outras pessoas na mesma situação. Empreiteiros, hein? Babacas.

— Não me faça começar — murmuro com rancor. — Então, se Mason não estava em Watlington, onde diabos ele estava? Quinn, você pode ver o que consegue descobrir?

— Não vai ser fácil sem acesso aos cartões de crédito e registros telefônicos. Mas posso ver se o sistema de reconhecimento de placas o pegou em algum lugar.

— Está bem. Uma última coisa, pessoal. Neste momento, não temos nenhuma base para prender os Mason, então a família vai para casa. Sob todos os holofotes da mídia. Os próximos dias vão ser muito difíceis para eles, mas, o que quer que a mídia e os trolls do Twitter falem, não podemos nos dar ao luxo de fechar nossos olhos. Pode haver outras explicações para o desaparecimento de Daisy que não envolvam a família. Como o advogado que os Mason sem dúvida vão contratar em breve vai ser o primeiro a me dizer.

Gislingham faz uma careta.

— O que eu não daria para ser uma mosquinha na parede daquela casa. Ou uma escuta no telefone.

Vejo Anna Phillips sorrir.

— Uma escuta de verdade? Ou ouvir na extensão já serve?

Gislingham sorri. Ele tem um sorriso bonito.

— Qualquer um dos dois servia.

— Então… — digo, encerrando o assunto. — Alguém tem mais alguma informação? Não? Nesse caso, nos encontramos de novo amanhã cedo.

Enquanto me dirijo à porta, Everett me acompanha. Percebi que ela tinha mais alguma coisa na cabeça, mas obviamente não queria revelar o que quer que fosse em público. Ela faz muito isso. Gostaria que Everett tivesse coragem para bancar sua intuição, porque em geral ela está certa. E seria bom para Quinn ser desafiado de vez em quando. Por alguém além de Gislingham.

— O que foi, Ev?

— Na sala de aula de Daisy, eles tinham um mural feito pelas crianças com os desenhos dos seus contos de fadas.

Eu espero. Ev não é de perder tempo. Vai haver um sentido nisso tudo.

— Antes de percebermos que a história de Daisy tinha desaparecido, eu olhei para o desenho que ela fez. — Everett pega o celular e seleciona uma foto. — Está vendo?

Não é muito fácil identificar, mas acho que há uma garotinha no pé da imagem usando uma tiara e um tutu rosa, e acima dela uma figura feminina muito mais alta com uma vassoura de bruxa e uma bolsa muito grande. Há uma criatura muito estranha, uma menina com folhagem crescendo em torno da cabeça, como hera, segurando uma trouxa debaixo do braço. E, à direita, um jovem com cabelo amarelo está enfrentando um monstro com focinho grande e rabo enrolado.

— Então você acha...

— Que a menininha é Daisy? Com certeza. Todas as garotinhas querem ser princesas. Ou bailarinas.

Eu sorrio.

— Ou, aparentemente, as duas coisas ao mesmo tempo.

— E o pai de Daisy a chamava de princesa.

É minha vez de fazer careta.

— Por favor, me passe o saco de vômito.

— Eu sei, chefe, mas se você tem oito anos...

Eu balanço a cabeça.

— Não estou discordando. Só enojado.

Mas Ev não terminou.

— O que chamou mesmo minha atenção foi a mulher atrás da garotinha. Está vendo os sapatos? Com essas tirinhas na frente? Um salto alto matador.

Então vejo aonde ela quer chegar.

— Eles são iguais aos que Sharon Mason estava usando esta manhã. Ainda está usando, até onde sabemos.

Ev assente, então aponta para o monstro.

— Nanxi Chen me contou que Daisy tinha um apelido novo para o pai. Ela começou a chamá-lo de Porco.

Eu olho rapidamente para ela, que assente.

— Eu sei, estou me esforçando muito para não chegar à conclusão óbvia. O problema é que hoje em dia vemos abuso infantil por toda parte. Pode não ser nada, ela pode apenas ter tido uma briga com o pai e estar desabafando. Algo completamente inocente. Como não ganhar a última boneca Cabbage Patch.

Eu sorrio. Não há prêmios para palpites. Everett não tem filhos.

— Não acho que essas bonecas ainda estejam na moda, policial.

Ela sorri.

— Estou revelando minha idade. Mas você entendeu o que eu quis dizer. Todo mundo sabe que as crianças às vezes exageram. Tudo parece enorme quando você tem essa idade.

Ela, então, enrubesce um pouco, mas não deixo que perceba que notei.

— Quando isso começou? O novo apelido?

— Não tenho certeza. Algumas semanas atrás? Mas isso seria mais ou menos na época em que elas estavam fazendo aquelas histórias.

— Então você acha que devemos verificar as câmeras de segurança para ver se Barry esteve na sala de aula na semana passada, ou perto disso?

Ela assente.

— Eu perguntei à diretora, e, até onde ela sabe, Barry não esteve em nenhum dos prédios da escola em meses. Houve uma reunião de pais e mestres na semana passada, mas Sharon foi sozinha. Vou passar pela casa deles quando estiver indo embora e perguntar se um dos dois sabe onde a história está. Isso pode responder a outra pergunta importante, também.

Eu franzo a testa.

— Que é?

— Se a mochila de Daisy está em casa.

Olho fixamente para ela. Como deixei isso passar? Que merda de detetive eu sou.

— Estava com Daisy quando ela saiu da escola, nós vimos isso nas câmeras — prossegue Everett, aparentemente alheia a meu ataque repentino de insegurança.

— Então, se a mochila estiver na casa, isso significaria que Daisy deve ter mesmo chegado em casa, como disseram os pais. Mas se *não* estiver lá…

— É muito mais provável que ela tenha desaparecido em algum lugar entre a escola e a casa. O que tiraria os Mason da lista de suspeitos.

— Você viu o quarto ontem à noite, não viu, chefe? Se lembra de ver a mochila? Era uma dessas coisas de princesa da Disney. Rosa.

Eu tento lembrar. Não diria que tenho uma memória fotográfica, mas não deixo muita coisa passar. E, com certeza, a mochila teria saltado aos meus olhos — a única coisa em toda aquela fartura de flores que não tinha uma margarida presa nela em algum lugar.

— Não — digo, por fim. — Não acho que estava lá. Mas isso não prova nada. Ela pode tê-la guardado em um armário ou algo assim. Ou Sharon pode ter feito isso. Todo o lugar parecia a droga de uma casa pronta para receber visitas de possíveis compradores.

— Bom, não há nada que me impeça de perguntar.

Ela está indo embora quando eu torno a chamá-la.

— Barry Mason pode lhe criar dificuldades. Duvido que, neste momento, sejamos muito queridos.

— Eu sei. Mas acho que vale a pena tentar. Eu recuo se a situação ficar difícil.

Também pode não ser uma má ideia que o grupo de jornalistas veja uma policial na porta.

Eu respiro fundo.

— Está bem. Vá em frente. Use o uniforme, por favor, para que as pessoas saibam quem você é.

Ela faz uma careta, mas sabe aonde quero chegar.

— E, primeiro, tenha uma conversa com aquela vizinha.

Ev franze a testa.

— Fiona Webster?

— Ela mesma. Ela me parece muito atenta. Você nunca sabe o que pode conseguir se fizer as perguntas certas. E fale com o médico da família, também. Veja se houve alguma suspeita de abuso.

— Ele está de férias, eu verifiquei. Mas vou enviar um e-mail.

— A professora notou alguma coisa no comportamento de Daisy?

— Mais quieta que o normal, mas ela fez questão de destacar que era uma mudança muito pequena. Que pode não significar nada. Para ser sincera, os professores estavam mais preocupados com Leo.

— Então eram os únicos.

— Eu sei. Coitado.

Everett dá mais uma olhada para a foto em seu celular.

— Mesmo sem o cabelo louro, uma coisa que eu sei é que o príncipe neste desenho com toda a certeza *não* é Leo Mason. Ele é muito tímido, não consigo vê-lo lutando contra um monstro.

— Nem eu. Mas se não é Leo, quem diabos é esse aí?

***

22 de junho de 2016, 15h29
27 dias antes do desaparecimento
Barge Close, nº 5, quarto do segundo andar

— Você não deveria estar aqui.

É Leo, de pé na entrada do quarto de seus pais. As duas portas do guarda-roupa estão abertas, e Daisy está sentada à penteadeira da mãe, passando rímel. Ela tem uma habilidade surpreendente. A menina sorri para o espelho. Há um batom rosa-claro em seus lábios e sombra azul nas pálpebras.

— Você não deveria estar aqui — repete Leo, franzindo a testa. — Ela está lá embaixo. Vai descobrir.

— Não vai, não — diz Daisy despreocupadamente, sem olhar para ele. — Ela nunca descobre.

A menina desliza do banco e vai até o espelho. Ela está usando um biquíni azul e sapatos cintilantes de salto alto, que imitam sapatos de adulto. Ela se empertiga, em seguida caminha na direção do espelho, para, move o quadril e faz uma pose de passarela. Então se vira e olha para trás, mandando um beijo para o próprio reflexo.

Leo caminha até um dos guarda-roupas e se senta, retirando coisas aleatoriamente e olhando para elas sem nenhum interesse real. Um par de tênis, uma toalha bolorenta, um moletom. Tem alguma coisa sólida e retangular no bolso do moletom que faz um barulho ao cair no tapete. Daisy olha para lá.

— Não era para você saber disso.

Leo pega e olha para o objeto.

— De quem é este telefone?

— Já disse. É segredo.

***

As telefonistas recebem a ligação às cinco e meia da tarde. Ela, então, é verificada, verificada uma segunda vez e mais detalhes são obtidos, antes de finalmente ser transferida para mim por volta das 18h15. Estou em meu escritório na St. Aldate, e Quinn está me dizendo que não conseguiu encontrar nenhuma pista sobre o paradeiro de Barry Mason na tarde de terça, nem mesmo a hora que ele voltou para Canal Manor.

— O problema é que ele volta em casa com frequência durante o dia — explica Quinn. — Supostamente, passa por lá entre as visitas às obras. Então os vizinhos estariam acostumados a ver sua picape em horários estranhos. Isso não teria chamado atenção. E, de qualquer forma, na maior parte do tempo era o carro de Sharon que estava na entrada da garagem, não o dele.

Vou até a janela e olho para a rua. Diante do supermercado Tesco em frente, um menininho está brincando com um cachorrinho cinzento, girando sem parar uma bola de tênis presa a um cordão. Eu dou um suspiro; o cachorro, neste momento, não é o único andando em círculos.

— Sabe... — diz Quinn, por fim. — Espero que você não se importe de eu perguntar, mas acha que há alguma chance de termos entendido isso tudo errado?

Eu penso um pouco. Então respondo:

— Como, exatamente?

— Você mesmo disse isso mais cedo. Daisy pode ter deixado a casa quando Sharon não estava, e Leo provavelmente não teria percebido. Será possível que a garotinha tenha simplesmente fugido? Com aquela família, não daria para culpá-la.

Suspiro.

— Eu também me perguntei isso. Mas já faz dois dias. Com o número de pessoas que temos procurado e seu rosto em todo o lugar, nós já a teríamos encontrado. De um jeito ou de outro.

— Toc, toc.

É Gislingham na porta, com uma pilha de papéis embaixo do braço.

— Acabamos de receber uma ligação de uma mulher que reconheceu Barry Mason no apelo na TV...

— Sim, e daí? — diz Quinn, irônico. — Deve haver centenas de pessoas por aí que o reconheceram. Ele deu calote na maioria delas. Honestamente, é uma surpresa para mim que não tenha sido *ele* a desaparecer. Várias pessoas devem fantasiar sobre matá-lo.

O que é algo questionável, mas entendo o sentimento.

Gislingham faz uma careta por trás da cabeça de Quinn.

— Se me deixar terminar... Essa mulher, Amy Cathcart, diz que o nome dele não é Barry Mason. É Aidan Miles.

Quinn e eu trocamos olhares.

— E quem diabos é Aidan Miles?

Gislingham abre seu bloco de notas.

— Trinta e poucos anos, divorciado, um apartamento em Canary Wharf, trabalha em um banco de investimentos. Sem filhos, mas aberto a sugestões. Gosta de se manter em forma, viajar, teatro, cozinha francesa e todas as coisas boas da vida.

— Que porra é essa?

— É o perfil dele em um site de encontros.

Nós devemos estar boquiabertos, porque ele sorri.

— É sério, não estou inventando isso.

Ele põe alguns dos papéis na minha mesa.

— Essa mulher, Amy Cathcart, tem trocado mensagens de texto e e-mails com ele há semanas. Ela me mandou tudo, veja.

Gislingham dá uma olhada de esguelha para Quinn. Detetive, um; sargento-detetive, zero.

Quinn, enquanto isso, está passando os prints.

— Não é surpresa que Mason não quisesse seu rosto nas notícias. Essa mulher realmente o conheceu?

— Ainda não. Mas veja a foto. É *ele*. Embora, se entrar no site agora, não vá encontrar o perfil. Ele apagou tudo na manhã seguinte ao desaparecimento de Daisy.

Eu me recosto na cadeira.

— Então não precisamos mais descobrir o que ele estava realmente fazendo quando disse que estava preso em Watlington.

— Vai ser suficiente para um mandado?

— Para a casa, possivelmente não. Mas isso pode nos dar a chance de conseguir acesso a seu telefone e aos cartões de crédito. Eu vou ver isso.

***

Entrevista com Fiona Webster, realizada em Barge Close, nº 11, Oxford

21 de julho de 2016, 17h45

Está presente a detetive V. Everett

VE: Obrigada por me receber outra vez, sra. Webster. Sei que esse deve ser um momento difícil para todo mundo.

FW: Sabe por quanto tempo a imprensa vai ficar aqui? Eles estão transformando o bairro em um chiqueiro. Tem lixo por toda parte, latas de cerveja, e em relação ao estacionamento…

VE: Acho que a senhora disse que sua filha, Megan, está na turma de Daisy.

FW: Isso mesmo. Embora eu nunca vá saber como nenhum de nós percebeu que não era ela na festa. Pelo que entendi, todas as crianças sabiam que as duas tinham trocado de fantasia, mas não pensaram em contar isso aos pais, que não sabiam de nada.

VE: Eu soube que um dos projetos deste semestre foi escrever um conto de fadas.

FW: Ah, sim, eles se divertiram muito com isso. Até os meninos.

VE: Sobre o que Megan escreveu?

FW: Ah, o de sempre: princesas, anões e madrastas malvadas. Uma mistura de *Cinderela* e *Rapunzel*, com uma pitada de *Frozen*.

VE: É engraçado como as madrastas são sempre más. Isso faria com que eu pensasse duas vezes em me casar com um homem com filhos pequenos. Parece que não há a menor chance de acertar, independentemente do que você faça.

FW: Ah, não deixe que isso a impeça. Em minha experiência, as mães, *em geral*, não têm a menor chance de acertar quando as crianças chegam a essa idade. Você não consegue fazer nada certo. Na verdade, não ficaria surpresa se a bruxa má na história de Megan for baseada totalmente em mim.

VE: É engraçado a senhora dizer isso. O desenho de Daisy tem uma mulher com sapatos iguais aos da mãe dela.

FW: Os saltos altos de Shaz? Que engraçado! Eles tinham solas vermelhas, também? Sharon diz que são Louboutins verdadeiros, mas acho que é só esmalte de unha. Esses sapatos já se tornaram a marca registrada dela por aqui. Ela os usa o tempo todo, independentemente do clima. Ou da ocasião. Eu a vi uma vez com os saltos afundados na lama na lateral do campo quando Leo estava jogando futebol. Ela não fez nada além de reclamar a tarde inteira. Não acho que foi a nenhum jogo depois disso.

VE: Barry Mason vai? Nos jogos de futebol?

FW: Às vezes. Não com frequência. Ele e Leo não são exatamente próximos.

VE: Mas lembro que a senhora disse que Barry era sem dúvida próximo de Daisy, aquela coisa de "pais e filhas". Comentou algo sobre ele carregá-la por toda parte o tempo todo.

FW: Bom, é. Mas eu não o vejo fazer muito isso, ultimamente.

VE: Mas eles são próximos?

[*pausa*]

FW: Aonde você quer chegar? Está me perguntando se Barry podia estar abusando da própria filha?

VE: Bom, podia?

[*pausa*]

FW: Para ser sincera, não é a primeira vez que me pergunto isso desde que ela desapareceu, mas não tenho como dizer que sim nem que não. Um ano atrás, quando se mudaram para cá, ele a cobria de beijos. Nas últimas vezes que vi os dois juntos, porém, ela sem dúvida evitava isso. Mas, honestamente, é possível dizer a mesma coisa sobre meu marido e Alice. Muita coisa muda entre seis e oito anos. As meninas simplesmente começam a ficar tímidas, mesmo com os pais.

VE: E tem mais alguma coisa, alguma coisa que possa não ter chamado sua atenção na época, mas agora…

[*pausa*]

FW: Na verdade, houve. Eu tinha me esquecido completamente, mas Barry foi buscar Daisy na escola umas três semanas atrás. Ele não faz isso com muita frequência, mas acho que Leo tinha uma consulta médica ou algo assim, então Barry foi buscar Daisy. Eu não estava perto o suficiente para ouvir o que aconteceu, mas ela, de repente, começou a gritar e a chorar. O que não é de seu feitio. Ela normalmente é muito calma, tem muita "compostura". Enfim, Barry fez o papel do pai bobalhão, se esforçando para parecer perdido e sem saber o que fazer. O que, na época, considerei apenas mais uma artimanha para chamar atenção das mães atraentes. Mas, pensando nisso agora, foi um pouco estranho.

VE: E como ele é, no geral? Com a senhora, digamos.

FW: Quer saber se ele já me cantou? Então, sim, ele é um pouco cheio de mãos, você conhece o tipo, sempre tocando seu braço, seu ombro. Daqueles que você mal pisca e já está com a mão não se sabe onde, como minha antiga chefe costumava dizer. Ele sempre toma muito cuidado para não exagerar nessas brincadeiras, mas sei o que aconteceria se você desse a ele os sinais certos. O tipo de homem que está sempre de olho, que pensa que quanto mais insistir, mais chances tem de dar sorte em algum momento.

VE: E o que Sharon acha disso?

FW: Ah, meu Deus, ele não faz isso perto dela! Ela é do tipo ciumenta. E um pouco invejosa. Uma vez a vi olhar com raiva para Julia Connor só porque Barry disse que ela havia perdido peso. E esse é sempre um ponto sensível para Sharon.

VE: Tem um monstro no conto de fadas de Daisy também. Um monstro com focinho e rabo enrolado de porco.

FW: Uma variação do dragão, talvez.

VE: A senhora, por acaso, não ouviu mais nada sobre porcos?

FW: *Porcos?*

VE: Isso surgiu quando falamos com Nanxi Chen.

FW: Não, desculpe. Isso não me diz nada.

VE: Entendi. Obrigada. Uma última coisa, sra. Webster. Sobre as cantadas de Barry… Acha que Daisy sabe alguma coisa sobre isso?

FW: Interessante você perguntar isso. Daisy é muito esperta. Muito observadora. Isso não me surpreenderia. Não me surpreenderia nada.

***

Enviado: 21/07/2016, 17h58
De: richard.donnell@centromedicodepoplaravenue.nhs.net
Para: verity.everett@ThamesValley.police.uk
CC: adam.fawley@ThamesValley.police.uk
Assunto: Daisy Mason

Obrigado por seu e-mail. Você precisa entender que há questões relacionadas à confidencialidade entre médico e paciente, mas posso compreender a gravidade e a urgência da situação. Meu primeiro dever é com o bem-estar da criança. Como esse é o caso, não vejo nenhum problema em confirmar que não vi nada em Daisy Mason que pudesse sugerir abuso. Eu teria, é claro, tomado as medidas apropriadas se alguma suspeita houvesse surgido. Daisy estava bem agitada da última vez que a vi (cerca de três semanas atrás), mas não de algum jeito que sugerisse abuso. Na época, eu atribuí isso a excesso de animação.

Você não perguntou sobre Leo Mason. Ele veio fazer o check-up há cerca de duas semanas, pouco antes de eu sair de férias, e percebi que ele tinha alguns machucados sérios, que a sra. Mason atribuiu a alguma briga durante o recreio. Falei rapidamente com a enfermeira da escola de Leo sobre isso pouco antes de viajar e vou fazer o acompanhamento na semana que vem. Portanto, sinto ter liberdade de compartilhar essa informação com você também.

Me informe se eu puder ser de mais ajuda, mas, por favor, saiba que não vou poder fornecer muitos detalhes sobre nenhuma das crianças, nem sobre o sr. e a sra. Mason, sem a autorização apropriada.

***

Às 18h35, Verity Everett toca a campainha do número 5 da Barge Close. Enquanto espera, alisa o uniforme. Ele ainda estava numa caixa de papelão no quartinho e cheira um pouco a mofo depois de todos esses meses guardado. Ela puxa o cinto um pouco para baixo, depois novamente para cima — o que quer que faça, ele nunca parece ficar no lugar certo. Ela se pergunta como Erica Somer consegue com que o dela fique tão bem. Não é sexy, exatamente, mas pelo menos a mulher não parece um saco de batatas. Everett pode ouvir o zumbido do grupo de jornalistas às suas costas, contidos na calçada, e puxa o quepe um pouco mais sobre os olhos. Seu rosto vai estar em todos os telejornais da noite. Pelo menos seu pai vai gostar — ela precisa se lembrar de telefonar e contar a ele.

Não que ele tenha muitas chances de perder isso: desde a morte da mãe dela, assiste à TV o dia inteiro. Aos talk shows *Jeremy Kyle* e *Loose Women*, ao canal de vendas. Qualquer coisa para repelir o silêncio.

A porta se abre. É Leo. O que a deixa aturdida por um momento.

— Olá, Leo. Sou a detetive Everett. Verity Everett. Sua mãe ou seu pai estão?

Ela sabe que eles estão, claro que estão. Os dois estão sob cerco. Mas o que mais ela poderia dizer?

Leo se vira.

— Mãe! É a polícia de novo.

Então ele desaparece, deixando-a parada nos degraus, totalmente consciente dos flashes das câmeras às suas costas enquanto os fotógrafos tentam captar um vislumbre do interior. Uma foto matadora. Então Sharon Mason aparece. Ela está com um cardigã sobre os ombros.

— O que você quer? — pergunta com irritação. — Não vou convidá-la para entrar.

— Não vou demorar, sra. Mason. Daisy escreveu recentemente um conto de fadas para a escola, não é?

Sharon pisca, então olha para as câmeras às costas de Everett. Se ela está calculando se seria melhor para sua imagem ser vista conversando com a polícia ou batendo a porta na sua cara, aparentemente se decide pela primeira opção.

— E daí?

— Nós estávamos nos perguntando se a senhora está com ele. A professora não consegue encontrá-lo.

Sharon faz uma careta. Ela, nitidamente, não é fã de Kate Madigan.

— Não consigo imaginar por que vocês se interessariam por essa coisa idiota.

— Ela fez um desenho lindo para acompanhá-lo. Havia uma princesa, um príncipe e um monstro que parecia um porco...

— Ah, nem me fale de porcos. Ela não desenha nada além de porcos há semanas. Porcos indo às compras, porcos dirigindo, porcos se casando.

— Estranho. Ela disse por quê?

Sharon dá de ombros.

— Como vou saber? As crianças nunca fazem coisas por razões lógicas. Tipo quem é amiga de quem. Um minuto, sua melhor amiga é Millie Connor. Depois, de repente, isso acaba, e agora só ouço falar de Portia e aquela menina, Chen. Tento ignorar isso na maior parte do tempo.

— Então a senhora leu a história?

— Há algumas semanas. Ela estava terminando. Eu li para ver se não havia erros.

— E por acaso se lembra sobre o que era?

— Ah, as coisas bobas de sempre. Um monte de coisas sem sentido.

— Entendo. A senhora pode dar uma procurada para mim? Pode estar na mochila dela.

— Não acho que Barry iria...

— Não está aqui.

A voz é de Leo. Ele está ao pé da escada, balançando na parte de baixo do corrimão.

— A mochila dela. Não está aqui.

Sharon franze a testa para ele.

— Tem certeza? Tenho certeza de que a vi no quarto dela.

Ela se vira, passa pelo filho e sobe a escada. Leo ainda está se balançando no corrimão. Eles podem ouvir Sharon se movimentando no andar de cima.

— Portia não era.

Verity franze a testa.

— Não entendi. Portia não era o quê?

— Portia não era a melhor amiga de Daisy. Portia não gostava dela.

Verity abre a boca para dizer alguma coisa, mas então ouve o barulho de saltos descendo a escada, e Sharon volta.

— Parece que Leo está certo, o que é uma novidade. A mochila não está aqui, mas como...

Mas então, atrás dela, Everett ouve o barulho de um carro parando e um clamor de flashes de câmeras e perguntas. Ela se vira e vê Adam Fawley e Gareth Quinn se aproximando da porta de entrada.

— Onde está seu marido, sra. Mason?

Os olhos de Sharon se estreitam.

— Por quê? O que quer com ele?

— Nós podemos ter essa conversa aqui — diz Fawley —, na frente de todos esses jornalistas, ou aí dentro. Depende da senhora.

Sharon vira um pouco a cabeça, mas seus olhos não deixam de encarar Fawley.

— *Barry!*

Quando ele surge, está com uma lata de cerveja em uma das mãos e um jornal na outra.

— É melhor que isso seja muito bom.

— Uma ligação foi transferida para nossa sala de ocorrências esta tarde, sr. Mason — diz Fawley. — De uma mulher chamada Amy Cathcart. Parece que o senhor e ela têm se correspondido por e-mail pelas últimas três semanas.

Sharon agarra o braço do marido.

— Do que eles estão falando? Quem diabos é *essa mulher*?

— Ninguém — diz Barry, soltando-se de Sharon. Mas o rosto dele está pálido. — Não conheço ninguém chamada Amy Cathcart.

— Isso é verdade, sra. Mason. Rigorosamente falando, seu marido, na verdade, nunca se encontrou com a srta. Cathcart. Mas isso é nitidamente o que ele estava planejando. Quer dizer, por que mais ele ia se cadastrar em um site de encontros?

— Um *site de encontros*? — Sharon está furiosa. — Você entrou em um maldito *site de encontros*?

— Infelizmente, entrou, sra. Mason. Usando um nome falso e um celular pré-pago, do qual, desconfio, a senhora não tem ciência. Estou certo?

Quinn intervém a tempo de evitar que Sharon ataque o marido. *Meu Deus*, pensa Everett, sentindo os flashes às suas costas, *a imprensa deve estar absolutamente em êxtase agora.*

— Eu pensei, sr. Mason — diz Fawley enquanto Quinn puxa Sharon de volta para dentro de casa —, que talvez o senhor prefira continuar esta conversa na delegacia.

Barry lança um olhar de puro ódio para Fawley. Há um arranhão abaixo de seu olho esquerdo. Então ele endireita os ombros e põe a lata e o jornal nas mãos de Everett antes de se voltar para Fawley.

— Vamos acabar logo com isso.

***

7 de junho de 2016, 10h53
42 dias antes do desaparecimento
Museu Etnográfico Pitt Rivers, Oxford

É um dia claro de verão, e três professoras da Bishop Christopher estão tentando organizar uma fileira indisciplinada de alunos em algo semelhante a uma fila. Uma delas é Kate Madigan; outra, Melanie Harris; e a terceira é Grania Townsend, que está usando uma mistura bem eclética de roupas que vão de um par de botas Doc Martens a um cardigã florido com gola rendada. As crianças mais velhas já parecem entediadas, sem ter nenhuma ideia do que significa "etnográfico" e claramente céticas em relação a qualquer coisa que chame a si mesma de "museu".

— Tenham um pouco de paciência, está bem? — pede Grania. — Este museu é bem diferente dos outros, prometo. Tem um sapo espetado com alfinetes, bonecos de vodu, uma bruxa em uma garrafa e um totem. Um totem grande, de verdade. Vocês lembram? Como nós vimos naquele livro sobre os nativos americanos.

Isso provoca uma centelha de interesse. Um dos meninos mais novos olha de soslaio para ela.

— Tem *mesmo* uma bruxa na garrafa? Como eles botaram ela lá dentro?

Grania sorri.

— Acho que ninguém sabe. A garrafa foi oferecida ao museu cerca de cem anos atrás por uma senhora muito velha que alertou que haveria problemas sem fim se eles por acaso a abrissem.

— Então eles nunca abriram?

— Não, Jack, nunca abriram. É melhor se preocupar com a segurança, não é?

À frente, a fila começa a andar, e Kate Madigan começa a conduzir as crianças mais novas para a galeria principal, onde elas permanecem em grupo de olhos erguidos para um salão cavernoso e pouco iluminado. Há escudos africanos e peles inuítes pendurados no teto, e o piso é um labirinto de mostruários de vidro, repletos com todo tipo imaginável de artefatos humanos — instrumentos musicais, máscaras, trabalhos em penas e contas, barcos funerários, armas e armaduras, cerâmicas, cestos espiralados. Até então, tudo muito organizado, mas no interior de cada mostruário há um caos glorioso de datas e locais de origem, com samurais misturados com Suriname e Melanésia com Mesopotâmia. Alguns objetos ainda têm as etiquetas originais — com letra manuscrita vitoriana minúscula em papel amarelado e presas com barbante. É como se o tempo tivesse parado em 1895. E, de certa maneira, ele parou. Pelo menos ali.

Kate Madigan se aproxima de Grania.

— Mel teve que levar Jonah Ashby ao banheiro. Ele está com um sangramento no nariz, coitadinho. Acho que toda essa animação foi um pouco demais para ele. Mas sei o que ele quer dizer. Este lugar é incrível.

Grania sorri. Há crianças por toda parte, agora, apontando, se surpreendendo e correndo de um mostruário para o seguinte.

— Eu sei. Adoro trazer as turmas aqui. Quanto mais estranho o objeto, mais as crianças parecem gostar.

— Isso não é nenhuma surpresa.

Grania aponta a cabeça na direção de um mostruário em torno do qual há pelo menos uma dúzia de crianças aglomeradas.

— São as *tsantas*. Nunca deixam de atrair as pessoas.

— *Tsantas?*

— Cabeças encolhidas.

Kate faz uma careta.

— Eu passo.

Grania sorri.

— É um gosto adquirido, tenho que concordar com você.

Ela se dirige até o mostruário e encontra Nanxi lendo a placa na caixa com um contentamento óbvio, enquanto uma multidão de meninos olha fixamente para o interior. Há uma dúzia de cabeças no mostruário, a maioria do tamanho de um punho, mas algumas muito menores. Várias têm argolas no nariz e o cabelo original, fora de qualquer proporção com os rostos pequenos, enegrecidos e alongados.

— *Cabeças encolhidas eram feitas retirando a pele e removendo o crânio e o cérebro* — lê Nanxi. — *Os olhos e a boca eram costurados para impedir que o espírito do morto voltasse para assombrar quem o matou. Em seguida, a pele era fervida em água, o que a fazia encolher.* Nossa, isso é nojento.

Grania Webster sorri.

— Elas são muito antigas e vieram da América do Sul. Na época, a tribo achava que tirar a cabeça de seu inimigo capturava sua alma e lhe dava seu poder. Eles usavam as cabeças em volta do pescoço durante os rituais.

Um dos garotos olha para a professora.

— É mesmo? Isso é *incrível*.

Do outro lado do mostruário, sob a etiqueta TRATAMENTO DE INIMIGOS, Leo Mason está olhando para uma coleção de crânios decorados. Alguns são enfeitados com conchas, outros têm chifres de animais empalados na testa. O que está atraindo a atenção do garoto é tão pequeno que deve ser de uma criança. Há espetos de metal saindo das órbitas oculares, e o osso está bem amarrado com tiras de couro. Um dos curadores se aproxima.

— São um pouco assustadores, não são? — diz ele de forma agradável.

Leo olha para ele.

— Por que ele tem essas coisas pontudas enfiadas nos olhos?

— Bom, isso é uma ótima pergunta. Pode ter sido por vingança. Ou o feiticeiro da tribo pode ter feito isso para destruir um espírito maligno.

Um dos outros meninos olha de trás do mostruário para Leo e levanta as mãos, como um fantasma.

— Bu!

Leo leva um susto e pula para trás, agarrando a jaqueta do curador. O homem põe a mão no ombro do menino.

— Você está bem? Quer que eu chame a professora?

Leo balança a cabeça, mas não o solta.

— Que tal, então, fazer uma caça ao tesouro? Tem quatorze camundongos de madeira escondidos nesses mostruários. Alguns de seus colegas de turma estão por aí procurando por eles, e sua professora pode dizer que tem um prêmio especial para quem encontrar todos eles. O que você acha?

Leo balança a cabeça novamente.

— Eu gosto dos crânios — diz ele depois de algum tempo.

***

Do outro lado da sala, Kate Madigan está com um grupo de meninas olhando para a seção *Amuletos, fetiches e maldições*. Portia Dawson está copiando atentamente os nomes dos diferentes tipos de talismãs em um caderninho, enquanto Daisy Mason está encantada com uma coleção de ornamentos de prata filigranados montados sobre veludo negro.

— Eles parecem formar uma pulseira mágica — diz ela, erguendo os olhos para a professora.

Kate sorri.

— Parecem, não é? Eu já os vi antes. Na Itália. As pessoas costumavam pendurá-los sobre os berços dos bebês para protegê-los do mal e afastar os maus espíritos enquanto estavam dormindo.

— Como a fada malvada em *A bela adormecida*? — pergunta Portia.

— Tipo isso. — Kate se aproxima e aponta o vidro. — Eles deviam parecer galhos pendurados de cabeça para baixo. Como o visco de Natal.

Portia ergue os olhos e observa a etiqueta, então escreve cimaruta em letras maiúsculas cuidadosas e começa a fazer o desenho de um dos amuletos.

— Todos eles têm símbolos diferentes para trazer boa sorte — prossegue Kate. — Está vendo, Daisy? Tem uma lua, uma chave, uma flor e um golfinho.

Daisy fica em silêncio por um momento. Então diz:

— Eles são *mesmo* mágicos, srta. Madigan? Eles podem mesmo afastar coisas ruins à noite?

O rosto de Kate fica sério.

— Algumas pessoas acham que podem. De onde eu venho, muitas pessoas mais velhas ainda acreditam nessas coisas.

Daisy ainda está olhando para os pequenos objetos de prata.

— Queria que fosse verdade — diz ela, desejosa. — Gostaria de ter um amuleto desses.

Ela olha para Kate Madigan, em seguida para seu irmão. Um grupo de garotos mais velhos está apontando para uma escultura muito lascada de leão em um dos mostruários e gesticulando para Leo, rindo e enfiando os dedos na boca.

— Nuka, o Vomitão! Nuka, o Vomitão!

A voz de Daisy se reduz a um sussurro.

— Queria um para Leo também.

***

Quando Everett foi transferida para Oxford, ela teve que escolher entre uma casa vitoriana de dois andares perto de Botley Road que precisava de muita reforma e um apartamento reformado acima de uma lavanderia em Summertown. O apartamento ganhou, mas só depois que ela se assegurou de que ele tinha uma saída de incêndio com acesso para a rua. Não para Everett, mas para o gato. Não que seu gato malhado gordo e preguiçoso a use muito. Quando ela fecha a porta ao entrar, às 21h15, Hector está em sua poltrona habitual, piscando para ela com a luz repentina. Ela joga o quepe do uniforme no sofá e se senta, acariciando Hector distraidamente atrás das orelhas. Ele parece muito com o gato de Portia Dawson. E isso, por sua vez, a lembra do que a estava incomodando desde que deixou a casa dos Mason.

Portia.

Ela tinha se perguntado brevemente na escola por que Portia fora a única amiga de Daisy a ficar abalada a ponto de seus pais terem precisado mantê-la em casa, e agora essa curiosidade se transformou em forte alívio. Todo mundo disse que elas eram melhores amigas — a professora, Sharon, a própria Portia. Mas não Leo. Não Leo. E do que Fawley o chamou mesmo? "Uma criança observadora." Será que ele podia ter notado algo que mais ninguém viu? E se eles estivessem deixando escapar alguma coisa desde o início? Ela pensa nas últimas imagens de Daisy nas câmeras de segurança da escola e as repassa em sua mente. Daisy e Nanxi estavam conversando, mas Portia tinha ficado para trás, e, até onde ela conseguia se lembrar, Portia ainda estava ali, parada, observando, quando Daisy seguiu Leo na direção de Canal Manor. Se elas fossem melhores amigas, ninguém ia achar nada de mais. Mas e se não fossem? E se Portia, na verdade, não gostasse de Daisy? Como você interpretaria essa cena, então? Everett pega o celular e liga para Gislingham.

— Desculpe ligar tão tarde. Eu só tenho uma pergunta rápida sobre o vídeo da escola.

Ela pode ouvir a TV ao fundo, e Janet perguntando quem ligou.

— Desculpe, Ev… Não consigo ouvir por causa da novela, está passando *Coronation Street*. Certo, estou na cozinha agora. Diga, o que é?

— Quando você estava conferindo as imagens da câmera para ver se algum dos garotos seguiu Leo, você se lembra de notar Portia Dawson? Você se lembra do que ela fez depois que Daisy e Leo saíram de vista?

— Bem, agora que você está perguntando… tenho quase certeza de que ela seguiu na mesma direção alguns minutos depois, mas não posso garantir. Por quê? É importante?

Everett respira fundo.

— Acho que sim. Preciso ligar para Baxter e pedir a ele para verificar. Porque se você estiver certo, se Portia seguiu mesmo Daisy naquele dia, ela não estava indo para casa. A casa dos Dawson fica na *direção oposta*.

***

— Bom, sr. Mason, nós na verdade precisamos parar de nos encontrar nessas circunstâncias.

É batido, eu sei, mas não consigo resistir.

Ele está na sala de interrogatórios número um. Ali não há nenhuma cadeira confortável, e poupe-me das piadas com a Inquisição Espanhola porque já ouvi todas elas antes. Ela é pintada com alguma cor bege sem graça, com a qual você não pintaria nem um banheiro, e tem janelas tão altas que não permitem que se veja o exterior. E, no meio, quatro cadeiras de plástico e uma daquelas mesas pretas com bordas de madeira que, eu juro, são feitas especialmente para distritos policiais. Anna Phillips chamava isso de "arquitetura da intimidação". Pessoalmente, sou cauteloso para atribuir qualquer coisa como design inteligente ao sistema de justiça criminal, mas, mesmo que seja acidental, não posso negar que funciona. Só mais um elemento da mesma apreensão desgastante. Cozinhe, irrite, perturbe. Barry Mason, porém, parece determinado a não deixar que o ambiente deprimente o abale. É possível que tenha a ver com todo o tempo que ele passa em canteiros de prédios parcialmente construídos. Eu não tenho uma experiência muito boa com empreiteiros, mas você já deve ter percebido isso.

Quinn fecha a porta às nossas costas. O ar está rançoso de suor e mentiras. Barry cheira a cerveja e loção pós-barba barata. Não tenho certeza do que é pior.

— Então, sr. Mason — começo. — Agora que todos sabemos em que pé estamos, talvez o senhor pudesse nos contar onde realmente estava na tarde de terça-feira. Porque, é claro, não era em Watlington, era?

— Certo, não estava lá. Mas também não estava em Oxford matando minha filha.

Eu ergo as sobrancelhas, fingindo choque.

— Quem disse alguma coisa sobre matar sua filha? Você disse, sargento-detetive Quinn?

— Eu não, chefe.

— Sei o que vocês estão pensando. Não sou burro — diz Mason, virando o rosto.

— Então nos diga onde realmente estava. A partir das 15h30, digamos.

Ele me lança um olhar, então começa a roer a unha do polegar.

— Em Witney. Em um bar. Esperando uma vadia que não apareceu.

Eu sorrio de um jeito que, espero, seja irritante.

— Deve ter recebido uma oferta melhor, hein? Não posso dizer que estou surpreso. Você não é um grande partido. Hipoteca alta, dois filhos. Ah, mas eu esqueci, o senhor, na verdade, diz a elas que *não tem* filhos, não é?

Ele se recusa a reagir a isso.

— O senhor pagou a conta com cartão de crédito, sr. Mason? — pergunta Quinn.

— Eu pareço burro? — retruca ele rispidamente. — A porra da minha esposa remexe meus bolsos.

— Então, o senhor não pode provar que esteve lá?

— Desculpe, eu não sabia que ia precisar de um álibi, não é?

— E depois?

— Depois do quê?

— Bom, com certeza o senhor não ficou lá a tarde inteira como um adolescente triste que levou um bolo. Quanto tempo esperou antes de desistir?

Ele se remexe na cadeira.

— Não sei. Meia hora, talvez.

— E depois o senhor foi embora.

Barry hesita, em seguida assente.

— Que horas foi isso? — pergunta Quinn.

— Por volta das quatro. Talvez 16h15.

— E por que não foi direto para casa?

Ele olha para mim com raiva.

— Porque eu já tinha ligado para Sharon avisando que ia me atrasar e não queria me envolver com todo o trabalho para a maldita festa. Está bem? Satisfeito? Isso faz de mim um cara preguiçoso, não um assassino. Não há lei contra isso.

Eu espero.

— Então, o que o senhor fez? Aonde o senhor foi?

Ele dá de ombros.

— Só dirigi um pouco.

Outra pausa. Quinn e eu ficamos de pé, e ele olha de um para outro.

— Quer dizer que acabou? Posso ir para casa?

— Pode ir para casa, sim. Embora eu esteja surpreso por o senhor querer fazer isso, considerando a recepção que provavelmente vai ter.

Ele faz uma careta.

— Foi maneira de dizer. Há muitos hotéis nessa droga de cidade. Caso não tenha percebido.

— Por falar nisso, não vá a lugar nenhum sem nos avisar antes. Ainda precisamos verificar seu paradeiro naquela tarde.

— Eu já contei a vocês, não tenho como provar.

— Câmeras de segurança não mentem, sr. Mason. Nem DNA.

Eu estou imaginando, ou algo tremeluz em seu rosto ao ouvir isso?

— Quero um advogado — diz ele, mal-humorado. — Tenho o direito de ver um advogado.

— O senhor pode ver quem quiser. Assegure-se de dizer a eles que o senhor não foi detido.

Eu vou até a porta, mas, antes de sair, me viro na direção dele.

— Do que Daisy chamava o senhor?

Ele pisca.

— Ahn?

— É uma pergunta bastante simples. Do que Daisy chamava o senhor?

Eu uso o passado deliberadamente, intrigado para ver se ele desafia isso. Mas Barry não parece perceber.

— *Papai?* — diz ele com sarcasmo. — Talvez de *pai* de vez em quando. Desculpe, mas não usamos *progenitor* de onde eu venho. Mas que porra de diferença isso faz?

Eu sorrio.

— Nenhuma. Só estava curioso.

***

Às 10h35 do dia seguinte, Everett bate novamente na porta da casa dos Dawson. Pela janela da sala, ela vê o gato deitado nas costas de uma poltrona, olhando para ela cheio de desconfiança através dos gerânios de uma jardineira. A porta se abre e revela um homem de aparência cansada, porém distinta, com cabelo grisalho.

— Pois não? — diz ele com a testa franzida. Tem um forte sotaque do Ulster. — Nós não compramos de vendedores de porta em porta.

Everett ergue uma das sobrancelhas e sua identificação policial.

— Nem eu. Detetive Everett, Departamento de Investigação Criminal de Thames Valley. Posso entrar?

Ele tem a delicadeza de enrubescer, então se afasta da entrada e gesticula para que ela entre. Everett segue pelo pequeno corredor e chega à grande cozinha branca e cinza no térreo, onde Eleanor Dawson está servindo café.

— Ah, detetive! — diz ela alegremente. — Não sabia que você ia voltar.

— Eu não esperava fazer isso, dra. Dawson. Eu vim ver Portia. Ela está?

Patrick Dawson olha para a esposa.

— Ela está no andar de cima. Do que se trata? Achei que ela já tivesse lhe contado tudo o que sabe.

— Eu só tenho mais algumas perguntas. Vocês podem pedir para ela descer?

Há alguns instantes desconfortáveis enquanto os três esperam em silêncio que Portia apareça. O que ela acaba fazendo. Cautelosamente.

— O que ela quer, mãe? — indaga a menina, com os olhos arregalados.

Sua voz soa muito jovem… Ela é muito jovem.

Eleanor Dawson vai até a filha e passa o braço pelos ombros dela.

— Não há nada com que se preocupar, querida. Tenho certeza de que é só rotina.

Everett dá um passo em sua direção.

— Eu só queria perguntar a você novamente sobre o dia em que Daisy desapareceu. Sabe, meu colega olhou as imagens da câmera no portão da escola e parece que você seguiu pelo mesmo caminho que Daisy, embora não seja a direção da sua casa. Isso é verdade?

Portia olha para a mãe.

— Eu não fiz nada de errado, mãe — diz ela, baixinho.

— Sei que não, querida. Só explique o que aconteceu para a policial Everett, e tudo vai ficar bem.

— Então você seguiu Daisy, Portia? — pergunta Everett.

Há uma pausa, então a menina assente.

— Só um pouco, então tive que voltar porque precisava ir para a aula de matemática.

Eleanor Dawson intervém.

— Isso está absolutamente correto, policial. A aula começa às 16h30, então Portia deve ter chegado em casa antes das 16h15, ou teríamos chegado atrasadas. Pode confirmar isso com eles. É o Centro de Estudos Kumon, na Banbury Road.

Everett não tira os olhos de Portia.

— Por que você seguiu Daisy naquele dia?

— Eu só queria falar com ela.

— Porque vocês duas eram melhores amigas. Foi isso o que você nos contou, não foi?

Portia parece perceber aonde eu queria chegar, porque fica apenas me encarando. Então lágrimas começam a brotar de seus olhos.

— Portia — diz Everett com delicadeza, aproximando-se dela. — Nos disseram que você brigou com Daisy. E quando o detetive Baxter viu as imagens das câmeras de segurança da semana anterior à festa, ele viu vocês duas tendo uma grande discussão. Você bateu nela, puxou seu cabelo e gritou com Daisy. Não há som, mas é fácil ver o que você estava dizendo. Você disse que a odiava e que queria que ela morresse.

Portia baixa a cabeça, as lágrimas começando a escorrer.

— Ela foi má comigo. Disse que meu pai não achava que eu era inteligente o suficiente para ser médica como ele e que ser boa em desenho não ia me levar a lugar nenhum…

— Ah, *querida* — diz Eleanor Dawson, limpando as lágrimas do rosto da filha. — Você não deve acreditar em tudo o que Daisy diz. Ela está sempre inventando coisas.

Portia balança a cabeça.

— Mas eu sei que isso era verdade porque ela falou igualzinho ao papai, imitou a voz dele e tudo…

Eleanor Dawson lança um olhar raivoso para o marido, em seguida se abaixa e sussurra:

— Está tudo bem, Portia. Ninguém acha que você fez mal nenhum a Daisy.

Portia ainda está balançando a cabeça.

— Não, você não *entende*… Eu fiz uma daquelas bonecas vodu como vimos no museu e espetei alfinetes nela e desejei que ela morresse, e agora Daisy está morta e é tudo minha culpa…

Patrick Dawson entra com firmeza entre Everett e sua família.

— Acho que já basta, policial. Como pode ver, está deixando minha filha nervosa. E você não pode desconfiar seriamente que Portia tenha alguma coisa a ver com a morte daquela criança. Ela tem só oito anos, pelo amor de Deus.

Everett olha para a menina chorando e depois novamente para seu pai.

— Nós ainda não sabemos se Daisy Mason está morta, senhor. E o senhor pode considerar tudo isso apenas uma briguinha trivial, mas crianças levam esse tipo de coisa muito a sério. Como obviamente aconteceu com sua filha. E o senhor ficaria surpreso se soubesse do que as crianças são capazes quando levadas ao limite. Mesmo quando têm só oito anos.

***

A caminho da delegacia, tenho que fazer um desvio por causa de obras na pista e percebo estar a apenas cinco minutos de Port Meadow. Não sei ao certo por que faço isso, mas entro na rua lateral, estaciono perto da Walton Well, então saio do carro e caminho um pouco. À frente, a velha aldeia de Bisney é parcialmente visível em meio às árvores; atrás de mim, as torres da cidade; ao norte, muito mais longe, uma mancha marrom que indica Wolvercote. E para a direita, muito mais perto, os telhados de Canal Manor, com uma ou duas janelas refletindo o sol. Na campina, a névoa ainda paira sobre alguns pontos, e o gado está pastando devagar em meio ao capim, com as orelhas abanando devido a insetos invisíveis. E, acima de tudo, um céu enorme cheio de nuvens rosadas. Eu adorava nuvens quando era criança. Sabia todos os nomes — cirros-cúmulos, cirros, cúmulos-nimbos. Nós vivíamos em um subúrbio tão merda que criei minha paisagem com o que tinha acima da cabeça — montanhas, castelos com muralhas e exércitos em conflito. Não acho que as crianças fazem mais isso. Em vez disso, fazem esse tipo de coisa no Xbox ou no jogo *Clash of Clans*. Não é necessário imaginação. Sempre esperei poder compartilhar minhas nuvens com Jake, mas ele também queria um Xbox. Igual a seus amigos. Talvez ele fosse apenas novo demais.

E mais tarde, depois que o perdemos, eu costumava vir aqui para caminhar, forçando meu sofrimento para dentro da terra. Uma hora para ir, uma hora para voltar. O mesmo passo monótono e opressivo, dia após dia, mês após mês. Chuva, neve, gelo, neblina. Eu me lembro repentinamente de que Sharon Mason também costumava correr aqui. Talvez eu a tenha visto. Talvez ela tenha até sorrido para mim. Talvez tudo isso já estivesse se formando, mesmo naquela época.

Quando chego à delegacia, percebo o custo de meu desvio. Eu não consegui tomar um café decente e preciso recorrer à cafeteira do corredor. Enquanto tento me decidir pelo menor de seus vários males, Gislingham entra bruscamente pela porta. Noto imediatamente que alguma coisa aconteceu.

— É Sharon — diz ele, sem fôlego. — Ela quer ver você. Eu a deixei na sala de interrogatórios número dois.

— Sobre o que ela quer falar?

Ele dá de ombros.

— Não tenho ideia. Você é a única pessoa com quem ela vai falar.

— E onde está Leo? Espero que ela não o tenha deixado sozinho em casa com aquele bando de abutres na porta.

— Não se preocupe. Ele está com Mo Jones.

— Bom, certo, isso já é alguma coisa. Você pode voltar e ficar com ele até que eu termine com Sharon?

— Eu? Esse não é o trabalho de Mo?

— Confie em mim, vai ser a maior diversão que você vai ter o dia todo. Na verdade, provavelmente vai ser a primeira vez que você vai ter um público que realmente goste de ouvir você falar sem parar sobre futebol. Encontre Quinn e peça para ele se juntar a mim, está bem?

***

> BBC Midlands Today
>
> Sexta-feira, 22 de julho de 2016 – Atualizado pela última vez às 11h56
>
> **Daisy Mason: polícia interroga os pais**
>
> A BBC apurou que agora a polícia de Thames Valley está interrogando Barry e Sharon Mason, depois que eles fizeram um apelo emocionado na TV pela volta de sua filha. Acredita-se que Daisy Mason, de 8 anos, foi vista pela última vez em uma festa no jardim da família na noite de terça-feira.
> Os policiais também ouviram amigos e professores de Daisy na escola primária Bishop Christopher, onde Daisy e seu irmão estudam. E também obtiveram imagens das câmeras de segurança do portão da escola.
> Qualquer um com informações sobre Daisy, ou que a tenha visto a qualquer hora de terça-feira, deve entrar em contato imediatamente com a sala de ocorrências do Departamento de Investigação Criminal de Thames Valley pelo telefone 01865 0966552.

***

A sala de interrogatórios número dois, na verdade, é ainda mais hostil que a sala um. Ao olhar para o rosto de Sharon Mason, "hostil" realmente é a melhor descrição neste momento. Ela mal consegue conter sua fúria. Mulher desprezada não passa nem perto de sua atitude.

Eu puxo a cadeira. Ela olha para Quinn, depois para mim.

— Eu queria falar com o senhor, não com ele.

— O sargento-detetive Quinn está aqui por uma questão de protocolo, sra. Mason. É do seu interesse, e também do nosso.

Ela bufa, e gesticulo para que Quinn espere perto da porta.

— Então, sra. Mason, como posso ajudá-la?

— O senhor disse que meu marido estava cadastrado em um site de encontros. Mas que ele, na verdade, não tinha se encontrado com aquela mulherzinha.

— Amy Cathcart. Não, ele não se encontrou com ela.

— Mas ela não foi a única.

— Ainda estamos esperando pelos registros completos do site...

Sharon se contorce como se tivesse levado uma facada, mas eu não ligo.

— ... embora pareça que ele o está usando há meses — prossigo. — O sr. Mason tentou apagar seu perfil na manhã de quarta-feira. No dia seguinte ao desaparecimento de Daisy.

Eu queria ver como ela reagiria a isso, mas Sharon tem outras coisas em mente.

— Então ele tem se encontrado com essas mulheres e... *dormido com elas?*

Eu dou de ombros.

— Não tenho provas disso, sra. Mason. Mas imagino que devemos supor que sim. É possível que outras apareçam. Aí vamos saber mais.

Seu rosto está tão vermelho que quase posso sentir o calor irradiando da pele.

— E como ela é, essa *Amy Cathcart*?

Isso, confesso, me deixa desconfiado. Mas assim que ela termina a pergunta, percebo suas intenções. Eu me volto para Quinn.

— Eu não vi foto dela. Você viu, sargento?

Ele entende o que estou fazendo de imediato.

— Só sua foto de perfil, chefe. Cabelo louro. Magra, mas com belas curvas, se é que você me entende. Na verdade, é uma mulher muito bonita.

Sharon está lutando para se conter agora. Seus ombros estão tremendo pelo esforço.

— Eu trouxe algo para vocês. Duas coisas, na verdade.

Ela se abaixa e põe uma sacola do supermercado Morrisons em cima da mesa. Algo dentro dela brilha sob a luz fraca. Azul e verde. As cores sobrepostas como as escamas de um peixe...

Meu coração dá um salto.

— Onde encontrou isso, sra. Mason?

— No guarda-roupa *dele*. Quando estava fazendo as malas para ele ir embora de casa. Estava escondida embaixo das roupas sujas de ginástica.

Eu ouço a surpresa de Quinn, em seguida o som da porta se abrindo. Ele volta à sala alguns momentos depois usando luvas. Pega a sacola e põe tudo com cuidado em um saco de provas.

— A senhora entende que agora vamos precisar de uma amostra de seu DNA, não é, sra. Mason? — pergunto.

— Por quê? — Sharon se ofende. — O que eu fiz? Não é sobre mim que vocês devem voltar sua atenção...

— É apenas para eliminação — digo para apaziguá-la. — Suponho que a senhora não estava usando luvas quando encontrou essa fantasia no guarda-roupa.

Ela hesita, então balança a cabeça.

— Não.

— Então seu DNA vai estar nela, inevitavelmente. E vamos precisar eliminar isso da investigação.

Não sei ao certo se ela tinha pensado em tudo, mas agora é tarde demais.

— Houve mais alguma coisa?

Ela fica em silêncio, e eu tento novamente.

— Sra. Mason? A senhora disse que há duas coisas.

— Ah. É. Sim. Estava no guarda-roupa também.

Ela abre a bolsa, a falsa, e tira um pedaço de papel. Tamanho A4, originalmente, mas dobrado ao meio, como um cartão de aniversário. Há marcas onde alguém o amassou e alisou novamente. Ela o empurra em minha direção, e vejo que é, na verdade, um cartão de aniversário. Um cartão feito à mão, de Daisy para o pai. Ela escreveu as palavras para que elas formassem o contorno de um bolo de aniversário com uma vela. Algo tão trabalhoso assim, para uma criança de oito anos, deve ter levado horas. Agora consigo vê-la — a criança real, a criança viva e risonha — mais vividamente do que antes. E estou cada vez mais convencido de que ela está morta.

> F
> eliz
> Aniver
> sá
> rio
> Pai
>
> Você é o melhor pai do mundo. Sempre cuida de mim e me dá beijos para que eu fique boa quando me machuco. A gente se diverte quando balanço no seu colo e nadamos na piscina. Quando for grande e rica, vou comprar para você todas as suas coisas favoritas.

Estou me sentindo um pouco enjoado. O colo, a piscina, tudo podia ter uma explicação completamente inocente. Mas se tivesse, Sharon não estaria sentada aqui na minha frente. Ergo a cabeça, olho-a nos olhos e não gosto do que vejo. Ela foi traída, eu sei, mas mesmo assim é difícil sentir pena dela.

— Olhe o verso — diz Sharon.

Eu faço isso.

O interior chega a estar grosso com a quantidade de fotos coladas. A maioria colorida, uma ou duas de jornais. Todas as coisas favoritas de seu pai. Peixe com batatas fritas e purê de ervilhas. Uma lata de cerveja. Um fisiculturista com halteres. Um carro esporte. Mas essas são ofuscadas pela imagem no centro, e não apenas em termos de tamanho. São seios com mamilos enormes e vermelhos. Foram recortados em close, de modo que parecem desligados de um corpo, quase anatômicos. Mas não há nada científico no impacto dessa imagem.

— Ela deve ter achado uma de suas revistas sujas — diz Sharon.

Meu primeiro pensamento é me perguntar, caso isso seja verdade, o que mais ela deve ter visto. Tenho uma imagem horrível de uma garota inteligente e aplicada examinando com cuidado cada página sórdida, procurando o que seu pai gosta.

— Quando é o aniversário do seu marido?

Sinto minha garganta seca.

Dessa vez, há uma pausa.

— Dois de abril.

— A senhora não viu, na época, esse cartão?

Os olhos dela se estreitam.

— Não, claro que não. O que o senhor pensa que eu sou? Isso era o *segredinho* deles. O senhor não entende?

— Ah, eu entendo, sra. Mason. — Eu empurro a cadeira para trás. — Obrigado por nos trazer isto. Posso pedir que a senhora fique aqui por um tempinho, caso tenhamos outras perguntas? O sargento-detetive Quinn vai trazer chá para a senhora.

— Não quero chá. Já disse isso antes. Eu não gosto.

— Um refrigerante? — sugere Quinn. — Uma Coca-Cola Zero?

Ela lhe lança um olhar raivoso.

— Quero água com gás.

Do lado de fora, no corredor, eu me apoio pesadamente na parede.

— Você está bem, chefe?

— Eu sabia que aquele sujeito era um punheteiro, mas meu Deus.

— Veja pelo lado bom: isso pode nos conseguir um mandado... Acesso ao seu computador. Mesmo que não seja o suficiente para uma prisão.

Mas não estou tão otimista.

— Acho que vamos precisar de mais do que o cartão de aniversário para isso. Mas não faz mal perguntar. Vamos torcer para pegar um juiz com uma filhinha de oito anos.

— Está bem, vou cuidar disso.

Ele está prestes a ir, quando eu o chamo de volta.

— Se Mason tivesse ido de Witney direto para casa, em vez de "dirigir por aí", como ele afirma, quanto tempo você acha que ele teria levado para chegar lá?

Quinn pensa um pouco.

— Naquela hora do dia... meia hora, no máximo quarenta minutos.

— Então é possível que ele tenha chegado em casa quando Sharon estava fora.

Quinn franze a testa.

— Acho que sim. Mas não é uma janela de tempo grande. Seria difícil matar a menina, se livrar do corpo e ir embora antes de a esposa voltar.

— Mas e se não foi isso o que aconteceu? E se Sharon voltou e encontrou os dois juntos... Se o encontrou fazendo realmente alguma coisa com Daisy? Há uma grande briga e, em algum momento no meio disso, Daisy morre. Acidente ou fúria, o resultado é o mesmo.

— Então um deles pode realmente tê-la matado?

— Se a situação é mesmo essa, sim.

— E acha que foi Barry quem se livrou do corpo?

Eu assinto.

— Acho. Não consigo ver Sharon fazendo isso, você consegue? Pelo menos, não com aqueles malditos sapatos.

— Então tudo isso teria acontecido entre 17h30, quando chegou em casa, e, o quê, umas seis da tarde?

— Seis e meia, no máximo, já que estavam esperando convidados a essa hora. A pergunta é: qual distância ele pode ter percorrido de carro e voltado antes de a festa começar? Onde pode ter enterrado o corpo ou o escondido bem o bastante para que ninguém o tenha encontrado ainda? Lembre-se de que ele é empreiteiro. Barry tem seus próprios canteiros de obra, e saberia da existência de outros, trabalhos para os quais se candidatou anteriormente. Terrenos para construção com buracos enormes esperando para serem preenchidos.

Quinn ainda está processando tudo isso.

— Mas se o que você diz é verdade, por que eles não disseram que a menina foi sequestrada voltando para casa da escola? Por que fazer toda a pantomima da festa?

— Porque eles não tinham como saber ao certo se alguém havia visto Daisy perto de casa naquela tarde. Nós sabemos que isso não aconteceu. Mas nenhum dos Mason sabia disso. Ela podia ter falado com um vizinho, parado para fazer carinho num cachorro...

— Mas foi pura sorte ninguém ter percebido horas antes que Daisy tinha desaparecido, logo no início da festa. Teria sido muito arriscado.

— Um assassinato sempre é — digo, seco. — Especialmente quando não é planejado. E que outras escolhas eles tinham?

— Mas, nesse caso, por que entregar o marido agora? Teria sido muito mais difícil fazê-los falar se tivessem combinado a história. Até Sharon Mason deve ter percebido isso.

— Acho que temos que agradecer a Amy Cathcart. Ela foi a gota d'água. Pense nisso do ponto de vista de Sharon. Ela tem contado mentira após mentira para proteger Barry e então descobre que ele a está traindo há meses. Agora, a vingança é tudo o que importa. Não acho que ela percebeu quanto pôs a si mesma em perigo.

— Então vamos prendê-la?

— Não, não podemos, ainda não. Tudo o que temos são palpites. Vamos dar corda, fazer com que ela ache que foi bem-sucedida em jogar toda a culpa em Barry. Aposto que ela vai cometer mais deslizes.

— Vou falar com a equipe de busca, ver se há algum lugar que possamos ter deixado passar que fique a menos de uma hora de distância da casa. Embora, mesmo de carro, e com tanto tempo, estejamos falando de uma área bastante grande.

— Eu sei. Mas é a situação em que estamos. E quando tiver feito isso, convoque todos para a sala de ocorrências dentro de uma hora.

— Onde você vai estar?

— Falando com Leo. Se alguém sabe o que aconteceu naquela tarde, é ele.

***

Na sala de espera, Gislingham está feliz como pinto no lixo, embora, para ser justo, Leo pareça estar se divertindo também. Quando abro a porta, os dois estão assistindo a gols da temporada vencedora do Chelsea, em 2015, no iPhone do detetive.

— Você viu esse passe? — diz Gislingham com empolgação quando gritos baixos da torcida saem do celular. — Fàbregas brilhou nesse jogo. — Ele ergue os olhos e me vê. — Ah, desculpe, chefe. Não percebi que você estava aí.

— Como você está, Leo? — digo, puxando uma cadeira e me sentando. — O detetive Gislingham está mantendo você distraído?

Leo cora e olha para baixo. Então assente.

— Você quer me mostrar esse gol que vocês dois acabaram de ver?

Leo se aproxima e para ao meu lado. Ele leva um ou dois segundos para reiniciar o vídeo, então assistimos ao gol outra vez. O passe, o toque de calcanhar, o passe.

— Por acaso você se lembra da última vez que esteve aqui, quando me contou o que aconteceu no dia em que Daisy desapareceu? — pergunto.

Leo assente, os dedos correndo pela tela do celular. Ele evidentemente tem facilidade com essas coisas — eu levei semanas para aprender a usar o meu. Foi Jake, no fim, que configurou o aparelho para mim. Sorrindo e me dando aquele olhar de "por que os pais são tão inúteis?". Eu não me importava em ser inútil com telefones; só queria não ter sido tão inútil quando realmente importou.

Respiro fundo.

— Você disse que chegou em casa e subiu para seu quarto. Você viu seu pai naquela tarde?

Ele me olha de soslaio.

— Não. Ele chegou mais tarde.

— E se ele tivesse chegado antes disso, você teria percebido? Você com certeza teria ouvido se alguém entrasse em casa, não?

Ele dá de ombros.

— Você ouviu sua mãe sair?

Ele balança a cabeça.

— Estava com fones de ouvido.

— Mas tem certeza de que Daisy estava no quarto dela?

Está quente ali, e o garoto arregaça as mangas, quase sem pensar.

— A música estava ligada.

— Só para ter certeza de que estou entendendo, Leo: você ficou no seu quarto até a hora da festa, com fones de ouvido. E não ouviu sua mãe sair, nem ninguém entrar, nem qualquer outro barulho?

— Eu estava irritado. Daisy saiu correndo.

— É, eu lembro. Está bem, Leo, vou deixá-lo conversando com o detetive Gislingham mais um pouco. Sua mãe está nos ajudando com algumas coisas, então pode demorar um tempinho até ela vir buscá-lo. Tudo bem ficar aqui um pouco mais?

Mas não tenho certeza nem se ele me escuta. Ele já passou para o gol seguinte.

Gislingham me segue para fora da sala e fecha a porta.

— Chefe — diz ele, mantendo a voz baixa. — Eu estou observando o menino tem meia hora e preciso dizer uma coisa a você: não tenho certeza se ele está mesmo ali dentro. Acho que ele pode ser, você sabe, autista ou algo assim.

— Não acho que seja isso — digo, devagar. — Mas concordo com você. Pelo que acabei de ver, tem alguma coisa muito errada.

***

Na Bishop Christopher, os corredores ecoam o vazio do fim do semestre. Apenas um ou dois professores ainda estão por ali, arrumando as coisas e retirando cartazes, prontos para um novo começo em setembro; mas, fora isso, o prédio está assustadoramente vazio. No escritório do zelador, nos fundos, Andrew Baxter colocou um ventilador velho e está sentado em frente à tela do computador vendo imagens do portão da escola. Sua camisa está grudada no encosto da cadeira, e ele já tem duas mensagens de texto da esposa perguntando quando ele vai chegar em casa. Mas ele continua a dizer a si mesmo: só mais um arquivo, só mais um arquivo. E, às vezes, esse tipo de empenho é mais que a própria recompensa. Ele, de repente, chega para a frente na cadeira. Repete um trecho. Repete outra vez. Então pega o celular e faz uma ligação.

— Chefe? Estou na escola. Acho que você deve ver o que encontrei. Acho que isso vai mudar tudo. De novo.

***

Scott Sullivan @GuerreiroNervoso · 14h06
Acabei de ver o noticiário e quero dizer a todos os idiotas por aí: vocês estavam errados, até os imbecis da polícia agora suspeitam dos pais #DaisyMason

Annabel White @VerdadeiraAnnabelWyte · 14h08
Ponha uma ✿ em seu avatar para mostrar seu apoio e lute contra os trolls #CorrenteDaisy #EncontremDaisy

Amanda May @ArtePelaGrãBretanha · 14h09
Não acredito! Alguém acabou de dizer que o pai de #DaisyMason estava azarando garotas em um site? Isso é verdade? #enojada

MtN @nuckleduster1989 · 14h10
Aqueles merdas dos #Mason merecem apodrecer na cadeia. Sei que eles estavam nisso juntos. Ele estava abusando da filha e a mãe encobriu #doentio

MickyF @mestredosjogos666 · 14h11
@nuckleduster1989 Espero que eles tenham câncer. Espero que eles tenham uma morte horrível #Mason

Anon Anon @Rotweiller_1982 · 14h11
@nuckleduster1989 @mestredosjogos666 A cadeia é boa d+ para eles. Eles têm que queimar no inferno pelo que fizeram #DaisyMason #culpados

MickyF @mestredosjogos666 · 14h14
@Rotweiller_1982 @nuckleduster1989 Talvez alguém deva ajudá-los a chegar lá. A polícia é tão merda que nunca vai conseguir provar nada

Beat Pete @nãomevenhacomessamerda · 14h15
Nós faríamos um favor ao mundo se matássemos esses canalhas. Sinceramente, torço mais para que morram @mestredosjogos666 @Rotweiller_1982 @nuckleduster1989

Anon Anon @Rotweiller_1982 · 14h15
Não deve ser difícil descobrir exatamente onde eles moram, certo?? @mestredosjogos666 @nãomevenhacomessamerda @nuckleduster1989

UK Social Media News @UKSocialMediaNews - 14h15
Quem vocês acham que é culpado? Barry Mason ou Sharon Mason? Mande-nos um tuíte e participe de nossa enquete #DaisyMason

Emma Gemma @CansadaeSensível - 14h15
✿✿✿✿✿✿✿✿✿ #CorrenteDaisy #EncontremDaisy

Ellery B @UmEstranhonoNinho - 14h16
@UKSocialMediaNews Acho que foi a mãe. Ela parece uma escrota #DaisyMason

Anne Merrivale @Annie_Merrivale_ - 14h16
Quero mto acreditar que os Mason são inocentes, mas como? Basta ver como eles se comportaram na TV #DaisyMason ✿

MickyF @mestredosjogos666 - 14h17
Aquele lixo de família vai se safar do assassinato. Alguém devia dar uma passada por lá

Ellery B @UmEstranhonoNinho - 14h18
A polícia devia fazê-los passar por um detector de mentiras. Aposto que não passam #mentirosos #DaisyMason

Linda Neal @LosingmyReligion - 14h18
Não sei como esses pais conseguem viver com isso #DaisyMason

Angela Betterton @AngelaGBetterton - 14h19
@LosingmyReligion Você está *muito* errada. Eles são uma boa família. Eu os conheço. Você, não #DaisyMason ✿

Janey Doe @VictoriaSandwich · 14h20
Aposto que o corpo nunca vai ser encontrado. Vai ser igual a todas as outras crianças desaparecidas. #DaisyMason #RIP ✿✿✿

Seb Keynes @lançandodifamação · 14h20
@UKSocialMediaNews Também acho que foi a mãe, olhem só aquele apelo na TV #DaisyMason

Ellery B @UmEstranhonoNinho · 14h21
Estas são as perguntas q eu faria 1) como um intruso supostamente entra em seu quintal com toda aquela gente lá? #DaisyMason

Ellery B @UmEstranhonoNinho · 14h22
2) e pq a polícia agora está perguntando sobre o que aconteceu antes da festa? #DaisyMason

Linda Neal @LosingmyReligion · 14h24
Esse tuíte que acabei de ver é verdade? A polícia acha que ela estava morta antes mesmo de a festa começar? #DaisyMason #revoltada

Janey Doe @VictoriaSandwich · 14h26
Acho que eles estão nisso juntos – o pai matou e a mãe encobriu. Isso mostra que nunca sabemos o que acontece entre quatro paredes #DaisyMason

Bethany Grier @BonnieGirl9009 · 14h29
Uma amiga diz que tem certeza de que viu a foto do pai em um site de encontros – fdp traidor #DaisyMason

Holly Harrison @HolliePirulito · 14h32
OMG, acabei de descobrir que estava trocando e-mails com o pai da pobre #DaisyMason. Ele estava em um site de encontros com outro nome...

Holly Harrison @HolliePirulito 14h35
... e apagou o perfil, mas eu baixei. E você pode ver aqui #traição #mentiroso #DaisyMason

Linda Neal @LosingmyReligion 14h37
Bom, se o pai pode #trair, talvez possa matar também – com certeza tinha muitos segredos asquerosos

ITV News @ITVAoVivoPlantao 14h55
ÚLTIMAS NOTÍCIAS Estão surgindo informações de que o pai de #DaisyMason estava levando uma vida dupla com um nome falso e frequentando sites de encontros.

ITV News @ITVAoVivoPlantao 14h56
Em breve mais informações sobre essa história. #Daisy-Mason

***

Eu estaciono em frente à Bishop Christopher e ligo para a delegacia. Aparentemente, o juiz não quer fazer o nosso jogo. Quer primeiro falar com o superintendente, e, como hoje ele não está, vamos ter que esperar até amanhã de manhã. Eu xingo. Primeiro Quinn. Depois, quando termino a ligação, o universo em geral. A alguns metros de distância, duas jovens estão conversando ao lado de um Nissan Figaro, um desses carros de dois lugares. Uma delas tem cabelo ruivo comprido preso em um rabo de cavalo e uma bolsa de aniagem com flores de ráfia costuradas em torno da parte de cima, a outra está parada junto a uma bicicleta. Seu cabelo descolorido tem as pontas cor-de-rosa, ela tem um piercing no nariz e usa calça cargo camuflada. De repente percebo que ela é o único ser humano real que vejo desde o início dessa investigação. Todas aquelas pessoas levando suas vidas artificiais à la *Mulheres Perfeitas*. Nem um fio de cabelo ou um talo de grama fora do lugar. Eu saio do carro e o tranco, e enquanto caminho até a porta, me dou conta de que as duas mulheres estão falando de mim.

Quando encontro o escritório do zelador, há uma mulher com Baxter. Ela se levanta imediatamente e vem em minha direção, com a mão estendida. Parece nervosa, tensa.

— Alison Stevens. Sou a diretora. O detetive Baxter me pediu para passar aqui e ver as imagens que ele encontrou, mas não tenho certeza se posso ajudar muito.

Eu puxo uma cadeira e me sento ao lado de Baxter.

— O que você conseguiu?

— A qualidade não é grande coisa — diz ele. — Não tem som e está em preto e branco, mas é melhor que nada. A primeira é do início de abril. Depois do recesso de Páscoa. Isso é durante o recreio, no dia 12.

A imagem é dos portões da escola, que estão fechados, e da cerca de arame dos dois lados. Há crianças correndo para dentro e para fora do quadro. Bolas quicando, duas meninas brincando de adoleta. Três pulando corda. Então a vejo. Daisy. Ela está sozinha, mas não parece aborrecida pela falta de companhia. Ela se detém para olhar algo em uma folha, em seguida observa quando algo sai voando para longe. Talvez uma borboleta. É estranho vê-la desse jeito — essa menina em quem pensei durante todos os minutos de todos os dias desde que desapareceu, e mesmo assim sobre quem sei tão pouco. Daisy não tinha como saber que alguém ia ver essa imagem. Ela podia nem saber que havia uma câmera ali. Isso parece curiosamente invasivo, e percebo, de repente, que é isso que pedófilos fazem. Não é um bom pensamento.

Então uma figura aparece na calçada em frente. Deve ter uns quatorze ou quinze anos. Alto. Louro. Ele se aproxima do portão e chama Daisy. Ela fica nitidamente intrigada, mas cautelosa, e fica a uma boa distância do portão. Eles conversam por algum tempo —

ou melhor, ele fala, ela escuta —, então o sinal deve tocar, porque as crianças começam a andar de volta para dentro da escola, e o garoto desaparece do quadro. Daisy observa enquanto ele se afasta.

— O próximo vídeo é de alguns dias depois — diz Baxter. — Mais ou menos a mesma coisa, só que Daisy está, aparentemente, mais propensa a conversar. Depois, vem o dia 19 de abril. Há uma entrega às 12h05, e a van bloqueia a visão por cerca de cinco minutos, então o carro vai embora, e isso é o que vemos.

Daisy está sozinha na calçada. Ela não para de olhar ao redor, supostamente para verificar se algum dos supervisores do recreio percebeu que ela saiu pelo portão. Alguns momentos depois, o menino chega. Daisy parece muito feliz por vê-lo. Eles conversam um pouco, e uma ou duas vezes o garoto se vira para trás, como se olhasse para uma pessoa fora de seu campo de visão. Os dois saem andando juntos naquela direção.

Eu me viro para Alison Stevens.

— Preciso dizer imediatamente que o que os senhores acabaram de ver não está de acordo com nossos procedimentos operacionais. Os supervisores devem monitorar qualquer tráfego que chegue à área da escola e garantir que todas as crianças estejam dentro do portão...

— Nesse momento, não estou interessado no que devia ou não devia ter acontecido. Tudo o que quero saber é se a senhora tem alguma ideia de quem é esse garoto.

Ela engole em seco.

— Infelizmente, não. Eu só comecei a trabalhar na Kit no ano passado, então ele já devia ter saído daqui nessa época, se é que foi um de nossos alunos. Acabei de enviar uma imagem retirada do vídeo para os diretores das escolas de ensino médio locais, mas ninguém ainda me deu retorno. Acho que algumas já entraram de férias.

— Baxter, que horas a câmera mostra Daisy voltando para a escola nesse dia?

— No dia 19? Ela retorna por volta de 12h55. O sinal está tocando, então ela simplesmente se misturou entre as outras crianças voltando para a sala de aula. Nenhum dos supervisores parece ter percebido. E, depois disso, há apenas mais uma imagem dela. Você disse para verificar os horários do recreio, mas achei que valia a pena examinar o horário de saída também, só por garantia.

Ele clica em outro arquivo, e a mesma esquina da rua torna a aparecer. A mesma, mas diferente, porque é possível dizer que o verão está chegando. As madressilvas estão com flor, e a grama está abundante. Isso me lembra um velho episódio de *Columbo*, no qual o detetive resolveu todo o caso notando que uma imagem da câmera de segurança mostrava uma cerca viva podada e, supostamente mais tarde no mesmo dia, uma sem poda. Se fosse sempre tão fácil.

A tela diz 15h39 do dia 9 de maio. Daisy aparece, conversando com Nanxi Chen. Então a mãe de Nanxi chega e há uma discussão entre as duas.

— Parece que a sra. Chen devia pegar as meninas depois da escola, mas Daisy a convenceu do contrário — diz Baxter, enquanto a mãe de Nanxi a leva embora, olhando uma última vez para Daisy antes de conduzir a filha na direção do carro.

— Vamos precisar conferir isso com a sra. Chen.

— Isso é fácil.

O vídeo continua e, três minutos depois, Daisy de repente fica alerta. Ela vê alguma coisa — ou alguém — fora do quadro.

— Se é o garoto, parece que ele, dessa vez, está ficando fora do caminho deliberadamente — comenta Baxter. — Ou ele acabou de perceber a presença da câmera...

— ... ou tem uma razão para ser muito mais cuidadoso.

Vejo que a ansiedade toma o rosto de Alison Stevens.

— Ah, não. Sem dúvida, não. Ele não pode ter mais que quinze anos!

Na tela, Daisy olha para os dois lados, então atravessa a rua correndo. Baxter congela a imagem logo antes que ela saia de quadro. A menina está com um grande sorriso.

— Eu só cheguei até aí — diz ele, encostando-se em sua cadeira e olhando para mim. — Mas Everett não disse que Daisy ficou muito triste depois do seu encontro secreto?

— Não triste. Com raiva.

— Ela, aí, não parece com raiva.

— Não — digo devagar. — Não parece, não é? Adiante a imagem, mas em câmera lenta.

Nós três assistimos. Mães e filhos, mães e filhas. Até uns poucos pais parecendo estranhos e deslocados. Um homem sai andando de bicicleta puxando duas crianças pequenas em um carrinho de lona, e outra criança some de vista atrás dele em um triciclo.

— Vocês aplicam testes de condução de bicicleta? — digo, cético.

Alison Stevens franze a testa, confusa.

— As crianças são um pouco novas...

— Não para as crianças. Para os pais.

Alguns carros passam. Grandes 4x4, um carro com três fileiras de assentos, até um Porsche. E então um Ford Escort velho. O carro tem um para-choque amassado, uma luz traseira quebrada e um trapo sujo pendurado no porta-malas que — deliberadamente ou não — está escondendo quase todo o número da placa. É impossível ver quem está dirigindo, mas há nitidamente alguém no banco traseiro.

— Aí... congele aí.

Mesmo àquela distância, não há nenhuma dúvida.

É Daisy.

***

25 de maio de 2016, 11h16
55 dias antes do desaparecimento
Escola Primária Bishop Christopher, Oxford

— Vocês podem fazer silêncio, por favor? Prestem atenção. Tabitha, Marty, vocês podem voltar para suas carteiras? Obrigada.

Kate Madigan sorri para a turma, e quando tem certeza de que prendeu sua atenção, se volta para a lousa branca e escreve uma palavra em grandes letras maiúsculas.

AMIGOS

Ela tampa a caneta e se volta para as crianças.

— Nós, agora, vamos passar um tempo conversando sobre *amizade*. O que faz de uma pessoa um bom amigo, como ser um bom amigo e outras coisas, como o que fazer quando se tem uma discussão com um amigo e quer fazer as pazes. Então, quem quer começar? O que faz de uma pessoa um bom amigo?

Uma mão se levanta. É um garotinho na frente, com cabelo castanho cacheado e óculos de armação grossa.

— Sim, Johnny. Como você acha que deve ser um amigo?

— Alguém que deixa você brincar com os brinquedos dele — diz o menino com delicadeza.

Kate assente de forma encorajadora.

— É, esse é um começo muito bom. Alguém que compartilha seus brinquedos. Porque compartilhar é muito importante, não é? Nós já conversamos sobre isso. E compartilhar é um jeito importante de fazer amigos. Mais alguém tem alguma ideia?

Uma garotinha de cabelo escuro com um arco levanta a mão.

— Sim, Megan, o que você acha?

— Um amigo é legal com você se você está triste.

— Muito bom, Megan. Isso também é importante, não é? Se você é amiga de alguém, tenta animar essa pessoa se ela está infeliz.

A menininha assente timidamente e bota o dedo na boca.

— Mais alguém?

Daisy se levanta.

Um dos meninos no fundo faz uma careta e murmura:

— Puxa-saco.

— *Eu* acho — diz Daisy — que um amigo é alguém que ajuda você quando coisas ruins acontecem, e alguém para quem você pode contar seus segredos.

Kate sorri.

— Isso é muito bom, Daisy. E você tem um amigo assim?

Daisy assente vigorosamente, com olhos brilhantes, e se senta.

Mais tarde, durante o recreio, Portia e Nanxi estão sentadas no banco enquanto Daisy brinca de amarelinha. Millie Connor está ali perto, desesperada para ser convidada para se juntar a elas, mas as outras estão fingindo não vê-la. Junto da cerca de arame, alguns dos meninos mais velhos estão jogando bola, e um garoto pequeno de cabelo ruivo está puxando a manga do professor encarregado, dizendo:

— Olhe, olhe! Meu dente caiu!

No banco, Nanxi está escrevendo no celular, mas Portia está olhando para Daisy.

— Sabe o que você disse para a srta. Madigan sobre um bom amigo? — diz Portia. — De quem você estava falando?

Daisy chega ao fim do traçado da amarelinha, em seguida se vira e leva o dedo aos lábios.

— Isso é segredo — diz ela.

Nanxi ergue os olhos, sem parecer impressionada.

— Você *sempre* diz isso.

— Bom, é verdade.

— Então você não estava falando de mim ou de Nanxi? — insiste Portia.

— Talvez — diz Daisy, evitando seu olhar. — Mas não vou contar.

— Não sei por que temos que conversar sobre coisas estúpidas como essa — comenta Portia, agora irritada.

— Se chama Educação Sexual e Relacionamentos — diz Nanxi, sem erguer os olhos. — Minha mãe me contou. Ela teve que assinar um papel dizendo que não havia problema.

— O que é sexo? — pergunta Millie, se aproximando.

As outras olham para ela, e Nanxi revira os olhos.

— Você sabe — diz Daisy, como se estivesse falando com uma idiota. — Quando um garoto enfia o negócio dele em você lá embaixo e sai uma coisa.

Millie abre a boca, horrorizada.

— O quê, na sua *calcinha*? Que nojo!

Daisy dá de ombros.

— É isso o que adultos fazem. Deveria ser bom.

Nanxi para de escrever no celular por um momento e ergue os olhos.

— Estou com Millie. Acho que parece nojento. E, de qualquer forma, como você sabe tanto sobre isso?

Daisy joga sua pedra no quadrado da amarelinha e a vê rolar até parar, antes de voltar ao jogo.

— Eu só sei — diz ela.

***

À 1h30, desisto de tentar dormir e me levanto. Com o movimento na cama, Alex resmunga, em seguida vira para o lado. Nessa época do ano, o céu nunca parece ficar totalmente escuro. Eu saio para o corredor e vou até o quarto de Jake, o silêncio azul-escuro ecoando em meus ouvidos. A janela está um pouco aberta, e a flâmula na parede tremula com uma corrente de ar. Vou até lá para fechá-la e vejo o gato do vizinho passeando pela grama do jardim. Jake amava esse gato. Ele sempre nos pedia para arranjarmos um gatinho, mas eu sempre negava. Essa é uma das muitas coisas que agora me arrependo de não ter feito.

Nesse quarto, nada foi mudado ou mexido. Vamos acabar tendo que fazer isso, mas nenhum de nós consegue lidar com essa possibilidade. Temos uma faxineira uma vez por semana, mas é Alex quem limpa aqui dentro. Ela faz isso quando não estou em casa. Não quer que eu veja o cuidado que toma para que tudo volte exatamente para onde estava. Eu me sento na cama e penso em Leo, e como vamos ter que falar com seu clínico geral. Porque se consigo ver que há algum problema, então o médico, com certeza, também viu. Eu me deito na cama e então me viro devagar para enterrar o rosto no travesseiro de Jake. Seu cheiro ainda está ali, mas está indo embora, e eu entro em pânico por um momento, sabendo que não vai demorar muito até que eu perca isso também.

Eu fecho os olhos e inspiro.

— Adam! *Adam!*

Eu me levanto bruscamente, com o coração disparado. Alex está parada ali. Não tenho ideia de por quanto tempo dormi, mas ainda não amanheceu.

— Seu celular está tocando — diz ela com um tom de voz vazio, estendendo o telefone. — E considerando que são duas da manhã, duvido que sejam boas notícias, e você?

Eu me sento na cama. A tela diz que é Gislingham.

— Alô?

O barulho na linha é incrível. Posso ouvir pelo menos duas sirenes.

— Eu estou na casa! — grita ele acima do barulho.
— Nós conseguimos o mandado?
— Olhe… Acho que melhor você vir.

***

É como em *Rebecca, a Mulher Inesquecível*. Posso ver o brilho fantasmagórico já do anel viário, e a fumaça me atinge bem antes que eu entre na rua sem saída. Há três carros de polícia, uma ambulância e dois caminhões dos bombeiros. Há bombeiros no alto de uma escada com mangueiras, jogando água nas chamas na janela do andar superior. Uma fuligem escura e feia está se espalhando pelos tijolos vermelhos. Quando me aproximo, Gislingham se afasta da multidão e vem na minha direção.

— Mas que merda aconteceu aqui?
— Parece incêndio criminoso. Dá para sentir o cheiro da gasolina. Havia um pequeno grupo de encrenqueiros aqui mais cedo, aparentemente, gritando ameaças e fazendo baderna, mas um policial apareceu e lidou com eles. Jogaram um tijolo, mas estava longe demais para causar qualquer dano. O bombeiro com quem eu falei acha que quem quer que tenha feito isso provavelmente veio pela margem do canal e jogou alguma coisa por cima da cerca. Talvez um coquetel Molotov caseiro.

— Onde estão Sharon e o menino? Eles estão bem?
Eu devia ter perguntado isso primeiro. Sei bem disso.
Gislingham assente.
— Everett está com eles no carro. Os dois estão um pouco abalados. Especialmente o menino. Ele inalou muita fumaça.
Eu olho para a viatura de polícia. A porta do passageiro está aberta, e posso ver Sharon com um cobertor em torno dos ombros. Não consigo ver Leo.
— Temos muita sorte por não haver outras vítimas. A casa vizinha está vazia porque a família está viajando, e a do outro terreno

saiu quando Sharon foi lá pedir ajuda. A imprensa está adorando tudo isso, é claro. A equipe da Sky acampou aqui esta noite numa van. Eles não podem acreditar na sorte que tiveram, conseguiram filmar tudo desde o início.

— Por favor, diga que foi *depois* de eles ligarem para os bombeiros.

— Disseram que Sharon já tinha feito isso.

— Certo, quero essas imagens. *Antes* que elas sejam exibidas. E encontre o bombeiro mais graduado aqui. Eu quero vê-lo de manhã, assim que a casa for declarada segura.

Eu olho para os curiosos, contidos por um cordão de isolamento, mas avançando como cães raivosos. Deve haver meia dúzia de vans de emissoras de fora ali, agora, reunidas como tubarões atraídos por sangue.

— O superintendente vai querer minha cabeça em uma bandeja por isso. E a maldita Comissão Independente de Queixas da Polícia com certeza vai se meter, também.

— Você não tinha como saber que isso ia acontecer, chefe.

— Não, mas podia ter tirado a família daqui assim que foi divulgado que eles estavam sendo interrogados. Essa, sem dúvida, é a linha que o assistente do chefe de polícia vai adotar. Bom, nós vamos ter que fazer isso agora. Você tem algum lugar preparado?

— Tem aquele hostel que usamos perto da Cowley Road. Achei melhor tirá-los do bairro, só para o caso de alguém ainda estar por aí. Estamos esperando que os paramédicos examinem o menino, então Everett vai levá-los. Sharon está abalada demais para dirigir e, de qualquer forma, o carro dela estava na garagem.

— Bom trabalho.

Ele não parece feliz.

— Estou falando sério. Você trabalhou bem.

— Não é isso, chefe. Eu ia deixar para de manhã, mas como você está aqui...

Eu respiro fundo.

— Mais más notícias? Não sei bem quanto isso pode ficar pior, mas diga o que é.

— Sabe o celular pré-pago que Mason estava usando para mandar mensagens para suas conquistas? Eu verifiquei no computador geral da polícia e ele apareceu. Está no banco de dados do Comando de Exploração Infantil e Proteção On-line como um dos números que baixaram material de um site pornô hospedado no Azerbaijão. É pesado, chefe. Tem coisa com crianças, bebês.

Ele engole em seco, e eu me lembro: Gislingham está esperando o primeiro filho.

Eu toco delicadamente seu braço.

— Acho que Barry Mason devia chamar aquele advogado. Ele vai mesmo precisar de um.

Enquanto caminho na direção da viatura, Everett se aproxima.

— Eu verifiquei, e há dois quartos vazios no hostel. Se você concordar, vou pedir a alguns policiais para levá-los até lá e depois pegarem algumas coisas em casa para acampar no local. Pelo menos por alguns dias.

— Boa ideia. Não imagino que alguém vá segui-los até tão longe, mas nunca se sabe. E, de qualquer forma, precisamos ficar de olho em Sharon. Sem que fique óbvio.

— Certo, chefe.

Ela se vira para ir embora, mas eu a seguro e pego meu celular.

— Quando estiver tudo sobre controle, você pode mostrar isso a Leo? Ver se ele o reconhece?

Ela olha para mim com uma pergunta no olhar.

— Esse é quem eu acho que é?

— Acertou. O príncipe encantado misterioso de Daisy. Eu só espero que a história não seja como em *A bela e a fera*.

Eu explico o que vimos nas imagens das câmeras de segurança da escola.

Everett franze a testa.

— Mas se a última vez que eles se encontraram foi no dia 9 de maio, não vejo como…

— A última vez que *sabemos* que eles se encontraram. Não podemos ter certeza de que Daisy não tenha se encontrado com ele na tarde em que desapareceu. Ele pode ter ido até a casa quando Sharon Mason saiu para comprar maionese, e Daisy pode tê-lo deixado entrar. Na verdade, esse garoto é a única pessoa até agora que sabemos que ela pode ter acompanhado voluntariamente.

Ev assente.

— Está bem. Mas acho que devíamos esperar até de manhã. Leo, agora, está muito abalado. Não queremos que ninguém diga que nós o interrogamos quando ele não estava em boas condições.

— Certo. Vou lhe enviar a foto por e-mail. Ligue para mim amanhã.

Eu a vejo caminhar de volta na direção do carro. No banco da frente, Sharon está com a bolsa no colo, verificando seu reflexo em um espelhinho.

***

Quando Everett para diante do hostel às três da manhã, não há sinal de vida. Diferente da Cowley Road a cem metros de distância, onde o que as autoridades chamam eufemisticamente de "economia noturna" ainda está a todo vapor. Tirando a aparência um tanto decadente, o hostel não parece muito diferente da casa dos Dawson, mas a semelhança se resume à arquitetura. Esse lado da cidade sempre teve vida própria, e os incorporadores vitorianos que tentaram transformá-lo em um minimodelo lucrativo de seu vizinho grandioso ao norte rapidamente viram que aquilo não daria certo, então o experimento perdeu força e foi encerrado. Algumas das casas ainda estão ali, mas a maioria não passa de repúblicas estudantis, escritórios ou hostels. Como esse. O nome Ponsonby Villa entalhado no lintel da porta ainda é razoavelmente legível; o proprietário atual — talvez sabiamente — o mudou para Hostel Aconchegante.

Everett desce do carro e tranca a porta cuidadosamente (ela sabe como ninguém os níveis de crime nessa área), em seguida abre a porta do assento traseiro e pega uma bolsa de lona. Ela juntou algumas roupas que Sharon pode pegar emprestado, assim como duas escovas de dentes e alguns produtos básicos de higiene. Deve ser o suficiente até as lojas abrirem pela manhã. Ela faz uma anotação mental para ligar para sua vizinha e pedir que ela alimente Hector, depois carrega a bolsa pesada até a porta da frente. Leva uns bons cinco minutos até o proprietário aparecer, com uma camiseta regata um tanto suja e uma calça de pijama manchada que Everett não ousa examinar de perto. No segundo andar, em seu quarto, Sharon está sentada na cama, ainda enrolada no cobertor que a equipe da emergência deu a ela. Tudo o que tem por baixo é uma camisola. Leo está encolhido junto a ela, tossindo de vez em quando com o rosto sujo de fuligem. Everett começa a tirar as coisas da bolsa. Um moletom, uma calça jeans, algumas camisetas. Sharon olha para as peças com aversão.

— Não gosto de usar coisas de outras pessoas.

Everett a encara.

— Bom, infelizmente você não tem muitas opções, tem? E tudo está limpo. Saiu direto da máquina de lavar.

Sharon estremece.

— Essas coisas são pelo menos três tamanhos acima do meu. Não vou usar isso nem morta.

Everett tem vontade de dizer que ela tem sorte por não estar morta, ponto final, mas contém a raiva dizendo a si mesma que a mulher provavelmente ainda está em choque.

— Bom, como eu disse — fala Ev, mantendo a voz suave. — Você não tem muita escolha. Amanhã cedo você pode sair para comprar algumas coisas. Afinal de contas, conseguiu salvar sua bolsa, não foi? A maioria das pessoas em sua situação não tem nem cartões de crédito.

Sharon olha para ela com os olhos semicerrados, então pega a toalha cor-de-rosa dobrada sobre a cama.

— Vou tomar banho — diz ela.

***

> BBC Midlands Today
> Sábado, 23 de julho de 2016 – Atualizado pela última vez às 7h56
>
> **Daisy Mason: incêndio na casa da família**
>
> Bombeiros foram chamados até a casa de Barry e Sharon Mason ontem à noite devido ao que se acredita ter sido um incêndio criminoso. O fogo se espalhou rapidamente, causando grandes danos, e as casas vizinhas tiveram que ser evacuadas.
>
> Desde o desaparecimento da filha, Daisy, os Mason se transformaram em alvos de uma grande campanha de ódio no Twitter, que ganhou ainda mais impulso depois que descobriram que Barry Mason usava sites de encontros sob um nome falso. Alguns tuítes recentes parecem conter ameaças explícitas contra os Mason.
>
> Em uma declaração feita pelo Departamento de Investigação Criminal de Thames Valley, o detetive-inspetor Adam Fawley confirmou que a polícia vai investigar qualquer um que use as redes sociais para incitar violência ou crimes. "Esse tipo de comportamento é uma forma de terrorismo moderno. Os responsáveis vão ser encontrados e indiciados."
>
> O Twitter emitiu uma nota oficial condenando a violência e oferecendo à polícia total colaboração para localizar os responsáveis.

> Qualquer pessoa que tenha informações sobre Daisy deve entrar em contato com a sala de ocorrências do Departamento de Investigação Criminal de Thames Valley pelo telefone 01865 0966552.

***

— Cuidado onde pisa. A camada superior está esfriando, mas alguns lugares ainda estão queimando por baixo.

São 8h05 de sábado, e já tomei café demais, o que não ajuda em nada a lidar com essa sensação levemente alucinógena, induzida pelo que restou da sala de estar dos Mason. O principal oficial dos bombeiros caminha lentamente na minha direção pelo carpete barato de acrílico. A maior parte se dissolveu em uma massa malcheirosa, e há áreas onde é possível ver o concreto por baixo. Eles ainda estão escaldando a casa pelo lado de fora, e das paredes está escorrendo água enegrecida, mas a maior parte das paredes internas caiu. A maioria delas era apenas placas de gesso. Não tinham nenhuma chance.

— Por acaso — digo, indicando minhas botas —, eu já fiz esse tipo de coisa antes.

— Então, como posso ajudá-lo, detetive?

— Imagino que incêndio criminoso seja uma certeza.

— Sem dúvida. Temos algumas coisas. Ainda dá para sentir o cheiro do acelerante no andar de cima. Agora estamos examinando resquícios de vidro. Se tivermos sorte, podemos encontrar alguns fragmentos da garrafa em que a gasolina estava.

— Alguma ideia de como começou... exatamente?

Ele se vira e aponta para o buraco aberto onde antes havia uma escadaria.

— Atualmente a teoria é de que o incêndio começou em um quarto do segundo andar, nos fundos.

— O quarto de Daisy?

— Não sei... Para ser sincero, é impossível dizer qual quarto foi, pelo estado em que estão.

— Você acredita mesmo que alguém pode ter jogado essa garrafa lá do caminho às margens do canal? São o que, dez metros de distância? Talvez doze?

Ele pensa sobre isso.

— Com certeza pode ser feito, mas você ia precisar conseguir fazer um arremesso muito alto, um adulto ou um garoto alto, quem sabe. Deve ter sido por isso que apenas um arremesso atingiu o alvo. Há duas ou três crateras enegrecidas no quintal onde as outras devem ter caído. Estamos recolhendo os fragmentos de vidro do interior da casa e pegando amostras no caminho externo, mas, a menos que tenhamos sorte e consigamos alguma impressão digital, é improvável que consigamos identificar os culpados. Centenas de pessoas andam de um lado para outro lá atrás, por isso pegadas não vão servir de nada.

É um golpe, mesmo que seja um que eu esperava.

— Como o fogo se espalhou tão rápido? Quer dizer, olhe para este lugar. Não sobrou quase nada.

— Eu me perguntei isso também. Nós só levamos oito minutos para chegar aqui, mas a casa já estava totalmente tomada. Essas casas modernas parecem bonitas, mas não têm nada por dentro. Uma das grandes vitorianas do outro lado do canal teria levado muito mais tempo para queimar.

— Você disse "algumas coisas".

— Bom, é que o acelerante só piorou a situação. Todas as fibras artificiais aqui dentro arderiam como se fossem fogos de artifício do Quatro de Julho. Mas, de qualquer forma, fico bastante surpreso pelo fogo ter se espalhado tão rápido...

— Certo — digo, pensativo. — Obrigado. Não deixe de me informar se mais alguma coisa surgir.

— Farei isso.

No quintal, Challow está agachado com sua maleta aberta e uma pilha de sacos de provas à frente. Algumas roupas, a maioria casacos e jaquetas pelo que consigo ver, alguns sapatos, o que parece uma bolsa grande de pano. Muita coisa está negra e chamuscada. Algumas delas mal são reconhecíveis.

— Tem alguma coisa… Qualquer coisa?

Ele se apruma e seu traje de papel estala.

— Não muito, para ser franco, e só do primeiro andar. Posso conseguir alguma coisa dos sapatos, mas vai ser precário, com a quantidade de danos causada pelo fogo. O segundo andar está totalmente destruído. Se você tinha esperança de encontrar alguma evidência no quarto da menina, já era. Ela podia ter sangrado ali, mas duvido que conseguíssemos descobrir depois de tudo isso. E você e eu sabemos que eles limparam o quarto antes de nós chegarmos, então só conseguiríamos resquícios.

— Eu devia ter pressionado mais por aquele maldito mandado de busca.

— Não se culpe. Você fez o possível. O superintendente vai ter que segurar essa batata quente. — Ele para. — Desculpe. Foi uma péssima escolha de palavras.

Ficamos em silêncio. Challow balança a cabeça, depois se abaixa para pegar uma garrafa de água em sua maleta. Ele dá um gole e faz uma careta.

— Quente.

— Mais alguma coisa?

— Os bombeiros trouxeram o computador do pai, mas desconfio que o HD já era.

— Traga-o mesmo assim. Espero encontrar provas no celular, mas o computador pode ter mais.

— Ah, e encontraram algo muito triste.

Ele ergue um saco de provas. O que quer que seja aquilo, tinha pelos.

— Meu Deus, Allan, que diabos é isso? Um coelho?

Ele abre um sorriso irônico.

— Os Mason parecem não gostar de animais. Eles com certeza fazem sujeira demais para a limpíssima sra. Mason. Não, esse pelo sem dúvida é falso. — Ele o entrega a mim. — Uma fantasia de leão, muito queimada. Desconfio que o jovem Leo não se animou muito com a perspectiva de se fantasiar.

Eu o vejo novamente. Contando como os garotos pegam no pé dele por causa de seu nome. Como o transformaram em uma arma para ser usada contra ele. Não surpreende que o coitadinho não quisesse se fantasiar como o rei da maldita selva.

— E a mochila?

— Nenhum sinal.

— Merda.

— Não significa que não estivesse aqui. Ela pode muito bem ter sido consumida pelo fogo, considerando que era quase certamente de plástico. Ou eles podem ter se livrado dela. Eles tiveram, afinal de contas, a maior parte da semana para fazer isso.

— Se livraram da mochila como se livraram da menina.

Challow toma mais um gole da água.

— Pelo lado bom, tem *um* elemento de sua teoria que sobreviveu às chamas. A picape de Mason. Ela está na esquina com a Waterview Crescent. Já mandei trazerem o guincho.

— A imprensa vai se esbaldar. Maravilhoso.

— Não há muito o que eu possa fazer em relação a isso, infelizmente. Guinchos geralmente não são muito discretos.

— Mas você sabe o que vai acontecer, não sabe? É mais material para alimentar esse show de horrores.

— Talvez eles tenham aprendido a lição. — Ele gesticula ao redor. — Toda essa carnificina. Alguém podia ter morrido. Tudo graças ao maldito Twitter.

— Aprendido a lição? Duvido.

***

MtN @nuckleduster1989 - 9h09
rs alguém corajoso pegou a porra dos #Mason ontem à noite – tomara que todos tenham morrido queimados

MickyF @mestredosjogos666 - 9h10
@nuckleduster1989 Acabei de ouvir a notícia, não posso acreditar. Palmas para quem teve a coragem #Mason

CaçaPedófilos @Caçadordepedófilos - 9h11
@nuckleduster1989 @mestredosjogos666 KKKKK vocês deviam ter visto o fogo. Foi incrível!!!!!

CaçaPedófilos @Caçadordepedófilos - 9h12
@nuckleduster1989 @mestredosjogos666 Não achei que ia dar certo, mas de repente BUM!!! Isso vai ensinar aqueles canalhas pedófilos

MickyF @mestredosjogos666 - 9h17
@Caçadordepedófilos👍👍👍👍 Queria morar perto daí. Eu teria ajudado! Espero que a polícia não te pegue @nuckleduster1989

CaçaPedófilos @Caçadordepedófilos - 9h19
@mestredosjogos666 Não tenho medo. Os porcos por aqui são muito burros #babacas

Zoe Henley @ZenyatterRegatta - 9h20
Até onde sei, o pai não estava quando a casa pegou fogo. Só a mãe e o irmão #DaisyMason

J Riddell @1234JimmyR1ddell - 9h21
Se alguém é culpado no caso de #DaisyMason é a mãe. Vaca escrota. Não é surpresa que o marido tenha sido forçado a procurar diversão em outro lugar

J Johnstone @JaneJohnstone4555 - 9h21
@1234JimmyR1ddell Se me permite dizer, isso é uma visão muito sexista

J Riddell @1234JimmyR1ddell - 9h21
@JaneJohnstone4555 Pode n ser uma opinião popular, mas todo mundo com quem falei acha q ela é culpada #Mason

UK Social Media News @UKSocialMediaNews - 9h22
Nossa enquete ainda está aberta. Por enquanto, 67% acham que Sharon Mason é culpada, 33% dizem que foi Barry. 23.778 votos até agora #DaisyMason

Lilian Chamberlain @LilianChamberlain - 9h23
Alguém sabe como está Leo Mason? Tenho pena dele, coitado. Sem ter paz no meio de tudo isso

Lilian Chamberlain @LilianChamberlain - 9h23
E agora ele perdeu a casa e todos os seus pertences #DaisyMason ✿✿

Angela Betterton @AngelaGBetterton - 9h29
@LilianChamberlain Sei o que você quer dizer. Mas eles agora tiraram a família de lá. Eu os vi saindo em uma viatura da polícia ontem à noite

Lilian Chamberlain @LilianChamberlain - 9h29
@AngelaGBetterton Graças a Deus. Ele é o único inocente em meio a toda essa confusão trágica #DaisyMason ✿✿

Kathryn Forney @SignodeCapricórnio - 9h32
@LilianChamberlain É engraçado vc dizer isso. Eu estava lendo sobre um caso nos Estados Unidos em que a mãe foi presa por matar a filha... @AngelaGBetterton

Kathryn Forney @SignodeCapricórnio - 9h33
... então, anos depois, o DNA provou que não foi ela. Ela estava protegendo o outro filho o tempo inteiro... @LilianChamberlain @AngelaGBetterton

Kathryn Forney @SignodeCapricórnio - 9h34
... foi o irmão de 10 anos que a matou. O irmão era o assassino. @LilianChamberlain @AngelaGBetterton #DaisyMason

***

No quarto da frente do primeiro andar do Hostel Aconchegante, Leo está de pé olhando pela janela. Sharon saiu para fazer compras, e Everett — que xingou a si mesma por se esquecer de levar um livro — recorreu a um dificílimo jogo de paciência em seu celular. Alguém disse a ela que as chances de ganhar eram de uma em trezentas. Até agora, ela já tentou 176 vezes. Ainda não ganhou.

De vez em quando, ela ergue os olhos para dar uma conferida em Leo, mas o garoto não se mexeu durante a última meia hora. Dois pombos estão andando de um lado para outro do lado de fora sobre o batente da janela. De vez em quando, eles batem um no outro, agitando as asas.

— Eu as ouvi gritando — diz ele, traçando uma linha sobre o vidro.

Everett fica imediatamente alerta.

— Desculpe, Leo, o que você disse?

— Eu as ouvi gritando.

Ev deixa o telefone de lado e vai até a janela. Ela se força a permanecer parada e observa os pombos por alguns momentos antes de dizer:

— Quem estava gritando, Leo?

Ele ainda está olhando fixamente para as aves.

— Foi de noite.

— Quando foi isso?

Ele dá de ombros.

— Não sei.

— Foi Daisy?

Há uma pausa longa, então ele diz:

— Foram as aves.

— As aves?

— Em Port Meadow. Tem gaivotas por lá. Eu fui uma vez. Tem muitas delas. Elas são bem barulhentas.

Everett se vê respirando outra vez.

— Entendi. E elas fazem barulho mesmo no escuro?

Leo assente.

— Acho que elas devem estar infelizes.

Everett estende a mão para tocá-lo, hesita, mas então se abaixa rapidamente e o abraça.

Ele enfia o rosto no ombro dela e sussurra:

— É tudo culpa minha. É tudo culpa minha.

***

De volta à delegacia, meu único consolo é que Barry Mason está se sentindo ainda pior do que eu. Ele sem dúvida está com um cheiro muito pior, e eu me pergunto por um momento onde ele esteve na noite passada. Aonde quer que tenha ido, sem dúvida não dão muita atenção a artigos de higiene pessoal gratuitos por lá. Sua advogada, por outro lado, tem o frescor de um gramado recém-cortado. Ela, na verdade, me lembra Anna Phillips. Alta, camisa branca, saia cinza, sapatilhas de couro fosco. Eu me pergunto se Mason já a conhecia ou se ela tinha sido escolhida ao acaso. E o acaso não pode ser muito pior que isso. Ela não tem ideia da merda que está prestes a enfrentar.

Quinn se senta e larga o jornal. Ele, por acaso, deixou-o virado com a foto de Barry sendo colocado no viatura de polícia para cima. Quinn está segurando a porta do carro aberta e com a mão na cabeça de Barry. Provavelmente é por isso que ele parece furioso — sem falar que não lembra em nada um pai desamparado. Quinn, porém, parece bem, muito cortês; imagino que esse recorte seja digno de se guardar. Vejo a advogada olhando para ele, e então Quinn a observando fazer isso.

— Por que pediu para ver meu cliente novamente, detetive? — pergunta ela quando nos sentamos. — Isso está pouco a pouco se transformando em assédio moral. Até onde sei, o sr. Mason cooperou totalmente com suas investigações até agora, e o senhor não tem nenhuma prova que indique o envolvimento dele no desaparecimento da filha.

Barry Mason olha para mim fixamente.

— Se dedicasse metade do esforço que está dedicando a me perseguir a encontrá-la, já teria encontrado Daisy a esta altura. Porque ela está por aí. Está me ouvindo? Ela está por aí em algum lugar, sozinha e assustada, querendo a mãe e o pai, e tudo o que vocês, idiotas de merda, conseguem fazer é tentar me incriminar. Eu sou o *pai* dela. Eu a *amo*.

Eu encaro a advogada.

— Quando tivermos um mandado de prisão para o desaparecimento de Daisy Mason, nós vamos fazer isso. Por enquanto, gostaria de fazer perguntas a seu cliente em relação a outro assunto. — Eu levo a mão ao gravador. — Para registro, estão presentes o detetive-inspetor Adam Fawley, o sargento-detetive em exercício Gareth Quinn, a dra. Emma Carwood e o sr. Barry Mason.

Eu abro a pasta de arquivo marrom à minha frente e pego o cartão de aniversário. Ele está aberto em um saco plástico de provas. Eu mostro a eles a parte da frente, com as palavras *Feliz Aniversário*, então o verso. Mantenho os olhos em Emma Carwood e vejo um breve lampejo de repulsa quando seu profissionalismo resplandecente hesita, apenas por um momento.

— Já viu isso antes, sr. Mason?

— Onde conseguiu isso? — pergunta ele, desconfiado.

— Para a gravação, este é um cartão de aniversário feito por Daisy Mason para seu pai. Ele consiste em várias imagens recortadas de revistas e coladas no papel. Também faz referências a atividades das quais eles desfrutam juntos. Incluindo nadar na piscina e o que ela descreve como "balanço em seu colo"…

— Você só pode estar de sacanagem comigo…

— Quando ela lhe deu isso, sr. Mason?

Ele faz uma careta.

— No meu *aniversário*, gênio.

A dra. Carwood intervém.

— O senhor não está se ajudando usando esse tom, sr. Mason.

— Qual aniversário? Deste ano? Do ano passado?

— Deste ano.

— Então em abril passado. Três meses atrás.

Ele não responde.

— Essa imagem — digo, apontando para os seios. — Onde ela conseguiu isso, algum tipo de revista para adultos? O senhor tem o hábito de deixar esse tipo de material onde pode ser encontrado por uma criança de oito anos?

Mason me encara, então pega o cartão e olha para ele atentamente através do plástico.

— Acho que vocês vão descobrir — diz ele, depois de algum tempo. — Que essa foto é do jornal esportivo *Sunday Sport*. Então, certo, não é politicamente correto, mas está longe de ser algo para adultos. É só um maldito tabloide sensacionalista. Nós não estamos falando de *pornografia*.

— Sério? — digo, afastando o cartão.

Eu pego outra folha de papel e entrego a ele.

— O senhor pode confirmar que esse é o número do celular que usa para entrar em contato com mulheres que conhece em sites de encontros, o telefone que sua esposa não sabia que o senhor tinha?

Ele olha para o papel.

— É, parece que sim. E daí? Eu não o uso muito.

— Entretanto, o senhor o usou no dia 16 de abril deste ano. Esse número está registrado no banco de dados do Comando de Exploração Infantil e Proteção On-line por ter acessado um site do Azerbaijão que hospeda inúmeras imagens de pedofilia. E aí, sr. Mason, com toda a certeza estamos falando de *pornografia*. Pornografia do tipo mais depravado e ilegal.

Mason está olhando para mim boquiaberto.

— Isso é mentira. Eu nunca passei nem perto disso. Eu não me interesso por *crianças*, pelo amor de Deus. Isso é nojento... Pervertido...

— Barry Mason, o senhor está preso por suspeita de posse ilegal de imagens de pedofilia, violando a Seção 106 da Lei de Justiça Criminal de 1988. O senhor tem o direito de permanecer em silêncio, mas isso pode ser prejudicial durante seu julgamento no tribunal. Qualquer coisa que diga pode ser usada contra você. Vamos pedir que entregue o telefone em questão, para que ele possa ser examinado por oficiais da perícia forense...

— Bom, posso lhe dizer agora que não vão encontrar porra nenhuma... Eu nunca usei nem a maldita câmera.

— O senhor agora vai ser levado para uma cela. Entrevista encerrada às 11h17.

Quinn e eu nos levantamos e nos viramos para sair.

— Foi Sharon, não foi? — diz ele. Agora, há pânico em sua voz. — Foi ela quem deu a vocês esse cartão de aniversário. Só pode ter sido ela. E o resto da casa pegou fogo, graças a vocês. — Ele bate na mesa com o punho. — Vocês não deviam nos proteger de psicopatas? Não é esse seu *trabalho*?

— Pode ficar tranquilo que a Comissão de Reclamações da polícia vai averiguar exatamente o que aconteceu.

— Você não consegue ver o que ela está fazendo? Sharon está tentando me incriminar. Ela descobriu sobre as outras mulheres e surtou.

— O senhor está sugerindo que ela baixou pornografia no seu telefone?

Ele abre a boca, em seguida torna a fechá-la.

— Vou considerar isso um "não".

Eu me viro novamente, mas ele não terminou.

— Não estou brincando… Aquela mulher é louca. Ela tem um parafuso solto. Não estou falando só do temperamento… Ela tem ciúme até da porra da filha, pode acreditar nisso? É completamente anormal, é isso o que ela é.

Na verdade, consigo acreditar nisso com muita facilidade. Sinto Quinn olhar para mim, e sei por quê. O homem está sugerindo nossa própria teoria. Só que sem ele nela.

— O que está dizendo, sr. Mason? — digo sem alterar a voz.

— Estou *dizendo* que, se alguma pessoa fez mal a Daisy, foi *ela*, não eu. Quer dizer… isso já aconteceu antes, entende?

Ele olha de mim para Quinn, para nossas expressões vazias e confusas.

— Vocês *sabem* sobre ela, não é?

***

— Meu chefe vai querer meu couro por mostrar isso a vocês.

Uma hora mais tarde, dentro da van abarrotada da Sky, Paul Beaton está sentado diante de uma série de telas. Ao seu lado, está o sargento-detetive em exercício Gareth Quinn.

— Tenho certeza de que você já está nesse jogo há bastante tempo para saber que cooperar com a polícia é sempre a melhor política — diz Quinn. — Especialmente em uma investigação de assassinato.

Beaton olha para ele.

— Então esse é o crime? Não achei que vocês tivessem um corpo.

— Não temos. Mas não precisamos de um… Não necessariamente. Você não soube por mim, mas é apenas questão de tempo.

— Alguma chance de me dar um furo antes de tornarem isso público? Por ser tão prestativo e cooperativo?

Quinn sorri.

— Vamos, primeiro vamos ver o que você tem.

Beaton digita no teclado.

— Alguma coisa me diz que você não vai ficar desapontado.

A imagem aparece na tela. É nitidamente uma câmera de celular, a imagem balança muito antes de se firmar na casa dos Mason na escuridão. A marcação do tempo no vídeo diz 1h47.

— Eu fui acordado por um grande estrondo — diz Beaton. — Peguei o celular antes mesmo de vestir a calça. É isso o que dez anos neste emprego e três períodos no Oriente Médio fazem com você.

— Eu que o diga — fala Quinn, que nunca viajou mais longe do que até Magaluf.

À 1h49, a porta da casa se abre bruscamente e Sharon Mason sai. Ela está vestindo um robe de renda branco e segurando uma bolsa. Ela olha ao redor, piscando e balançando sem muita firmeza, então começa a correr pelo cascalho na direção da casa vizinha, onde toca a campainha várias vezes. É 1h52 quando abrem a porta.

— A essa altura, eu não tinha ideia do que havia acontecido. Como pode ver, ela tira os vizinhos de casa, e só então conseguimos ver o fogo pela primeira vez.

A câmera vira na direção do céu para mostrar as chamas subindo do telhado. Então a imagem começa a se movimentar — o chão, os pés dele, a porta da van, depois um movimento amplo na direção da casa outra vez. Um homem de calça de pijama desaparece pela porta da frente. Sharon Mason está sentada no muro, com a cabeça entre os joelhos. Há duas garotinhas e uma mulher com ela. O repórter diz alguma coisa para Sharon, mas está abafado demais para identificar o quê.

— Foi quando perguntei se ela tinha ligado para os bombeiros.

A imagem volta-se novamente para a porta da frente dos Mason, que está aberta. Então a câmera sobe, mostrando as janelas do segundo andar brilhando com um tom laranja furioso. As cortinas já estão em chamas.

Quinn chega para a frente no assento.

— Onde está Leo? Porra, onde está o filho dela?

— Eu queria saber quando você ia perguntar isso. Continue vendo.

A imagem volta para a porta da frente, bem a tempo de ver o vizinho sair correndo da casa puxando Leo. Os dois estão sujos de fuligem e estão a apenas alguns metros da porta quando as janelas do segundo andar explodem em uma chuva de fagulhas e cacos de vidro que desaba sobre a entrada da casa. O homem e o menino caem no chão. A marcação de tempo no vídeo diz 2h05.

Quinn fica de pé.

— Obrigado.

— Você vai manter contato? Vai me avisar se forem realizar uma prisão? Quer dizer, se tivéssemos posto esse material no ar, seria dinamite.

— Não se preocupe. Você vai ser o primeiro a saber.

Do lado de fora, na rua sem saída, Quinn pega o telefone.

— Gislingham? É Quinn. Você pode pedir a alguém para descobrir a que horas foi registrada a ligação de Sharon para os bombeiros? E, enquanto eles veem isso, peça para verificarem se houve outras ligações antes disso, alguma tentativa que possa ter sido interrompida. Obrigado.

**

Do outro lado da linha, Gislingham larga o telefone e volta sua atenção para a tela do computador. Janet tem reclamado por ele estar trabalhando nos fins de semana, e enquanto metade dele na verdade preferia estar em casa, a outra metade é policial em primeiro lugar, futuro pai depois, e esse é um daqueles casos que não deixa você em paz. Não apenas por ser uma criança, mas por sua complexidade. Não parece certo chamá-lo de quebra-cabeça, não quando ainda há uma garotinha desaparecida, mas é isso o que é. Por isso ele está ali, por isso ele está sentado a sua mesa desde o meio da manhã, em uma sala sem ar-condicionado, procurando identificar o número da placa do carro em que Daisy foi vista em frente à escola. Ele tinha dito a Janet que ia demorar apenas dez minutos, meia hora no máximo — afinal de contas, quantos Escorts ainda podem estar circulando por aí? —, mas com apenas duas letras como base e sem nenhuma ideia da cor do carro, a lista parece infinita.

Parece, mas, de repente, não é. Porque ali está, um modelo de 2001, um Toreador vermelho, registrado em um endereço em East Oxford. Gislingham dá um soco no ar, depois chega abruptamente para a frente na cadeira. Ele navega rapidamente para uma seção diferente do Computador Nacional da Polícia e digita um nome.

— Merda — diz ele. — Merda, merda, merda.

***

— Mas como diabos nós não soubemos disso?

Estou em meu escritório, parado atrás de Anna Phillips, olhando para a tela de seu computador. Ela ergue os olhos na minha direção.

— Para ser justa, foi preciso muita pesquisa. O arquivo do jornal está on-line, mas apenas em pdf. Isso nunca teria aparecido em uma busca comum.

— Nós temos outros jeitos de descobrir as coisas além de usar a porra do Google.

A porta se abre, e Bryan Gow entra, parecendo um pouco nervoso e bastante irritado por ter sido arrastado até ali em um fim de semana de verão.

— Então, o que é tão importante para ter feito com que eu perdesse *Oliver Cromwell* em Didicot?

Eu ergo uma das sobrancelhas.

— Você agora também gosta de reconstituições históricas?

Ele me encara com um olhar sério.

— É uma locomotiva, seu ignorante. Uma Britannia standard classe sete, para ser mais exato. Uma das últimas locomotivas a vapor usadas pela British Rail.

Eu dou de ombros.

— Nunca fui um desses garotos que queria ser maquinista de trem. — Eu aponto para a tela. — De qualquer forma, isso é bem mais urgente.

The Croydon Evening Echo

3 de agosto de 1991

TRAGÉDIA ATINGE FAMÍLIA EM FÉRIAS

Uma família de Croydon está voltando de Lanzarote para casa amanhã, depois que uma tragédia estragou o que deveriam ser as melhores férias de suas vidas.

Gerald Wiley, de 52 anos, e sua esposa, Sadie, de 46, viajaram para a ilha turística há uma semana com suas duas filhas, Sharon, de 14 anos, e Jessica, de 2. O sr. Wiley fora demitido depois de trinta anos trabalhando no metrô de Londres e resolveu gastar o dinheiro da indenização em uma inesquecível viagem de férias com a família.

A família estava se divertindo em uma festa na praia organizada pelo hotel onde estava hospedada quando aconteceu a catástrofe. Testemunhas dizem que o tempo estava bom, e o mar, calmo. Mais cedo, Jessica e sua irmã estavam brincando em um pequeno bote inflável, e, pouco depois das quatro da tarde, funcionários do hotel perceberam que as meninas haviam desaparecido. Foi o sr. Wiley quem viu o bote no

> mar e deu o alarme. Funcionários do hotel imediatamente chamaram ajuda, e o Sr. Wiley tentou nadar até as garotas. Vários outros turistas de férias também tentaram oferecer ajuda, mas, quando alcançaram as meninas, o bote já tinha virado, e as duas estavam na água.
>
> Socorristas fizeram os primeiros socorros, mas Jessica Wiley foi declarada morta ainda na praia. O sr. Wiley, que sofre de angina, teve que ser levado ao hospital. Sharon Wiley, que estuda na escola Colbourne, recebeu tratamento para cortes e hematomas.
>
> Pauline Pober, de 42 anos, de Wokingham, viu todo o incidente. "É muito triste. Estávamos todos nos divertindo na festa. As crianças estavam aproveitando, e todo mundo estava relaxado. Jessica era uma criança muito bonita e feliz, a menina dos olhos dos pais. Que tragédia. Quero mandar meus sentimentos para Sharon. Ela estava muito abalada quando a trouxeram de volta para a praia."
>
> Moradores locais confirmaram que as marés naquela área podem ser traiçoeiras. Houve três afogamentos na área desde 1989.
>
> O sr. Wiley disse ontem: "Minha esposa e eu estamos arrasados. Jessica era nosso presente de Deus. Nossa vida vai ficar vazia sem ela. Nunca vamos superar isso."

— Então? — digo. — O que você acha?

Bryan tira os óculos e os limpa em um lenço amarfanhado. Há marcas vermelhas dos dois lados de seu nariz.

— Você quer saber se acho que foi mesmo um acidente?
— Podemos começar com isso.
— Não tem muita coisa para falar...
— Eu sei. Mas, em teoria, para o que nós podemos estar olhando?

— Bom, se estamos apenas olhando para o que é possível, *em vez de para um perfil de verdade…*

— Está bem. Isso, agora, é tudo de que eu preciso.

— Então eu diria que mesmo que Sharon não tenha nada a ver com a morte de Jessica, é bem possível que alguma parte dela, consciente ou inconsciente, quisesse que isso acontecesse. Para usar uma boa expressão, faça as contas. Sharon teria doze anos quando a irmã nasceu, e a julgar pela idade dos pais, a gravidez deve ter sido uma surpresa para todos eles. É difícil saber onde começar nesse coquetel de emoções destrutivas que isso pode ter desencadeado. Sharon está entrando na puberdade e, de repente, é confrontada pela realidade da vida sexual dos pais. Muito doido, como acho que os jovens dizem. Acrescente a isso ser privada do status de filha única, do nada, depois de doze anos supondo que o mundo era assim. "Quando disseram que ele era seu filho único, ele achou que era o único."

De repente, fiquei confuso.

— *Ele?*

Bryan dá um sorriso astuto.

— Desculpe. É uma música dos anos 1970. Ela apareceu no jogo de perguntas na semana passada. Você deve lembrar: é sobre o garoto que tem que lidar com descobrir que tem uma irmã mais nova de repente. Isso nunca é fácil, por mais equilibrada que seja a criança, e por mais que os pais lidem com isso de modo sensível. Só que, no caso de Sharon, parece que todo o amor e toda a atenção dos pais foram transferidos para a nova bebê, e Sharon se viu, sem aviso, no papel de uma segunda filha inferior. — Ele balança a cabeça, então gesticula na direção da tela com os óculos. — Acho que eles nunca perdoaram Sharon por ter sido quem sobreviveu. Eles podem até ter dito diretamente que ela era culpada. E se não era, se realmente *foi* só um acidente, bom, não consigo pensar em nada mais merda que isso.

— É um termo técnico?

— Serve. Quando se lida com quem não tem treinamento.

Eu vejo Anna conter um sorriso.

— Está bem — digo. — Agora avance 25 anos. Uma segunda vez?

— Basicamente, a julgar pelo que vi de Sharon. O que, novamente, não é muito, mas o suficiente para perceber que ela é socialmente insegura, pessoalmente vaidosa e extremamente ciumenta em relação ao marido depravado. E sendo esse o caso, Daisy é Jessica, e a mesma coisa está acontecendo de novo. Só que agora é muito, muito pior. Porque a atenção pela qual Sharon está competindo não é a de seus pais, mas a de seu marido, alguém que devia colocar *ela* em primeiro lugar. Ou, pelo menos, é assim que Sharon encara a situação. E ainda mais cruel: *a culpa é dela*. Ela trouxe aquela criança ao mundo, ela supostamente fez todo tipo de sacrifícios como mãe, e é assim que Daisy a retribui? Todo o ressentimento que ela sentia em relação a Jessica é transferido para Daisy, só que mil vezes pior. E seria ainda mais tóxico, porque ela quase certamente enterrou esses sentimentos depois da morte de Jessica.

— Então você acha que ela seria capaz de matar a própria filha?

Bryan assente.

— Em teoria. Se os gatilhos fossem poderosos o bastante. Se, digamos, ela pegou Daisy e o marido juntos em uma situação que sugerisse qualquer coisa vagamente sexual, em um momento desses, quando a raiva nubla nossos pensamentos, não acho que ela teria culpado o marido. Não acho nem que seria capaz de ver Daisy como sua filha. Tudo o que ela veria seria uma rival.

Ele recosta na cadeira.

— O que você também precisa lembrar é que, se Sharon esteve de algum modo envolvida na morte da irmã, mesmo que apenas por omissão, então há tempos já criou uma narrativa que coloca toda a culpa em outras pessoas. Os pais, as pessoas que estavam observando na praia, até a própria Jessica. E se ela realmente *fez* alguma coisa com Daisy, vai fazer a mesma coisa agora. Vai culpar o marido, ou mesmo a própria Daisy. Uma negação clássica, muito profunda. Você não vai conseguir fazer com que ela admita que está envolvida nisso sem desmantelar defesas psicológicas que ela levou anos para erguer. Não subestime quanto isso vai ser difícil. Aposto que essa mulher nunca se desculpa por nada, por mais trivial que seja.

Eu me viro para Anna.

— Aquela mulher, Pauline Pober. Alguma chance de conseguirmos localizá-la?

— Posso tentar. É um nome incomum. E Wokingham não é uma cidade grande.

— E os pais, sabemos se eles ainda estão vivos?

— Eu verifiquei. Gerald Wiley morreu em 2014. Ataque cardíaco. Sadie está em uma casa de repouso em Carshalton. Parece que está com Alzheimer em estado avançado. Então acho que você pode dizer que Sharon é a única que resta.

— Isso explica muito sobre Sharon.

Ela olha para mim.

— A história?

— Não só isso. A foto.

"A família Wiley em momentos mais felizes", diz a legenda. Ela mostra Gerald com Jessica no colo e Sadie ao lado, com a mão no ombro do marido. Jessica está usando um vestido branco, e seu cabelo cacheado está preso com uma fita de cetim. Ela é assustadoramente parecida com as fotos que vi de Daisy Mason. Quanto a Sharon, eu quase não a teria reconhecido. Uma criança pesada e estranha, parada no canto da foto como se tivesse sido incluída na própria vida por uma edição de Photoshop. Seu cabelo castanho-claro cai em fios sem-graça. Aparentemente, não há fitas de cetim para ela. Eu me pergunto como foi viver naquela casa depois da morte de Jessica.

É a primeira vez que realmente sinto pena dela.

***

Quando ergo os olhos, os dois estão ali parados. Quinn e Gislingham. Juntos.

Olho de um para outro, sem me dar o trabalho de esconder minha surpresa.

— O que é isso? Vocês dois estão declarando um cessar-fogo? Devo chamar a ONU?

Gislingham fica encabulado.

— Não exatamente, chefe. É o celular de Mason. A perícia confirmou que há material pornográfico nele. Vídeos, para ser exato, e é coisa barra-pesada. Eles estavam nas profundezas do cartão de memória, mas com certeza estão ali.

Eu me recosto na cadeira.

— Então ele estava mentindo.

— E não é só isso — diz Quinn. — Tem o carro. Aquele em que Daisy foi vista. Nós sabemos a quem ele pertence. — Ele faz uma pausa. — Azeem Rahija.

O dia está quente, mas, de repente, sinto um arrepio.

— Ah, não...

Ele assente.

— O irmão mais novo de Yasir Rahija e primo de Sunni Rahija.

Ele não precisa dizer mais nada. Yasir e Sunni Rahija estavam no centro de uma rede de abusadores sexuais particularmente pervertidos que tinham como alvo jovens brancas menores de idade em East Oxford. A força policial levou tempo demais para pegá-los. Não foi um caso da minha delegacia, mas todos nós fomos marcados pelo caso. Todos nos sentimos culpados.

— Azeem tem só dezessete anos — diz Quinn. — E não há nada que sugira que esteve envolvido nos estupros coletivos, mas nas atuais circunstâncias...

Eu levo as mãos à cabeça. Eu tinha certeza, *certeza*, de que Daisy tinha sido assassinada perto de casa, mas e se eu estiver errado? E se, esse tempo todo, ela estivesse em algum porão imundo em Cowley Road, sendo submetida aos mais nojentos...

— E tem mais uma coisa.

Dessa vez é Gislingham.

— Everett acabou de ligar. Ela disse que mostrou a foto do garoto que apareceu nas imagens da câmera de segurança da escola para Leo, como você pediu. O menino disse que não sabia seu nome e que nunca o viu com Daisy…

Eu dou um suspiro.

— Acho que era esperar demais que ele o conhecesse.

— Mas não é só isso, ele já o *viu* antes. Não com Daisy… mas com *Barry*.

Eu o encaro, confuso.

— Não entendo, qual possível conexão poderia haver…

Mas Gislingham teve mais tempo para pensar sobre isso que eu.

— Pode fazer sentido, chefe. Eu tenho me perguntado há dias o que acontece com o dinheiro dos Mason. Ele está roubando pessoas a torto e a direito, pegando milhares de libras por trabalhos que na verdade não faz, e mesmo assim todo mundo diz que a família está passando por dificuldades. Mas todo esse dinheiro tem que estar indo para algum lugar. E ele deve estar conseguindo que as pessoas lhe paguem em dinheiro vivo, pois até onde sei, não há o suficiente em sua conta bancária, em comparação com os trabalhos que ele anda fazendo.

— Será que ele pode estar perdendo o dinheiro em apostas? Usando drogas?

Mas Gislingham balança a cabeça.

— Nós não descobrimos nenhum indício sugerindo isso. Mas sabemos que ele baixou pornografia infantil naquele site. Um hábito desses… acaba saindo caro. E quanto mais ilegal, mais caro fica.

— Então você acha que há mais do que apenas os vídeos? Que ele está realmente pagando para transar com crianças, com garotas menores de idade como aquelas de quem os Rahija estavam abusando?

Gislingham dá de ombros.

— Como eu disse, faz sentido.

— E esse garoto com quem Leo o viu? Ele é o contato?

Quinn intervém:

— Só porque a maioria deles está na cadeia, não significa que conseguimos desmantelar tudo. Azeem pode ter assumido de onde seu irmão e seus primos pararam.

— Então, o que esse garoto estava fazendo conversando com Daisy?

Eles olham um para o outro.

— Talvez Mason lhes devesse dinheiro — sugere Gislingham, por fim. — Talvez eles estivessem usando Daisy para botar pressão nele. Ameaçando-a como forma de mostrar a Barry do que eram capazes de fazer se não pagasse.

— Vamos torcer para que seja isso. Porque é melhor do que pensar na alternativa. Não há uma explicação saudável para um garoto daquela idade estar interessado em uma criança como Daisy. Especialmente um garoto que tem amigos pedófilos.

Mas, enquanto digo isso, me lembro do que as amigas dela disseram sobre ela ter ficado com raiva depois de se encontrar com o garoto. Não aborrecida, não nervosa. Com raiva. Mas isso é apenas o que nos disseram, não tenho como ter certeza. E essa é uma razão para a gangue dos Rahija ter escapado por tanto tempo — pessoas como eu viam o que queriam ver e ouviam o que queriam ouvir. Não posso me dar o luxo de permitir que cometamos o mesmo erro novamente.

— Está bem, pegue alguns policiais e alerte a equipe comunitária e a assessoria de imprensa, para que eles saibam o que dizer quando os telefones começarem a tocar. Vou contar isso para o superintendente. Tenho certeza de que ele vai ficar em êxtase.

Eu me levanto. Levando-se em conta o estado das relações com a comunidade de East Oxford, essa é uma operação que não posso delegar.

***

12 de maio de 2016, 7h47
68 dias antes do desaparecimento
Barge Close, nº 5, cozinha

Barry Mason está à mesa do café da manhã e Sharon está perto da janela, botando pedaços de frutas no liquidificador. Leo e Daisy estão de uniforme, e um cardigã rosa está nas costas da cadeira de Daisy.

— Acho que devíamos fazer uma festa — diz Sharon. — No final do semestre.

Barry ergue os olhos da tigela de cereal.

— Uma festa? Por quê?

— Nós nunca fizemos uma festa para inaugurar a casa, e sei que as pessoas gostariam de conhecê-la.

Do outro lado da mesa, Leo ergue os olhos e Daisy baixa os dela. Barry pega a colher novamente.

— Mas não daria muito trabalho?

Sharon olha outra vez para ele.

— Nós podíamos fazer um churrasco. Com saladas, sanduíches e batatas assadas. Você praticamente não teria que fazer nada.

Barry abre a boca para retrucar, em seguida torna a fechá-la. As crianças trocam olhares enquanto a mãe começa a picar mais frutas, botando mais força na faca do que o exigido pela tarefa.

— E se chover? — diz Barry depois de algum tempo. — Nós não temos como botar todo mundo para dentro.

— Fiona Webster disse que podemos pegar o gazebo emprestado. E tenho certeza de que Owen não ia se importar em ajudar você a montá-lo.

Barry dá de ombros.

— Se você quer tanto, está bem. O que acham, crianças?

— Vai ser ótimo para elas — interrompe Sharon. — Uma oportunidade de conhecer algumas das crianças da rua, as que não vão para a Bishop Christopher.

Ela se volta para o liquidificador e o liga de novo. A mistura começa a pular e a girar, transformando-se em um muco esverdeado que desliza viscosamente pelo plástico quando ela o desliga.

— A que horas você vai voltar esta noite?

Barry hesita.

— Pode ser tarde. Tenho uma reunião em uma obra em Guildford hoje. Ela pode se estender. E você, princesa? — diz ele, virando-se para a filha. — Você vai receber a nota daquele teste de inglês, certo? Aposto que vai ser uma das melhores alunas da turma outra vez. Nada é bom o bastante para minha menininha.

Daisy abre um sorriso rápido para o pai antes de voltar a atenção para o cereal.

— Leo foi escolhido para o time de futebol.

Barry ergue as sobrancelhas.

— É mesmo? Por que não me contou, filho?

Leo dá de ombros.

— Estou na reserva.

Barry não esconde a decepção.

— Ah, bom, isso só mostra que você precisa se esforçar um pouco mais. Como eu disse.

Sharon ainda está distraída com o liquidificador, que parece relutante em ser desmontado.

— Está bem. Vou deixar alguma coisa preparada para quando você voltar. Não se esqueça de que minha aula de aeróbica é às oito.

Barry dá um sorriso largo para Daisy.

— Não se esqueça de trazer o teste para casa para que eu possa ver, hein, Dais?

Sharon olha para trás.

— Eu realmente gostaria que você usasse o nome dela certo, Barry. Como podemos impedir que os amigos a chamem assim se eles ouvirem o pai dela fazendo a mesma coisa?

Barry bagunça o cabelo da filha.

— Você não se incomoda, não é, Dais?

— E lembre-se de devolver aquela bolsa de maquiagem para a sra. Chen quando a vir na escola hoje, Daisy. Agradeça a ela, mas nós podemos pagar por nossas próprias coisas.

— Tenho certeza de que essa não foi a intenção delas — diz Barry. — Só tinham duas iguais e acharam que Dais ia gostar de uma.

— Não importa. Maquiagem não é apropriado. Não para uma menina da idade dela.

— Ah, pare com isso, é só um pouco de diversão. Você sabe como são as meninas, elas gostam de se produzir e coisas assim.

— Não é apropriado. E, de qualquer forma, não precisamos da caridade delas.

Barry tenta captar o olhar da filha, mas Daisy parece estar atenta ao cereal. Então ele empurra a cadeira para trás e se levanta.

— Não precisa fazer nada muito rebuscado — diz ele para a esposa. — Um sanduíche está bom. De atum ou algo assim. — Ele pega a pasta e as chaves do carro e pega sua jaqueta fluorescente das costas de uma cadeira. — Estou de partida. Tchau, crianças.

Quando a porta da cozinha se fecha, Daisy larga a colher e começa a arrumar cuidadosamente o cabelo com as mãos. Leo desce da cadeira e vai até a mãe.

— Quem você vai convidar para a festa?

— Ah, você sabe, os vizinhos, seus colegas de turma — diz ela, colocando o suco em um copo.

— E aquele garoto que o papai conhece? — diz Leo.

— Que garoto? — pergunta Sharon, distraída.

Quando ela termina de lavar o liquidificador e se volta para os filhos, Leo já foi embora.

***

A casa dos Rahija é idêntica a mil outras naquela parte de East Oxford. Uma casa dos anos 1930 revestida de pequenos seixos, geminada com outra e com uma janela panorâmica abaulada no térreo e no segundo andar. Há uma porta de garagem com a maior parte da tinta descascada, além de várias pichações feitas por alguém que não sabe escrever "pedófilo". Uma janela do segundo andar está coberta por tábuas, e há seis latões de lixo com rodinhas no jardim, dois deles caídos, com lixo e comida podre espalhados na calçada.

Tenho uma equipe bloqueando o beco nos fundos, e há uma dúzia de nós na frente. Um deles tem um aríete. Eu faço sinal de positivo com a cabeça e ele bate na porta.

— *Abram, é a polícia!*

Há sons imediatamente no interior — mulheres gritando e uma voz de homem berrando em uma língua que não é inglês. Um bebê começa a chorar.

— *Eu disse polícia, abram a porta ou vamos arrombar!*

Um minuto se passa, talvez dois, então há um ruído de algo sendo arrastado na madeira e a porta se abre alguns centímetros. É uma mulher com um lenço na cabeça. Ela não parece ter mais de vinte anos.

— O que vocês querem? Não podem nos deixar em paz? Nós não fizemos nada.

Eu dou um passo à frente.

— Sou o detetive-inspetor Adam Fawley, do Departamento de Investigação Criminal de Thames Valley. Temos um mandado para revistar a propriedade. Por favor, abra a porta. Vai ser muito melhor para todo mundo se pudermos fazer isso de maneira civilizada.

— *Civilizada?* Vocês esmurram nossa porta, aterrorizam minha mãe e meus filhos, e se dizem *civilizados?*

Uma multidão está se reunindo na rua agora, a maioria homens jovens, alguns usando gorros kufi na cabeça. Vejo Quinn levar a mão ao cassetete. O clima está ficando feio. Eu não quero uma briga sob minha responsabilidade.

— Olhe, nós podemos fazer isso do jeito difícil ou do jeito fácil. Deixe-nos entrar e dou minha palavra de que vamos fazer todo o possível para resolver o que temos que fazer o mais rápido e com a menor perturbação. Mas não tenha dúvida: se eu tiver que arrombar a porta, vou fazer isso, o que significa seu nome nos jornais e todo o abuso de que vocês foram vítimas no ano passado começando novamente. Não acredito que queiram isso, assim como eu. Mas você precisa decidir, e decidir agora.

A mão segurando a porta afrouxa. Eu faço contato visual — forço-a a olhar para mim — e, depois de algum tempo, ela assente. Eu mal consigo respirar devido ao meu coração disparado. Eu me viro e gesticulo para a equipe recuar para a calçada.

Então chamo Brenda, a policial encarregada de fazer a ligação com a comunidade.

— Você pode cuidar para que as mulheres e crianças não se assustem desnecessariamente? Quinn, você e Gislingham venham comigo.

Mesmo nesse clima, a porta da frente cheira a umidade. Há papel de parede desbotado descolando da parede e um velho fogareiro a gás na lareira que tem toda a cara de uma armadilha mortal. Mesmo antes de nós quatro entrarmos, a sala já está cheia. Há duas mulheres mais velhas usando preto sentadas no sofá desconjuntado se inclinando para trás e para a frente, e três jovens mães, com os braços em torno dos filhos. As crianças estão olhando para nós com olhos arregalados e desconfiados. Eu sorrio para uma delas, que retribui o sorriso antes de enterrar o rosto no nicabe da mãe. Não há homens ali.

Atrás de mim, ouço Quinn conduzir Gislingham até o quarto dos fundos e a cozinha, e o próprio Quinn sobe a escada, dois degraus de cada vez. Então eu o escuto no piso de madeira acima.

— Chefe? — chama ele. — Aqui em cima.

A fumaça de cigarro devia me alertar e, em algum nível subliminar, ela faz isso. Eu chego ao patamar da escada após a curva. Há dois beliches em um quarto que mal caberia uma única cama de solteiro, e Azeem Rahija está sentado de pernas cruzadas em um dos de baixo. Sei que é ele porque vi seu irmão, mas há algo menos bruto no rosto desse garoto, algo que me dá uma centelha de esperança de que ele ainda não tenha seguido o mesmo caminho. Mas então olho no rosto da outra pessoa no quarto, sentada no beliche de cima, fumando, balançando as pernas como se fosse um garotinho.

— Boa tarde, porcos — diz ele, com a voz um pouco arrastada.

Há uma embalagem de quatro sidras Strongbow ao lado dele. Ele não é tão atraente quanto as imagens de vídeo sugeriam. A distância faz com que seu cabelo pareça mais louro. E tem espinhas no queixo e nas bochechas. Mas são seus modos que o entregam — os olhos estreitos e sorrateiros, a satisfação consigo mesmo. O gancho de sua calça jeans está perto dos joelhos, e ele usa um desses brincos que formam um buraco da largura de um dedo. Eles sempre fazem com que eu me sinta um pouco enjoado.

Ele dá um trago no cigarro e sopra fumaça em mim.

— Acho que não fomos apresentados — digo, ecoando seu tom de voz. — Sou o detetive-inspetor Adam Fawley. E você é…?

Ele dá um sorriso desagradável e aponta para mim, sem conseguir manter o dedo firme.

— Isso eu sei, e você tem que descobrir.

— Sargento-detetive Quinn, leve esse jovem para o carro. E se ela ainda se recusar a dizer o nome, chame alguém do serviço social. Esse *garoto* não tem dezesseis anos de jeito nenhum.

Há uma disputa inconveniente, mas Quinn tem seu pé e vários quilos a mais a seu favor. O garoto já está gritando sobre "violência policial" enquanto eu sigo os dois até o patamar da escada e mando Gislingham para o segundo andar.

— Comece a busca aí dentro. Tem pelo menos um laptop escondido na roupa de cama.

Quando me viro para olhar para Azeem, acho bem possível que ele tenha se borrado.

***

Entrevista com Barry Mason, realizada em St. Aldate, Oxford

23 de julho de 2016, 12h42

Estão presentes o detetive-inspetor A. Fawley, o sargento-detetive em exercício G. Quinn e a dra. E. Carwood (advogada)

EC: Pelo que entendi, vocês estão prontos para fazer uma acusação?

AF: Ainda temos algumas perguntas a fazer ao seu cliente, dra. Carwood.

EC: Em relação às alegações de pornografia?

AF: Por enquanto, sim.

EC: Está bem. Mas devo lembrá-los de que o tempo está passando.

AF: Sr. Mason, o senhor conhece alguém chamado Azeem Rahija?

BM: Não tenho a menor ideia de quem você está falando.

EC: Estamos falando da mesma família de Yasir e Sunni Rahija?

BM: O quê? Aqueles pedófilos asiáticos que estavam nos jornais? É claro que eu não os conheço. Meu Deus.

AF: Azeem Rahija é irmão mais novo de Yasir Rahija. Ele tem dezessete anos.

BM: E daí?

AF: Então o senhor nunca teve nenhum contato com ele, nem ninguém da família dele? O senhor nunca acessou a pornografia deles…

BM: Quantas vezes vou ter que dizer isso, droga? Eu não compro pornografia. Nem deles, nem de mais ninguém. Já comprei algumas Playboys, mas só isso. Fim. Vá em frente, verifique meu telefone, verifique a porra do meu computador. Você não vai encontrar nada dessa merda nele.

AF: Infelizmente, o HD de seu computador foi destruído no incêndio. Não temos como saber o que havia nele. Nem o que pode ter sido apagado. Entretanto, encontramos dois vídeos em seu celular. Vídeos que contêm imagens fortes e sexualmente explícitas de crianças…

BM: De jeito nenhum, *de jeito nenhum, porra*. Está me ouvindo? Eu não baixei nada desse tipo. Deve ser um vírus ou algo assim, isso acontece, certo? Ou alguém o hackeou…

EC: *[intervindo]*
Que provas o senhor tem de que meu cliente conhece os Rahija? Tem registros telefônicos? E-mails?

BM: Eles não têm nada disso porque eu *nunca falei com eles, droga*.

AF: Para que fique registrado, estou mostrando ao sr. Mason uma imagem obtida de uma câmera de segurança. Sr. Mason, acreditamos que o senhor entrou em contato com os Rahija através desse jovem. Uma testemunha afirma ter visto vocês dois juntos.

BM: *[olhando para a foto e depois para os policiais]*
Porra, onde vocês conseguiram isso?

***

11 de maio de 2016, 19h09
69 dias antes do desaparecimento
Casa dos Chen, Lanchester Road, nº 11, Oxford

Jerry Chen entra na cozinha, onde sua esposa está botando os pratos no lava-louça. O sol está se pondo, e a luz dourada brilha entre as folhas de duas bétulas prateadas, que pendem como cortinas dos dois lados do grande jardim.

Jerry põe a bolsa na bancada central da cozinha, e sua esposa lhe serve uma taça de vinho.

— Como foi a palestra?

— O professor Heston estava lá. Ele me pediu para fazer outra vez na London School of Economics no outono.

— Um grande elogio, vindo dele. Você já vai estar de volta de Stanford?

Ele dá um gole no vinho e verifica o rótulo.

— Este é muito bom. E, vou, deve dar tempo. Stanford é em setembro. Isso deve ser em algum dia de novembro. Onde está Nanxi?

— Na sala de estar. Ela está ensinando Daisy a jogar xadrez.

Jerry sorri.

— Já era hora de Nanxi ter uma adversária decente de sua própria idade. Não posso ficar deixando ela ganhar sempre.

— Você não devia fazer isso. Ela sabe quando você está fingindo. Não é burra.

— Você provavelmente está certa. Normalmente está.

É a vez de Joyce sorrir.

— Até onde sei, Daisy nunca viu um tabuleiro de xadrez na vida.

— Bom, *isso* não me surpreende. Se ela não se parecesse tanto com a mãe, eu juraria que essa criança tinha sido trocada no hospital. Nem ouso imaginar a debilidade do acervo genético dos Mason.

Ele faz uma careta, e Joyce ri enquanto fecha a porta do lava-louça.

— O que foi que Eric Hoffer disse? Mesmo que a maioria da raça humana seja apenas porcos, de vez em quando um porco se casa com uma porca e nasce um Da Vinci. Alguma coisa assim. — Ela olha o relógio. — Meu Deus, está tarde! Preciso levar Daisy correndo para casa. Você pode chamá-la?

Jerry sobe os degraus na direção da sala de estar, mas a garotinha já está ali parada.

— Ah, Daisy — diz ele, um pouco embaraçado. — Eu não tinha visto você. Há quanto tempo está aí?

— Eu queria agradecer pela bolsa de maquiagem. Eu adorei.

Ela a está balançando pela alça. Ela é listrada de branco e preto, com uma mancha rosa-néon no centro onde está escrito *Coisas de Meninas* em letras grandes e bamboleantes.

Joyce Chen ergue os olhos.

— Não há de que, Daisy. Não é irritante quando duas pessoas mandam o mesmo presente? Nós dificilmente conseguiríamos devolvê-la, e Nanxi achou que você podia gostar de ter uma igual. Vocês duas se divertiram esta tarde?

— Nos divertimos — diz Daisy com um sorriso. — Foi o *melhor* dia.

***

— Você não pode fumar aqui.

— É, tá bom.

O garoto está deitado todo esticado no sofá, com os pés em cima do assento. Tem um prato de papel no chão com uma dúzia de guimbas de cigarro. Maureen Jones está sentada o mais distante dele que o espaço permite, e o assistente social está parado perto da porta. É Derek Russ, o mesmo que foi até lá por Leo. Nós trocamos uma saudação silenciosa e pergunto a ele se tem alguma ideia de qual é o nome do garoto.

— Mickey Mouse — responde o adolescente, me olhando atravessado. — George Clooney. O Dalai Lama. A porra da rainha Vitória. Pode escolher, porco.

— Isso não vai ajudar — diz Ross.

Ele parece exausto e só está ali há pouco mais de uma hora.

— Certo — digo. — Como tenho certeza de que você sabe, membros da família de seu amigo Azeem foram condenados há pouco tempo por abusar sexualmente de crianças. Estamos, agora, examinando o material apreendido na casa para verificar se novos crimes foram cometidos.

— Você não consegue me assustar, porco. Eu não sei nada sobre essa merda.

Ele começa a tossir e se ergue ainda sentado.

— Vou embora. Vocês não podem me prender aqui.

— Se insistir em ir embora, não vou ter escolha além de prender você.

— É melhor você cooperar — diz Derek para o garoto. — Sério.

O garoto e eu nos encaramos por um longo momento, mas ele pisca primeiro.

— Então, onde está a porra do meu advogado?

— Como eu disse, você não está preso. O sr. Ross está aqui para proteger seus interesses.

— Quero fazer uma reclamação... Aquele idiota me bateu. O metido.

Fico tentado a perguntar se ele está fazendo o papel de vítima ou de agressor nessa história.

— Se quiser fazer uma reclamação, vai ter que nos dizer seu nome.

Ele abre um sorriso feio para mim e toca a lateral do nariz.

— Você vai ter que fazer melhor que isso, porco. Eu estou ligado.

Eu estendo a mão na direção de uma das cadeiras pretas de espaldar duro e a empurro para seu lado. Então me sento, abro minha pasta e mostro a ele uma das imagens obtidas nas câmeras de segurança. A dele com Daisy no dia 19 de abril.

— Você sabe quem é ela?

Ele dá um trago profundo e sopra a fumaça no meu rosto.

— E se souber?

— Essa menina é Daisy Mason. Seu rosto esteve em toda a imprensa e na internet por quase toda a semana. Não acredito que você não percebeu.

Ele estreita os olhos, mas não diz nada.

— Ela está desaparecida. Pode até mesmo estar morta. E, algumas semanas antes de seu desaparecimento, Daisy foi vista falando com você.

— Eu falo com muita gente. Sou um cara sociável.

— Tenho certeza de que você é uma grande fonte de diversão. Só que aquela não foi a primeira vez que você falou com ela, foi?

Eu pego mais fotos.

— Doze de abril, 14 de abril, 19 de abril. E aqui, em 9 de maio, Daisy Mason está no banco traseiro de um carro registrado no nome de Azeem Rahija. Com você, supostamente, no banco da frente.

Mais silêncio. Mais fumaça. Posso ver em seus olhos que sua mente está funcionando. Ele não sabe quanto eu sei.

— Por que a estava perseguindo?

— *Perseguindo?* Vá se foder. Eu não estava perseguindo ninguém.

— Então o que um garoto da sua idade estava fazendo dando em cima de uma menina de oito anos se isso não é persegui-la? Nós temos imagens de câmera de você conversando com ela, quatro vezes diferentes. Na última, ela é vista em um carro com você e o irmão de um pedófilo condenado, e, algumas semanas depois, a menina desaparece. Você acha que o júri não vai chegar à conclusão óbvia?

— Eu não estava *dando em cima* dela…

— Então o que era? Por que mais você se interessaria por uma criança como aquela? Estava entrando em contato com seu lado feminino? Ou você desenvolveu um interesse súbito e avassalador pelo Meu Querido Pônei? Ou talvez a Barbie seja sua boneca favorita. Quer dizer, estamos em 2016, meninos podem brincar com bonecas, certo?

Ele desce as pernas do sofá e planta os pés no chão. Não olha para mim, mas a mão que segura o cigarro está tremendo.

— Você estava tentando ganhar a confiança dela, não estava? Assim poderia abusar dela…

— Eu *não* abusei dela…

— Você a deu para aqueles pervertidos com que os Rahija costumavam lidar? Aposto que eles pagariam uma fortuna para estuprar uma menina como ela. Ou você a queria para si? Foi isso o que aconteceu naquele dia? Você deu a volta na casa, cheio de sorrisos, um verdadeiro príncipe encantado. A mãe dela não estava, então ela saiu para brincar com você e, por um tempo, tudo correu muito bem. Só que no momento em que você pôs a mão em sua calcinha…

— Detetive — apela Ross. — Isso é mesmo necessário?

— … ela percebe o que você realmente quer e grita, e você precisa calá-la, mas ela está se debatendo, aí você põe a mão na boca da menina…

— Você é *nojento*! — grita o garoto, erguendo-se bruscamente. — Eu não encostei um *dedo* nela. Você é doente, porra, é isso o que você é… Só um pervertido faria isso com a própria *irmã*…

Eu respiro fundo e conto até cinco.

— Irmã?

Ele engole em seco.

— É. Barry Mason é meu pai. — Ele torna a se sentar pesadamente. — Aquele canalha filho da mãe.

***

De volta a meu escritório, telefono para Alex.

— Mas que droga, onde está você, Adam? Achei que tínhamos combinado de ir à casa dos seus pais almoçar.

Merda. Eu tinha esquecido.

— Desculpe, as coisas saíram um pouco…

— Do controle. Eu sei. Eu conheço você, lembra?

Eu dou um suspiro.

— Sou mesmo tão previsível?

— Durante um caso grande? A resposta é sim.

— Desculpe. Vou ligar para minha mãe. Prometo. Olhe, eu queria pedir um favor para você. Sei que sua empresa não é grande em assessoria jurídica, mas temos um garoto aqui que foi visto conversando com Daisy em frente à escola. Na verdade, descobrimos que ele é filho de Barry Mason, de outro casamento.

— Merda. Parece que alguém cometeu um deslize.

— Eu sei, mas, para ser justo, não tínhamos motivo para procurar algo assim. Pelo menos, não até agora. O problema é que não conseguimos entrar em contato nem com a mãe nem com o padrasto. Nenhum deles atende o telefone, e o vizinho acha que eles talvez tenham viajado no fim de semana. A defensora de plantão está atarefada com outro caso, e nós ainda não encontramos ninguém que consiga chegar aqui muito antes desta noite. Então eu estava me perguntando...

— Se eu consigo alguém para você?

Eu mordo o lábio.

— Desculpe. Parece que estou sempre te pedindo favores atualmente.

— E eu faço todos. — Ela respira fundo e diz: — Está bem. Deixe comigo. Posso tentar conseguir um advogado iniciante que tenha mais ambição do que vida social. Qual é o nome do garoto?

— Jamie Northam.

Eu consigo ouvir a surpresa na voz dela.

— Northam? Como em Marcus Northam?

— Não tenho ideia. Por quê? Eu devia ter ouvido falar nele?

— Só digo que vamos cobrar dele nosso preço cheio. Fora as despesas. Vou dar uns telefonemas e já te retorno.

— Obrigado, Alex, eu realmente...

Mas a linha ficou muda.

***

Continuação da entrevista com Barry Mason, realizada em St. Aldate, Oxford

23 de julho de 2016, 15h09

Estão presentes o detetive-inspetor A. Fawley, o sargento-detetive em exercício G. Quinn e a dra. E. Carwood (advogada)

AF: Gostaria de lhe fazer algumas perguntas sobre seu filho Jamie Northam. Quando o senhor o viu pela última vez?

BM: Ele estava esperando na frente do prédio em que trabalho. Encostado no muro.

AF: O senhor sabe como ele o encontrou?

BM: Ele disse que levou cinco minutos para encontrar a empresa na internet. Não me dei conta de que eles estavam morando tão perto do bairro. Eu não vejo Moira há anos.

AF: E essa foi a única vez que você o viu recentemente?

BM: Não. Eu não tinha tempo para conversar naquela noite, então marquei de encontrá-lo em um café em Banbury Road alguns dias depois. Na Starbucks. Eu estava com Leo no carro, por isso só tinha dez minutos. Para ser sincero, estava torcendo para que ele não aparecesse, estava torcendo para que ele tivesse deixado aquilo para lá.

AF: Mas ele não deixou.

BM: Não.

AF: Então o que ele queria?

BM: Ele disse que gostaria de me ver algumas vezes por mês, algo assim. Eu achei que ele estava vivendo um momento muito ruim em casa. Moira sempre foi uma escrota, e aquele padrasto dele é claramente um idiota metido a besta.

AF: Então ele estava esperando algum apoio do senhor, já que é o pai biológico? Alguém para lhe dar o afeto que ele não estava recebendo em casa?

BM: Você está distorcendo as coisas... Não foi bem assim.

AF: Então como foi?

BM: O que ele queria teria sido um pesadelo. Sharon nunca me deixou nem contar às crianças sobre Jamie, muito menos vê-lo. Eu teria que inventar todo tipo de mentira sobre aonde estava indo.

GQ: Não sei, mas você parece ser bom nisso.

BM: E quando Sharon descobrisse, ia surtar. Era tudo difícil demais.

AF: Então o que o senhor disse quando dispensou seu filho?

EC: Não há a necessidade de usar esse tom, detetive.

AF: Então, sr. Mason?

BM: Eu disse a ele que estávamos com problemas familiares. Que eu tornaria a pensar nisso quando as coisas tivessem se acalmado.

AF: Que tipo de problema?

BM: Que diferença isso faz?

AF: Que tipo de problema, sr. Mason?

BM: Bom, se você precisa saber, eu contei a ele que Daisy estava com problemas na escola.

AF: Que tipo de problemas?

BM: Você sabe, que ela estava ficando atrasada nos estudos, que a escola era muito competitiva e precisávamos ajudá-la porque ela estava se esforçando para acompanhar.

AF: Isso era verdade?

BM: Não, claro que não. Daisy é muito mais inteligente que qualquer uma daquelas crianças arrogantes.

AF: Então você mentiu. Em vez de assumir a responsabilidade por suas próprias decisões, como um adulto, o senhor pôs toda a culpa em uma menina de oito anos.

BM: Pelo amor de Deus, foi uma mentira inofensiva...

AF: Acho que o senhor vai descobrir que garotos não são muito bons em distinguir a diferença, sr. Mason. Para eles, uma mentira é só uma mentira.

BM: Tanto faz. Como disse: que diferença isso faz?

AF: O senhor parou para pensar por um momento no mal que isso podia causar? Que Jamie podia ficar ressentido com sua filha depois do que o senhor contou a ele? Que ele poderia vê-la como a razão para ele não poder ter um relacionamento com o senhor, que era tudo culpa dela? Ele tem ficha criminal. É um rapaz raivoso e instável, e agora ele tem uma queixa. O senhor pensou por um momento no que podia acontecer se eles se conhecessem?

BM: Mas eles *não* iam se conhecer...

AF: Sei que foi isso o que o senhor supôs, mas não é o que aconteceu, é? Ele a localizou, da mesma forma que localizou o senhor. E esse é o resultado.

[*mostra uma foto das imagens da câmera de segurança*]

AF: Essa é sua filha, sr. Mason. No banco de trás de um carro que pertence ao irmão de um pedófilo conhecido.

BM: [*olha para a foto*]
Meu Deus, você está me dizendo que *Jamie* fez alguma coisa com ela? Que foi ele quem a levou?

AF: Não tenho ideia. Por que, neste exato momento, nenhum de nós sabe onde ela está, sabe?

***

No corredor, Quinn diz para mim:

— Sabe, apesar de tudo, estou cada vez mais convencido de que não foi ele. A pornografia, sim; o abuso, talvez. Mas não o resto, não matá-la. Eu vi o rosto dele agora, quando você lhe contou sobre ela estar no carro de Azeem. Não acho que ninguém conseguiria fingir aquilo.

— Então, como 67% dos merdas no Twitter, você acha que Sharon é a culpada.

— Se tem que ser um dos dois, sim. Mas, neste momento, eu apostaria minhas fichas em Jamie Northam. Embora possamos estar errados.

***

> BBC Midlands Today
> Sábado, 23 de julho de 2016 — atualizado pela última vez às 15h59
>
> **Daisy Mason: polícia interroga adolescente**
>
> A BBC apurou que um adolescente não identificado está ajudando a polícia com a investigação do desaparecimento de Daisy Mason, de 8 anos. Apesar do grande número de voluntários envolvidos na busca, Daisy não é vista desde a última terça-feira.
>
> Depois do anúncio de que os pais da menina, Barry e Sharon Mason, estavam sendo interrogados pelo Departamento de Investigação Criminal de Thames Valley, houve uma ampla campanha de ódio nas redes sociais. A casa da família foi vítima de um incêndio criminoso devastador nas primeiras horas desta manhã, e fontes dizem que isso teve ligação com essa campanha. Acredita-se que, agora, a família esteja escondida.

> Qualquer pessoa que tenha alguma informação sobre Daisy deve entrar em contato com a sala de ocorrências do Departamento de Investigação Criminal de Thames Valley pelo telefone 01865 0966552.

***

Fico parado por dez minutos, vendo Jamie Northam no vídeo da sala de entrevistas número dois. Ele deve saber que nós o estamos observando, mas não parece incomodado. Na verdade, poderia apostar que ele está fazendo um show especial só para mim. Derek Ross foi substituído, para seu alívio óbvio, por alguém da firma de Alex. Ele parece recém-saído da universidade e ficou estudando a legislação policial e o código penal durante todo o tempo em que estive aqui. Gislingham se aproxima às minhas costas.

— Alguma coisa interessante?

— Até agora eu já o vi coçar a bunda, enfiar o dedo no nariz e tirar cera do ouvido. Só falta ele começar a espremer as espinhas. Alguma notícia da busca nos Rahija?

— Nenhum sinal de Daisy. A casa não tem porão nem nenhum outro lugar onde poderiam tê-la mantido. A equipe de Challow está passando um pente-fino por lá, só por garantia, mas tudo parece limpo, até onde sabemos.

— Alguma coisa no laptop de Azeem? Ele pareceu estar com muito medo de alguma coisa.

— Bom, não era pornografia. Parece que ele tem um pequeno, porém lucrativo, negócio traficando cetamina e maconha. Provavelmente para estudantes, então sempre tem um bom mercado.

— E foi idiota o bastante para deixar evidências no laptop?

— Pelo que entendi, ele está cursando administração na faculdade. Estava praticando contabilidade, método de partidas dobradas, essas coisas. — Ele vê minha expressão. — Estou falando sério.

Eu balanço a cabeça.

— Meu Deus.

— Enfim, nós vamos acusá-lo. A mãe dele está vindo para cá.

— Está bem. Então isso nos deixa só com Jamie Northam. Cuja mãe sem dúvida não está vindo para cá. Ela ainda não está atendendo o telefone.

— Quer que eu cuide disso?

— Não, prefiro que você comece a adiantar a papelada. Veja se consegue encontrar Quinn.

— Está bem, chefe.

***

Abro a porta e entro na sala. O advogado se levanta em um pulo, em seguida empurra os óculos para cima, ajeitando-os no nariz.

— Certo, uhm, sargento...

— Detetive-inspetor. É bom deixar as coisas claras.

A porta se abre, e Quinn entra e se junta a mim. Ele tomou um banho — posso sentir o cheiro de seu sabonete líquido Molton Brown. Gostaria de ter pensado em fazer o mesmo. Agora é tarde demais.

— Então, Jamie...

— Jimmy — diz ele, carrancudo. — Meu nome é Jimmy.

— Certo. Então, *Jimmy*, você não está preso. O dr. Gregory está aqui para garantir que tudo seja feito de acordo com a lei. Estamos todos entendidos?

Nenhuma resposta.

— Está bem, vou começar fazendo algumas perguntas sobre Barry Mason. Ele afirmou que você descobriu onde ele trabalhava e foi até seu escritório.

Ele dá de ombros, mas não diz nada.

— O que você queria falar com ele, Jimmy?

O garoto dá de ombros novamente.

— Só queria ver como ele era. Minha mãe sempre diz que eu me pareço com ele.

Algo me diz que Moira Northam só diz isso para o filho quando ele a irrita.

— Você se dá bem com seu padrasto?

Ele ergue os olhos para mim, depois volta-se para as unhas roídas.

— Ele não gosta muito de mim. Diz que sou *anepto*.

— Inepto.

— Tanto faz.

Há um silêncio. Eu investiguei Marcus Northam depois de falar com Alex — seu casarão na beira do rio, seu negócio imobiliário de sucesso, suas muitas conexões e o filho na faculdade de medicina. É difícil imaginá-lo olhando para esse garoto como qualquer coisa que não um grande aborrecimento, e tenho certeza de que ele deixa isso bem claro. E mesmo que Jamie seja exatamente o delinquente que seu padrasto acha que ele é, a pergunta que fica é: o que aconteceu primeiro? O mau comportamento ou o desdém? De qualquer forma, não é surpresa que Jamie tenha achado que podia ter mais em comum com Barry do que com os pais com os quais é forçado a viver — não me espanta que ele tenha pensado que podia ter uma recepção mais simpática de seu pai biológico.

— Então, como foi quando você se encontrou com Barry?

— Ele disse que nós não podíamos nos encontrar. Que não era uma boa ideia.

— Ele disse por que não era uma boa ideia?

Jamie vira o rosto.

— Foi por causa da Daisy, não foi? Ele disse que a filha estava com problemas na escola. Foi por isso que você a procurou? Foi por isso que você quis conversar com ela, para ver se era verdade?

Há um momento de silêncio. O garoto parece, repentinamente, derrotado. Com o olhar vazio.

— Quando ele falou sobre ela, eu lembrei. Eu tinha esquecido, mas então eu me lembrei de que havia, sim, essa garotinha. Ela tinha cabelo louro. Nós nos encontramos uma vez no zoológico, quando eu estava com minha mãe. Ela me deu um pedaço de seu chocolate.

— Ela foi legal com você.

— Meu pai estava lá, também. Eu quis falar com ele, mas ele foi embora.

Eu me recosto na cadeira outra vez.

— Então você reconheceu seu pai, você se lembrou dele. Embora só tivesse quatro anos quando ele foi embora.

Jamie desvia o olhar.

— Eu me lembro dele brincando de boxe comigo quando eu era pequeno. No jardim. Minha mãe não gostou.

— Você era muito novo, não era? Para boxe?

— Meu pai disse que eu tinha que ser capaz de me cuidar. Quando eu fosse para a escola. Para que ninguém fizesse bullying comigo.

— "Ele ensinou você a lutar para não sofrer na mão de ninguém."

O advogado me lança um olhar estranho.

— Desculpe, essa música está na minha cabeça o dia inteiro.

O advogado claramente acha que marcou algum tipo de ponto.

— Não tenho certeza de aonde você quer chegar com essas perguntas, detetive.

— Nós vamos chegar lá. Então, Jimmy, você conseguiu descobrir em que escola Daisy estudava, não é?

— Foi moleza. Só fiquei sentado em frente a algumas escolas na hora da saída até encontrá-la.

— Aí você voltou lá no dia seguinte e falou com ela. Deve ter sido um verdadeiro choque para ela descobrir que tinha um meio-irmão.

— Não. Ela já sabia.

Neste momento, ele me pega desprevenido.

— Tem certeza? Os pais dela não queriam que ela soubesse. Como ela descobriu?

— Não faço ideia. Tudo o que eu sei é que ela sabia meu nome e tudo mais. Acho que ela achou legal me conhecer. Acho que gostou de esconder um segredo da mãe.

— Ela não se dava bem com a mãe? Você sabe por quê?

Ele balança a cabeça.

— Então o que aconteceu, Jimmy? Vocês se encontraram, e ela ficou claramente feliz. Ela contou às amigas que tinha um amigo novo, vocês se viram mais algumas vezes, e de repente ela contou às amigas que não queria mais falar sobre isso. Ela estava com raiva e não contou por quê. Que diabos aconteceu?

Ele dá de ombros.

Eu me obrigo a ter um pouco de paciência. Isso nunca foi meu forte.

Mas, desta vez, dá certo depois de um tempo.

— Ela queria ir ao circo em Wolvercote Common — diz ele, por fim. — Então eu pedi a Azeem para nos levar. Foi por isso que estávamos no carro. Mas era horrível. Coisa de criança.

Sei de que circo ele está falando. Nós fomos, uma vez. Foi mágico. Um dos nossos melhores dias. Eu me lembro de Alex levantando Jake para que ele pudesse acariciar o focinho de um cavalo branco que eles fantasiaram de unicórnio com um chifre dourado. Ele não falou sobre nada além de unicórnios por dias. Eu comprei para ele um livro sobre unicórnios. Ainda está lá, em seu quarto.

A voz de Quinn dispersa a lembrança.

— O circo não estava lá naquele fim de semana também?

Jamie assente.

— Mas a mãe dela não deixa que ela vá a coisas como essa. Ela nunca nem tinha visto um algodão-doce antes. Não sabia que era de comer.

Tenho, de repente, uma imagem triste dos dois sendo apenas crianças. Aproveitando uma tarde mínima da infância juntos que podiam ter tido.

— Parece um dia agradável — digo. — O que aconteceu?

Ele fica vermelho.

— Azeem disse que ela ia superar.

— Superar o quê? O que, *exatamente*, vocês fizeram com ela, Jimmy?

***

9 de maio de 2016, 19h29
71 dias antes do desaparecimento
O circo da Família Gray, Wolvercote Common

A grande tenda branca tem uma arena de areia no meio, com bandeiras e flâmulas penduradas ao redor. Daisy está sentada na primeira fila de uma das seções da plateia. Está sozinha, mas os bancos estão tão cheios de pais e filhos que ninguém percebe.

O ambiente está barulhento, cheio de expectativa. Logo a banda cigana começa a tocar, e o mestre de cerimônias surge. Um homem grande e gordo, meio palhaço, meio duende, com o rosto pintado e um problema de flatulência em série que faz as crianças morrerem de rir toda vez que ele aparece. Com o desenrolar gradual da história, fadas se balançam em um trapézio com plumas, malabaristas cospem chuvas de fogo, e criaturas estranhas em malhas cintilantes dançam nas costas de cavalos malhados. Pombas saem voando de baús encantados, um rato do tamanho de um homem dança em cima de uma bola dourada, e um ganso domado entra e sai dali, aparentemente sem se sentir perturbado pela confusão. Tem música, tem máscaras e tem magia, e Daisy está em transe, a boquinha aberta formando um enorme ó estupefato.

Quando o espetáculo termina e os aplausos acabam, Daisy sai e vai até onde Jamie Northam está esperando. Fumando. Um ou dois dos pais o encaram ao cruzar com ele.

— Meu Deus! — diz ele, jogando o cigarro fora. — Demorou um pouco, hein? Azeem precisa voltar.

Ele se vira para ir embora, Daisy corre para alcançá-lo e então caminha ao seu lado.

— Foi in-crí-vel. Havia essa garotinha que foi roubada quando bebê e aprisionada por uma bruxa em um jardim mágico. Mas os animais a ajudaram a fugir, e ela partiu em uma longa viagem pelas montanhas até um lindo castelo em uma colina, onde ela descobriu que, no fim das contas, era uma princesa. E ela viveu feliz para sempre com sua mãe de verdade.

— Para mim, parece uma bobagem.

Daisy franze a testa.

— Não, não é. Não diz isso!

— É só um conto de fadas estúpido. A vida não é assim.

— É, sim! Às vezes ela é, sim!

Ele para e se vira para ela.

— Olha só, Daisy, as pessoas não são roubadas quando bebês e descobrem que são da realeza, tá? Isso é historinha de criança. Contos de fadas. Eu sei que seus pais são horríveis, mas são os pais que você tem. Desculpe, é a vida.

Ela, agora, está à beira das lágrimas.

— Eles *não* são meus pais — diz ela. — *Você* pode dizer o que quiser. *Eu sei*.

Jamie acende outro cigarro.

— Do que você está falando?

Ela, então, fica aborrecida.

— Eu ouvi os dois conversando. Meu pai estava comentando sobre como eles quase não me conseguiram e como tinha sido muito difícil, mas que minha mãe conseguiu. Entendeu? Ela me roubou. Quando eu era bebê. Isso é um segredo. Eu não devia saber.

— Ele disse mesmo isso? Que ela *roubou* você?

Ela balança a cabeça, com certa relutância.

— Não *exatamente*. Mas foi isso o que ele quis dizer. Eu sei que foi isso o que ele quis dizer. Ele disse que a in vitro foi um roubo.

— O quê? Do que você está falando?

Daisy olha para os pés.

— Não sei — diz ela com delicadeza, as bochechas vermelhas.

Jamie começa a rir, com o cigarro na boca.

— Você entendeu tudo errado, menina. Não foi um roubo de verdade. Foi uma fertilização in vitro. É uma coisa que se faz no hospital. Para pessoas que querem ter bebês. Desculpe, mas não há nada que você possa fazer em relação a isso... Você é mesmo filha deles.

Ela olha fixamente para ele, boquiaberta, mas desta vez com raiva, não com prazer. Então ela grita o mais alto possível:

— *Odeio você! Odeio você!*

E corre na direção das árvores.

Ele olha para onde ela correu, embasbacado.

— Mas que merda é essa? Ei... Volte aqui!

Mas ela não para de correr, talvez nem mesmo o escute. Depois de um momento, ele joga o cigarro em meio a alguns arbustos, curva os ombros e vai atrás dela.

— Daisy? Cadê você? — chama ele enquanto avança entre as árvores.

Neste momento, ele está ficando com raiva; primeiro foi o maldito circo idiota, e agora ela acha que é a droga de uma princesa.

— Você não pode se esconder de mim. Eu vou te encontrar. Você sabe disso, não sabe, Daisy? *Eu vou te encontrar.*

***

Quinn nos paga um café na cafeteria do outro lado da rua e vem até a mesa onde estou sentado ao lado da janela. Eu dou um grande gole. Está quente demais, mas mesmo assim é muito melhor que o café da delegacia.

— Então, depois de ouvir tudo isso, você ainda acha que foi Jamie?

Quinn abre um sachê de adoçante e o derrama em sua xícara.

— Não acho que ele abusou dela, se é isso o que você está perguntando. Pelo menos, não sexualmente. Jamie parece enojado de verdade com a ideia. Se foi ele que a matou? Possivelmente. Mas, se fez isso, não acho que foi planejado. Ele não é tão metódico. Teria sido por raiva, por algum rompante. E desconfio que esses surtos de raiva acontecem com certa regularidade. Porque, vamos encarar os fatos, ele é um garoto problemático. Um garoto problemático que não tem um álibi. Ou, pelo menos, não um que ele esteja preparado para contar para pessoas como nós.

— Então, se ele tivesse matado a menina, a esta altura já a teríamos encontrado, não é?

— Provavelmente. Não consigo vê-lo encobrindo seus rastros muito bem.

Eu assinto.

— Você acreditou na história sobre o circo?

Ele, agora, está mais em dúvida.

— Se aconteceu como ele disse, acho difícil acreditar que Daisy tenha reagido tão mal. Certo, ela pode não se dar bem com os pais, e ela pode ter aquela fantasia que muitas crianças têm sobre serem adotadas. De qualquer forma, é uma reação um tanto extrema, não é? Mas, ei, não é a mim que devem perguntar. Não sei como crianças de oito anos pensam.

Mas eu sei.

— *Tudo parece enorme quando você tem essa idade.*

— Não entendi.

— Foi uma coisa que Everett disse. Alguns dias atrás. E ela tem razão. Crianças tão novas não entendem a devida proporção das coisas. Especialmente das coisas ruins. Não conseguem botá-las em perspectiva e não conseguem ver além de como estão se sentindo no momento. Se crianças com menos de doze anos cometem suicídio, em geral essa é a razão.

Eu mexo o café com a colher. Posso sentir Quinn olhando para mim. Se perguntando como reagir. É mais do que eu já disse para ele antes. Mais do que eu disse para praticamente todo mundo.

A porta da cafeteria se abre, e vejo Gislingham caminhando em nossa direção. Claramente em uma missão.

— Challow acabou de ligar — diz ele ao chegar à mesa. — Ele testou a fantasia de sereia.

— E?

— Tem um rasgo nela, no pescoço, mas, considerando que era usada por crianças uma semana atrás da outra, pode ser apenas resultado de um desgaste normal. Não havia sangue, mas havia DNA. De quatro pessoas diferentes. Sharon Mason, que nós sabemos que a segurou; Daisy Mason, pelo mesmo motivo; e outra representante do sexo feminino, supostamente Millie Connor.

— E a quarta?

— Um homem. Um pelo pubiano, para ser mais preciso.

Sinto um peso no peito.

— Barry Mason?

— É, acertou de primeira.

Quinn faz uma careta.

— O mesmo Barry Mason que afirma não saber que as fantasias foram trocadas, que afirma não saber nem que *havia* uma fantasia de sereia?

— Ah, mas é aí que fica complicado — explica Gislingham. — Sharon diz que a encontrou embaixo de seu equipamento de ginástica, então, se isso chegasse a julgamento, a defesa argumentaria que foi assim que o DNA foi parar na fantasia.

— Mas se foi Barry quem a escondeu, isso já seria prova suficiente…

— Nós não podemos provar isso — diz Gislingham, sem deixar Quinn terminar. — Pode ter sido Sharon, tentando incriminá-lo. Ele vai alegar isso, não vai, mesmo que não seja verdade? E tem outra coisa. — Ele se vira para Quinn. — Nós checamos a hora da ligação para os bombeiros após o início do incêndio, como você pediu.

Quinn se recosta.

— E?

— Você tinha razão. A ligação foi feita às 2h10. São quase dez minutos *depois* que Sharon saiu da casa em chamas, deixando o filho lá dentro.

— Certo — digo. — Ligue para Ev e diga para ela perguntar a Sharon que diabos ela achava que estava fazendo. Não exatamente com essas palavras, é claro.

Quinn recolhe as xícaras vazias, e estamos nos levantando para ir embora quando avisto o policial que trabalha na recepção da delegacia gesticulando para nós da porta. Deve ser algo muito importante para fazer com que ele levante a bunda da cadeira. Então eu vejo: ele está com uma jovem. Altura mediana, cabelo castanho. Ela tem uma bolsa de ráfia no ombro, e aí me dou conta de que já a vi antes, na escola. Metade dos homens na cafeteria está olhando para ela. Sinto Quinn endireitar os ombros, mas não foi ele quem ela veio ver. Pelo menos, é o que parece. Ela examina o ambiente ansiosamente, então se detém em Gislingham e vai rápido em sua direção. Vejo Gislingham dar uma olhada para Quinn, e preciso admitir que a expressão no rosto de Quinn não tem preço. Detetive, dois; sargento-detetive, zero.

— Detetive Gislingham — diz ela, um pouco sem fôlego. — Ainda bem que eu o encontrei. Perguntei por sua colega, eu esqueci o nome dela…

— Detetive Everett.

— ... mas me disseram que ela não estava aqui, por isso achei que devia falar com o senhor, em vez disso.

Gislingham se volta para mim.

— Essa é a professora de Daisy, chefe. A srta. Madigan.

Ele apresenta Quinn também, mas posso ver que ela está distraída demais para registrar quem nós somos. O que Quinn acha especialmente devastador.

— É o conto de fadas — continua ela, virando-se para Gislingham outra vez. — O conto de fadas de Daisy. Eu estava arrumando o apartamento e o encontrei atrás da mesa. Ele deve ter caído ali quando estava corrigindo os deveres. Desculpe, é tudo minha culpa.

Gislingham sorri.

— Não se preocupe, srta. Madigan. Obrigada por trazê-lo.

— Não — diz ela. — O senhor não entende. É por isso que estou tão preocupada. Pelo menos agora que eu o li outra vez. — Ela para, então leva a mão à testa. — Não estou me expressando muito bem, estou? O que quis dizer é que, lendo a história agora, após todas essas semanas, depois do que... — Ela respira fundo. — Acho que tem algo que eu deixei passar na época. Uma coisa terrível.

Ela se vira para a bolsa e tira uma folha de papel. Quando a entrega a Gislingham, posso ver que suas mãos estão tremendo. Ele lê o texto, agora sério, então entrega o conto de fadas para mim. O rosto da professora ficou vermelho, e ela está mordendo o lábio.

— Peço mil desculpas — diz ela delicadamente, com os olhos se enchendo de lágrimas. — Nunca vou me perdoar se eu pudesse ter evitado isso. O que ela diz sobre o monstro... Como posso ter deixado isso passar?

Sua voz vacila, e Gislingham se aproxima dela.

— Você não tinha como saber. Não apenas com essa história. Ninguém poderia. Mas você fez a coisa certa trazendo o texto para cá. — Ele a toma com cautela pelo cotovelo. — Vamos, vai se sentir melhor depois de uma xícara de chá.

Enquanto eles se afastam na direção do balcão, eu entrego a história para Quinn. Ele a examina e olha para mim.

Sei exatamente o que está pensando.

A princesa triste

Por Daisy Mason, 8 anos

Era uma vez uma garotinha que morava em uma cabana. Era ~~horível~~ horrível. Ela não sabia por que tinha que morar ali. Isso a deixava triste. Ela queria ~~fujir~~ fugir, mas uma bruxa malvada não ~~dexava~~ deixava. A bruxa malvada tinha um monstro que parecia um porco. A garotinha tentou ser valente, mas toda vez que ela tentava escapar da cabana o monstro entrava no seu quarto e segurava ela. Isso machucava muito. Então a garotinha ~~descubriu~~ descobriu que, na verdade, era uma princesa ~~disfarsada~~ disfarçada. Mas ela só podia morar no castelo como uma princesa de verdade se alguém matasse a bruxa malvada e o monstro. Então, um príncipe apareceu em uma ~~carruajem~~ carruagem vermelha, e ela ~~axou~~ achou que ele levaria ela embora. Mas ele ~~num~~ não fez isso. Ele era mau. A garotinha chorou muito. Ela nunca seria uma princesa. Ela não viveu feliz para sempre.

Fim

***

De volta ao escritório, abro a janela o máximo possível e fumo um cigarro, observando a rua lá fora. As persianas estão cobertas de poeira. Sempre odiei essas merdas. Eu me pergunto por um momento se devo ligar para Alex, mas não sei o que vou dizer. O silêncio se tornou uma mentira fácil. Para nós dois. Tem um pai e um filho esperando no cruzamento. Parece que estão a caminho de Christchurch Meadow — o menino está levando um saco de farelo de pão para alimentar os patos. Eles podem até ver cisnes, se tiverem sorte. Eu penso em Jake, que também amava cisnes, permitindo a mim mesmo um pequeno resquício de memória do pequeno baú que meu coração considera seguro. Eu penso em Daisy e no pai que se transformou em um monstro. E penso em Leo. O menino solitário. O fantasma em sua própria vida. Perdido naquela equação. Porque onde, em tudo o que ouvi hoje, estava Leo?

***

Meia hora depois, Quinn bate à porta.

— Everett acabou de ligar. Sharon disse que estava confusa. Ela tomou dois comprimidos para dormir e ficou completamente desorientada. E ela parece mesmo aérea naquele vídeo. Achei que estivesse com raiva, na primeira vez que vi. Sharon ficou bem mal-humorada quando Everett a pressionou, mas no fim concordou que nós falássemos com seu médico para confirmar que ela tinha receita para isso. Ela também insiste que chamou Leo antes de descer a escada, mas não recebeu resposta, e, quando viu a porta dos fundos aberta, achou que ele já tivesse saído. Foi o vizinho que percebeu que Leo ainda estava no quarto e entrou para buscá-lo. Meu Deus, se ele não estivesse ali, nós teríamos duas crianças mortas em nossas mãos, não uma.

— Eu sei.

— Então nós acreditamos nela?

Eu me viro para a janela e a fecho, então volto a olhar para Quinn.

— Acho que ela mesma pode ter ateado fogo na casa.

Ele arregala os olhos.

— Está falando sério?

— Pense bem. A única pessoa que se beneficiaria com o incêndio é ela. Ela já nos deu provas bem feias contra Barry, e qualquer coisa na casa que pudesse incriminá-la agora virou fumaça. Literalmente. E isso inclui o carro, que até onde sei normalmente não ficava na garagem. O que significa que, sem uma confissão ou alguma prova no corpo...

— Se nós o encontrarmos.

— ... vai ser muito difícil condená-la.

— Supondo que foi ela.

— Supondo, é claro, que foi ela. Mas se ela foi capaz de matar Daisy, talvez fosse capaz de deixar Leo em uma casa em chamas. Pense nisso: ela poderia se safar de toda essa confusão e começar uma vida nova em outro lugar. E com o dinheiro do seguro no bolso.

Quinn solta um assobio.

— Meu Deus.

Há uma batida na porta. É uma das policiais que está investindo todas as horas na busca. Ela parece exausta.

— O que foi?

— O pessoal de serviço na casa pediu que eu pegasse isso para o senhor quando viesse para cá. É a correspondência dos Mason. A maior parte são contas e lixo, mas tem uma que talvez o senhor devesse ver. E, antes que pergunte, não fui eu que abri, a aba do envelope deve ter vindo descolada do correio. Quando o peguei, o conteúdo caiu e eu vi o que era.

O envelope é um quadrado de cerca de vinte centímetros. Está endereçado a Sharon com um carimbo do correio de Carshalton. No verso, o endereço do remetente é dado como Casa de Repouso Havenview. E no interior há um DVD. Assim que o vejo, sei por que a policial o trouxe.

Eu olho para ela.

— Bom trabalho. Desculpe, não sei seu nome.

— Somer, senhor. Erica Somer.

— Bom trabalho, Somer.

Eu me levanto e estico as costas doloridas.

— Vou para casa por algumas horas. Telefonem para mim se os pais de Jamie entrarem em contato.

— Isso é a outra coisa, senhor — interrompe Somer. — O policial da recepção me pediu para contar ao senhor. É a sra. Northam.

Eu torno a me sentar pesadamente.

— Até que enfim! Está bem, pode trazê-la.

Somer parece constrangida.

— Na verdade, ela quer que o senhor vá até lá. Até à casa dela. Desculpe, se tivesse sido eu, teria dito a ela que…

Eu aceno com a mão.

— Não se preocupe — digo de um jeito cansado. — Não é muito longe do meu caminho.

***

1º de maio de 2016, 14h39
79 dias antes do desaparecimento
Barge Close, nº 5

Daisy está sentada no balanço no fundo do quintal, girando-o de forma preguiçosa de um lado para outro. Atrás dela está a parte da cerca que seus pais não sabem que está solta. Ela passou por ali alguns minutos antes, erguendo cuidadosamente o painel esverdeado com as duas mãos, para não deixar marcas no vestido. Se alguém a tivesse visto, ela teria dito que queria ver os patos no canal. Mas essa não era a verdadeira razão. E, de qualquer modo, ninguém viu nada. Nem sua mãe na cozinha, nem as pessoas na trilha atrás da casa. Ninguém percebeu. Ninguém nunca percebe.

Ela joga as pernas para a frente e começa a se movimentar, para trás e para a frente, cada vez mais alto. A cada balançada, a estrutura de metal se solta um pouco do chão, onde seu pai não a fixou com firmeza suficiente. Sua mãe está sempre reclamando disso, e sobre como era de se imaginar que um empreiteiro pudesse consertar uma coisa simples como um balanço. Daisy vira o rosto para o sol. Se fechar os olhos, quase pode acreditar que está voando, pairando acima das grandes nuvens que parecem lindas montanhas nevadas ou castelos encantados onde moram príncipes e princesas. Deve ser incrível voar através das nuvens como um pássaro ou um avião. Ela andou de avião uma vez, mas foi há muito tempo, e não consegue se lembrar de como era. Daisy desejava poder lembrar. Desejava poder olhar para baixo nesse exato momento, para as casas, as ruas, o canal e para si mesma, muito pequena e distante lá embaixo.

Há, então, uma batida na janela da cozinha. Unhas no vidro. *Tac tac tac.*

Sharon abre a janela.

— Daisy! — chama ela. — Quantas vezes já te falei para não balançar alto demais? É muito perigoso, esse treco não está preso direito.

Sharon fica parada em frente à janela até Daisy diminuir a velocidade. Quando o balanço para, há um zumbido repentino e agudo, como um mosquito. Sharon não consegue escutar porque a frequência é alta demais. Mas Daisy consegue. Ela observa a mãe fechar a janela e tornar a desaparecer na cozinha antes de levar a mão ao bolso e pegar um pequeno celular cor-de-rosa.

Tem uma mensagem de texto nova na tela.

Gosto do seu vestido

Daisy olha ao redor, os olhos arregalados. O celular vibra de novo.

Estou sempre aqui

E depois:

Não se esqueça

Daisy desce do balanço, vai até a cerca e passa rapidamente para o outro lado. Ela olha de um lado para outro da trilha à margem do canal. Para as famílias passeando com seus cachorros e carrinhos de bebê, o grupo de adolescentes fumando no banco, a carrocinha de sorvete e os carros estacionados do outro lado da ponte. Ela guarda o celular outra vez no bolso e torna a passar pelo painel.

Está sorrindo.

***

Quando paro na entrada de carros dos Northam, é ao lado de um Bentley e de um Carrera vermelho. Como Canal Manor, é uma construção nova mascarada de antiga, mas a semelhança termina por aí. Porque tudo ali está em uma escala infinitamente mais grandiosa. Uma falsa casa em estilo georgiano de três andares com estuque creme no meio do terreno, com uma estufa de um lado, uma garagem construída para se parecer com um estábulo do outro, gramados esmeralda descendo até o rio e um barco branco e cromado grande e reluzente amarrado a um cais, ondulando suavemente para cima e para baixo. É como se ver no interior de um revista.

Não me surpreendo ao ver que a porta é aberta por uma empregada de vestido preto e avental — na verdade, a única coisa que me surpreende é eles não terem chegado ao ponto de ter um maldito mordomo.

A mulher me conduz para a sala de estar cavernosa, e Moira Northam se levanta de um sofá de couro branco para me receber. A primeira coisa que me vem à mente é que Barry Mason tem um tipo. O cabelo louro, os saltos altos, as joias, o jeito artificial de se vestir. A única diferença é que Sharon é dez anos mais jovem e compra suas minissaias com estampas de animais em uma rede de lojas com preços acessíveis.

— Soube que Jamie se meteu em problemas outra vez — diz Moira, gesticulando para que eu me sente no sofá.

Ela tem um copo grande de gim-tônica ao seu lado. Não me oferece um.

— Acho que é um pouco mais sério que "problemas", sra. Northam.

Ela acena levemente a mão, e suas pulseiras de ouro chacoalham.

— Mas, até onde sei, ele na verdade não *fez* nada.

— Ele se associou a membros de uma família que estava envolvida em uma rede de prostituição de crianças em East Oxford. Ainda precisamos determinar até onde ele pode estar ligado ao caso.

— Ah, eu duvido que o senhor consiga provar qualquer coisa contra Jamie. Ele fala demais. Gosta de se gabar, mas na hora H, é um pouco covarde. Ele puxou ao pai.

Essa mulher pode parecer superficial, mas conhece Barry Mason direitinho.

— A senhora sabia que ele estava se encontrando com Daisy?

Ela ergue uma das sobrancelhas. Uma sobrancelha pintada.

— Meu caro detetive, eu nem sabia que ele estava vendo *Barry*. Nós não mantemos contato. Eu ando em círculos muito diferentes atualmente. Barry paga pensão para Jamie, é claro, meu advogado cuidou disso. Ele deposita em uma conta em meu nome. Em dinheiro.

Olho ao redor. Para os espelhos, a grande TV de tela plana, as luminárias pretensiosas de metal, a vista do rio. Então é para cá que o dinheiro de Barry está vindo. Transferido para esta casa, mês após mês, por pelo menos os últimos dez anos. Eu me pergunto o que Sharon pensa disso. Moira está me observando.

— Sei o que está pensando, detetive, mas é questão de princípios. Barry me deixou, e Jamie é seu filho. Ele não pode esperar que Mark o sustente.

Eu desconfio muito que esse também seja o ponto de vista de Mark, e, pela segunda vez no dia, sinto um pequeno lampejo de simpatia por Sharon Mason.

— Barry tem seus direitos de acesso a Jamie. Não que ele já os tenha exercido.

Eu fico incrédulo.

— Nunca? Quantos anos Jamie tinha quando vocês dois se separaram?

— Tinha acabado de fazer quatro.

Então Barry Mason abandonou uma criança de quatro anos que, até então, o chamava de pai. Uma criança para quem ele tinha contado histórias, que tinha botado na cama, que tinha carregado nos ombros, que tinha empurrado em um balanço.

Moira ainda está olhando para mim.

— Apesar de não merecer, preciso ser justa com meu ex-marido: isso foi ideia de Sharon. Toda essa história de "novo começo". Embora eu tenha esbarrado com ela e Barry uma vez, no zoológico de Londres, por incrível que pareça.

— Eu sei. Jamie contou. Ele reconheceu o pai.

Isso a deixa descrente por um instante.

— Sério? Honestamente, é a primeira vez que ouço falar disso. Ele não via Barry havia anos.

— A senhora ficaria surpresa, sra. Northam, com quanto crianças podem se apegar a esse tipo de coisa.

Ela se recompõe mais uma vez.

— Bom, de qualquer forma, Jamie tinha me arrastado para ver a casa das aranhas, criança horrível, e do nada Sharon surgiu com uma menininha linda. O senhor pode imaginar como foi constrangedor. Nós só ficamos ali paradas nos encarando por cinco minutos, tentando pensar em alguma coisa a dizer. Então Barry apareceu, e ela o levou embora mais rápido que o diabo fugindo da cruz. Eu recebi um bilhete de Sharon depois disso, esclarecendo, *essa* foi a palavra que ela usou, que ela e Barry não queriam mais contato, e que isso era melhor para as crianças também.

Moira solta um suspiro.

— Para ser sincera, acho que o verdadeiro motivo para toda essa bobagem de "novo começo" é que ela não queria que Barry viesse aqui, nem mesmo para ver Jamie. Ela o queria todo para si. Não gosta de compartilhar, essa Sharon. Infelizmente para ela, Barry gosta *muito* de compartilhar. Gosta de se doar em quantidades *generosas*. Se é que o senhor me entende.

— A senhora sabe como eles se conheceram?

— Ah, na época ela era secretária dele. Naquela empresa de construção que ele tem. Eu também costumava trabalhar lá até que tive Jamie, e foi aí que ele a contratou. Eu apareci uma tarde com o bebê no carrinho e encontrei essa perua de salto alto, saia curta e brincos do tamanho de calotas. Eu disse a Barry que ela seria muito bonita se não se esforçasse tanto. Ela, na época, supostamente estava noiva. De um mecânico, Terry ou Darren, algo assim. Mas ele nitidamente não ia dar a ela o estilo de vida que ela queria, e eu acho que se interessou por Barry no minuto em que botou os olhos nele. Era Barry isso, Barry aquilo... Na verdade, nós dois costumávamos fazer piada disso. Mas depois de algum tempo ela deve tê-lo levado para a cama, porque logo fiquei sabendo que ela mentiu para todo mundo dizendo que estava grávida, e o você-sabe-o-quê de Barry o levou direto para as formalidades do divórcio. Eu, porém, fiz com que ele pagasse. Estou falando da empresa. Ele tinha posto tudo no meu nome caso o empreendimento falisse, e eu o forcei a pagar um preço acima do valor de mercado para abrir mão de tudo. Ele precisou fazer um empréstimo enorme.

Com isso e a pensão para o filho, não me surpreende que o dinheiro esteja curto. Faço uma anotação mental, depois torno a olhar para ela. Tenho certeza de que o bronzeado é falso. Os peitos com certeza são.

Gesticulo para a sala.

— A senhora parece ter superado tudo isso com muito sucesso.

Ela ri, um pouco envergonhada.

— Ah, Marcus é um partido muito melhor do que Barry. Ele não se interessa tanto por sexo.

Ela alisa a saia por cima das coxas à mostra e olha para mim, com uma pergunta não dita pairando no ar. Mas eu também tenho um tipo, e, pode acreditar, Moira Northam não chega nem perto.

Ela olha para as unhas pintadas, em seguida para mim.

— Além disso, Marcus já tinha o filho e herdeiro necessário, por isso não precisei destruir meu corpo tendo outro bebê.

Eu abro um sorriso. Ele pareceu ser necessário.

— A senhora falou que ela "mentiu".

— Há?

— Agora há pouco, a senhora falou que Sharon "mentiu dizendo que estava grávida". Ela não estava?

Moira dá de ombros, e as pulseiras balançam outra vez.

— Quem sabe? É, afinal, o truque mais velho de todos, e os homens parecem não aprender nunca. Meu Deus, é de se imaginar que a esta altura eles tivessem aprendido a guardar seu amiguinho nas calças. Tudo o que sei é que, nove meses depois, não havia bebê algum. E eles precisaram fazer fertilização in vitro para ter Daisy. Pelo menos, foi isso que ouvi dizer.

E isso provavelmente teve um custo alto para eles.

— E até onde a senhora sabe, Daisy não sabia que tinha um meio-irmão… Ela não sabia sobre Jamie?

— Não, a menos que Sharon ou Barry tenha contado a ela, e eu acho que isso é *extremamente* improvável. Para Sharon, toda a vida de Barry antes dela foi, qual é a palavra?, *editada*. É isso. A ponto de ela dizer que só começou a vê-lo depois que nos divorciamos, o que é, *obviamente*, mentira.

— E Jamie sabia sobre Daisy?

Ela enrubesce um pouco por baixo do bronzeado.

— Posso garantir que *eu* nunca a mencionei. Não tenho a menor ideia de como Jamie pode ter descoberto. Infelizmente, o senhor vai ter que perguntar a ele.

— Vou fazer isso. Também vou perguntar a ele, de novo, sobre onde ele estava quando Daisy Mason desapareceu. Porque até que consigamos confirmar seu paradeiro, não podemos eliminá-lo de nossas investigações.

Ela dá um sorriso.

— É sobre isso que eu queria conversar com o senhor. Não sei porque Jamie está sendo tão teimoso, talvez ele ache que um período em uma cela vá fazer maravilhas para sua credibilidade nas ruas com aqueles amigos delinquentes. Enfim, a questão é a seguinte: eu sei exatamente onde ele estava na tarde de terça-feira. Ele estava comigo.

— Isso é fácil de se dizer, sra. Northam...

— É, mas por acaso eu tenho provas. A sobrinha de Marcus vai se casar na semana que vem, e estávamos na casa de minha cunhada horrorosa para o ensaio. Tem até fotos, embora Jamie não vá gostar de eu mostrá-las ao senhor. Ele não gosta de ser visto com calças apropriadas. Deus sabe como vou conseguir enfiá-lo em um fraque.

Ela pega seu celular, encontra as fotos e entrega o aparelho para mim. Eu percebo, de relance, como suas mãos a entregam. Seu rosto está cheio de botox, mas as mãos têm veias inchadas e manchas de idade. Ela pega um lenço de papel na bolsa e vejo que é exatamente igual à de Sharon. Mas posso apostar que essa é a única coisa autêntica nela.

— Então — diz Moira, abrindo um sorriso enorme. — O senhor pode liberar o Jamie?

Eu devolvo o telefone a ela e me levanto.

— Ainda preciso fazer algumas perguntas. Imagino que a senhora gostaria de estar presente no interrogatório. Posso lhe dar uma carona até lá agora, ou a senhora pode me encontrar na delegacia. E, depois disso, vamos liberá-lo aos seus cuidados. Ele vai estar de volta ainda esta noite.

Ela olha para o relógio. Mais ouro.

— Nós vamos receber os Anderson para jantar hoje. Não tenho como cancelar. Nicholas Anderson é nosso conselheiro local. Talvez o senhor possa conseguir que um assistente social intervenha novamente?

Como disse antes: Barry Mason tem um tipo.

***

Quando finalmente chego em casa, Alex já foi para a cama. O frasco de comprimidos para dormir está aberto sobre a mesa de cabeceira. Eu o pego, mecanicamente, para verificar o peso. Alex sempre foi a mais forte de nós dois. Ou, pelo menos, sempre achei isso. Eu me lembro de meu padrinho de casamento chamando-a de minha rocha, e todo mundo sorriu e assentiu, reconhecendo a Alex que eles conheciam. Era a Alex que eu conhecia também, embora odiasse o clichê. Só nos últimos meses percebi como isso podia ser aterrorizantemente apropriado para a situação. Porque rochas não são flexíveis, rochas não cedem. O tipo de força de Alex, diante do insuportável, apenas se quebra em pedaços. Por isso verifico seus comprimidos para dormir. E por isso me asseguro de nunca deixar que ela me veja fazendo isso. Não posso deixar que ela pense que vejo uma conexão. Não posso deixar que ela pense que tem culpa. Ela já se sente responsável o suficiente, sem isso.

No térreo, eu me sirvo uma taça grande de Merlot e levo o DVD para a sala. A imagem impressa no envelope é de Daisy. Daisy em uma piscina sorrindo para a câmera. É um DVD enviado para a mãe de Sharon, e devia — só por essa razão — ser totalmente inocente. Mas tudo em que consigo pensar é naquele conto de fadas assustador. E naquele cartão de aniversário. Enquanto o aparelho liga, leio a carta que veio anexada.

Casa de Repouso Havenview
Yeading Road
Carshalton
20 de julho de 2016

Cara sra. Mason,
Obrigada por enviar sua contribuição para o "baú de tesouro" de Sadie. Reunir itens que têm uma lembrança especial, ou que lembrem tempos passados, demonstrou ser um jeito muito eficaz de estimular nossos residentes com Alzheimer e os ajuda a manter uma conexão com o passado.
É triste, mas infelizmente este item em especial não foi tão bem-sucedido quanto esperávamos. Nós mostramos o filme a Sadie, e no início houve pouca reação, mas, quando chegamos à parte com sua filhinha, ela ficou extremamente nervosa e começou a falar sobre alguém chamada "Jessica". Ela ficou tão abalada que decidimos, com pesar, que o vídeo estava fazendo mais mal do que bem. Sinto muito. Estou devolvendo o DVD caso a senhora tenha outro uso para ele.
Atenciosamente,
Monica Hapgood
Gerente

Então Sharon Mason não contou aos cuidadores de sua mãe que ela teve uma irmã.

Pego o controle remoto e aperto o play. Surge uma tela azul vazia, depois um título: *Para mamãe, de Sharon, Barry, Leo e Daisy.* E então:

☙ *Capítulo um: o casamento de Barry e Sharon* ❧

Não há trilha sonora, apenas uma música instrumental açucarada com flauta de bambu, que aguento por cerca de três minutos antes de tirar o som. O filme começa com uma foto de Barry de smoking com uma rosa vermelha na lapela e Sharon em um vestido tomara que caia justo de cetim e com uma tiara de diamantes falsos, segurando um buquê de rosas vermelhas. Então a câmera mostra Sharon caminhando pelo corredor entre as cadeiras em um salão de hotel. Há cerca de trinta pessoas, e fitas vermelhas amarradas no encosto das cadeiras. Um banner na parede dos fundos diz Feliz Natal 2005, e há guirlandas de azevinho e hera e uma árvore de Natal. Gerald Wiley está muito mais corpulento do que estava na foto do jornal, e ele conduz a filha com dificuldade, a respiração entrecortada. Seu rosto está ficando roxo. Sadie, por outro lado, está mais magra, e se mexe o tempo inteiro — na bolsa, no chapéu, no corpete. Eu me pergunto se ela já estava nos estágios iniciais da demência. Há o momento dos votos, depois algumas cenas da recepção. Barry fazendo seu discurso, os dois cortando o bolo. Dá para ver Gerald Wiley ao fundo. Ele não está sorrindo.

Capítulo dois: o primeiro aniversário de Leo

Leo está sentado em uma cadeira alta azul em uma cozinha — não é a cozinha de Barge Close. Está segurando uma colher de plástico amarela em uma das mãos e batendo com ela na bandeja da cadeira. Ele tem purê no queixo. A câmera recua e mostra uma Sharon grávida segurando um bolo de aniversário com uma vela. O bolo tem forma de leão. Ela o põe na frente de Leo, que olha para a vela e leva a mão na direção da chama. Sharon agarra a mão do filho e a segura. Ela parece cansada. Alguém, supostamente Barry, apaga a vela. Leo começa a chorar.

Capítulo três: o batizado de Daisy

É inverno. O grupo parado de forma desajeitada em frente à igreja está encolhido para se proteger do vento. Sharon aparece segurando um bebê pesadamente enrolado em um xale. Sadie está usando o mesmo casaco do casamento. Gerald está apoiado em uma bengala. Há duas outras pessoas mais velhas que são, supostamente, os pais de Barry. Barry está segurando Leo pela mão. O menininho está de paletó e gravata, com o cabelo penteado com gel, mas está tentando se afastar do pai e parece gritar. Sharon parece irritada, mas logo começa a sorrir quando a câmera foca nela e no bebê. Ela levanta a cabeça da pequena para que possamos vê-la.

ಬ *Capítulo quatro: férias de verão e outro aniversário* ೞ

Essa sequência se passou em algum lugar no exterior. No Algarve, talvez, ou na Espanha. Nós vemos Sharon, de biquíni e salto alto, andando de um lado para outro ao lado da piscina do hotel, fazendo pausas eventuais e movendo o quadril como uma miss. Ela tem uma tatuagem na panturrilha esquerda, e me surpreendo ao ver que é uma margarida. Em determinado momento, ela para de costas e olha para trás. Piscando para a câmera e mandando um beijo, no estilo Marilyn Monroe. Ela está em forma, e parece capaz de ter feito esse tipo de coisa profissionalmente. Sua pele está bronzeada e ela está sorrindo. Parece feliz. A câmera corta para Daisy, que está com um vestidinho florido e um chapéu enorme cor-de-rosa para se proteger do sol, batendo palmas com as mãos gordinhas. Ela não pode ter mais que dois anos. Então vemos Barry com Daisy na piscina. Ele a está segurando pela cintura acima da cabeça, depois faz aviãozinho com ela sobre a água. Para cima e para baixo, para cima e para baixo. Ela está gritando, alegre. Então Sharon aparece em um vestido de algodão azul e com brincos enormes, sentada em uma espreguiçadeira abrindo presentes de aniversário. O trecho termina com Daisy andando na direção da câmera, sorrindo e segurando uma placa que diz: *Amo você, mamãe.*

ಬ *Capítulo cinco: Natal* ೞ

A imagem de uma árvore (artificial) com as luzes acesas. A julgar pela penumbra, é manhã de Natal. A porta se abre e Daisy entra. Ela deve ter cerca de quatro anos e se parece de forma aflitiva com Jessica. Eu me pergunto se esse foi o momento em que eles tiveram que desligar o filme. Daisy dá um olhar travesso para a câmera, como se soubesse que não devia reconhecer a presença dela. Então vê a bicicleta apoiada na árvore e coberta de fitas cor-de-rosa. A imagem seguinte mostra as duas crianças cercadas por montes de papel de presente. Daisy está falando para a câmera, apontando para um presente que ganhou de cada vez e explicando o que são. Leo está ao lado, sem olhar para a lente, abrindo friamente um presente atrás do outro. Está claro pelo conteúdo que alguns não são para ele. A imagem seguinte é em frente a uma casinha geminada dos anos 1960 com uma porta de garagem azul pequena demais para qualquer carro moderno. Primeiro vemos Daisy na bicicleta nova, andando em nossa direção, e depois as duas crianças na neve, usando gorros com pompons e luvas e brincando de jogar bolas de neve com Barry. Daisy parece absurdamente fofa com um par de botinhas macias de pele de carneiro. Em determinado momento, Barry brinca de luta com Leo e o joga no chão, e os dois saem rolando juntos. Mas Leo se solta dele e corre na direção da câmera. Então vemos as duas crianças dando voltas e voltas em torno de um boneco de neve; Daisy está alisando cuidadosamente a neve, enquanto cerca de um metro atrás dela Leo está escavando a neve com uma colher de brinquedo pequena e vermelha.

ಲ *Capítulo seis: férias de verão outra vez* ಲ

Um pequeno jardim suburbano; é obviamente a mesma casa. A grama está amarronzada. Dá para ver uma espécie de prédio industrial atrás da casa além da cerca dos fundos — talvez o telhado de um posto de gasolina. Ou talvez eu só veja isso porque é o que eu via, pelos primeiros quinze anos de minha casa. As imagens borradas dos Mason são como uma paródia de meu próprio passado.

Barry então surge com uma sunga preta que não deixa margem para a imaginação, com o peito nu e as mãos no quadril. Ele parece ter passado óleo no corpo. Nós o vemos levantando pesos e fazendo pose para mostrar os músculos. Ele está rindo. Então a perspectiva muda e nós vemos Sharon em vestido bem largo. Ela está segurando uma bebida com um canudo e um guarda-chuvinha e ergue o copo, mas parece apática, e nitidamente ganhou muito peso. Então a câmera se move até Gerald Wiley na espreguiçadeira adjacente, rígido com seu cardigã, sua camisa e sua gravata, e depois Daisy, sentada no joelho da avó. Ela parece desconfortável, como se se sentisse deslocada. É uma expressão estranha de se ver no rosto de uma criança tão nova. Então a câmera se move mais para o lado, e vemos Leo em uma piscininha infantil, batendo na água de um jeito monótono e repetitivo que parece não lhe dar nenhum prazer. Quando Sharon se aproxima para tirá-lo dali, o menino começa a gritar, e percebo que ele não olhou diretamente para a câmera nenhuma vez.

***

Enviado: Domingo, 24/07/2016, 10h35
Importância: Alta
De: alan.challow@ThamesValley.police.uk
Para: adam.fawley@ThamesValley.police.uk
Assunto: Caso nº 372844 Mason, D

Seguem em anexo os resultados da perícia no Nissan Navarra preto de Barry Mason. Não foi possível examinar o carro de Sharon Mason, que sofreu grande dano causado pelo fogo.

Em resumo:

O interior e o exterior da picape foram testados para sangue e outras provas físicas. Nada inapropriado foi encontrado. Não havia traços de sangue na caçamba, nem nenhum DNA. Se o veículo foi usado para transportar um corpo, os restos mortais deviam estar cuidadosamente embalados em alguma cobertura impermeável. Observo que o sr. Mason tinha diversos coletes fluorescentes e outros itens de segurança para a utilização em canteiros de obra que, em teoria, poderiam ser usados para esse propósito, embora a jaqueta encontrada no carro sem dúvida não tenha sido – o único DNA era de Barry Mason. Ainda havia um capacete e um par de botas de segurança com biqueiras de aço, também contendo apenas o DNA dele. Havia outros itens de segurança em cores vibrantes na casa, mas o dano causado pelo fogo deixou-os inúteis para o propósito de obtenção de provas.

O carro não demonstrava sinais de ter sido limpo recentemente (na verdade, muito pelo contrário). O DNA de Barry, Sharon e Daisy Mason foi encontrado nos bancos, assim como o de outro membro do sexo masculino, provavelmente Leo Mason. Este último tinha principalmente a forma de unhas roídas consistentes em tamanho com as mãos de uma criança. Amostras dos outros indivíduos eram principalmente cabelo e pele, embora houvesse secreções vaginais de duas outras mulheres não identificadas, a maioria no banco de trás do carro, assim como pequenos traços de sêmen, identificado como de Barry Mason.

Houve apenas uma descoberta inesperada. Nós não tiramos amostra do DNA de Leo Mason, mas, com base nos fragmentos das unhas, posso afirmar categoricamente que ele não tem parentesco com o resto da família. Leo não é filho biológico dos Mason.

***

— Por que não nos contou que Leo não é seu filho biológico?

Estou parado diante da cela de Barry Mason. É domingo de manhã. Posso ouvir os sinos das faculdades, cada um tocando em um momento diferente. E, na verdade, isso serve como a melhor amostra possível da personalidade desta cidade. Barry está deitado de costas na cama com os joelhos erguidos. Ele precisa muito de um banho. Quanto a mim, estou precisando de uma boa sacudida, porque não posso acreditar que demorei tanto para descobrir isso. Leo não se parece nada com nenhum dos Mason, e, mesmo sem isso, a linha do tempo devia ter chamado minha atenção. Se eles se casaram em dezembro de 2005 e Leo tem dez anos, Sharon estaria grávida no casamento. O que, nitidamente, não estava.

Barry se senta e passa as mãos pelo cabelo, então joga as pernas para fora da cama.

— Não achei que isso fosse da conta de ninguém — diz ele, por fim. Mas a energia belicosa se esvaiu dele. — É Daisy quem está desaparecida, não ele. — Barry esfrega a nuca e olha para mim. — Eu devia estar falando com você sem minha advogada?

— Isso não tem relação com a acusação de pornografia. Mas pode ligar para ela, se quiser. Por falar nisso, nós obtivemos uma prorrogação. Podemos segurá-lo por mais 24 horas antes de acusá-lo.

Ele olha fixamente para mim por um momento, pensando, então solta um suspiro.

— Está bem, como você quiser.

— Por que vocês decidiram adotar? Ao que parece, vocês são capazes de ter seus próprios filhos.

— Nós não sabíamos disso na época, entende? Veja bem, eu só pedi o divórcio de Moira porque Sharon estava grávida, mas então ela perdeu o bebê e ficou muito abalada. O médico disse que ela talvez não pudesse mais ter filhos. Disseram que a fertilização in vitro era nossa única opção, mas as probabilidades estavam contra nós. Nós teríamos sorte se funcionasse. Por isso decidimos adotar.

— Mas fizeram a fertilização in vitro mesmo assim. Só por garantia.

— Isso.

— Qual era a idade de Leo quando vocês o adotaram?

— Uns seis meses.

— Vocês tiveram sorte, não há muitos bebês disponíveis hoje em dia.

Ele desvia o olhar.

— Sr. Mason?

— Se quer saber, disseram que ele talvez tivesse alguns problemas. Mas quando o vimos, ele parecia bem. Uma criança bonita. Que se afeiçoou a Sharon imediatamente.

E Sharon estava desesperada por um filho — desesperada para impedir que Barry Mason mudasse de ideia e voltasse para Moira. E seu dinheiro. E seu filho verdadeiro.

— Então Sharon, no fim das contas, ficou grávida.

— Nós mal pudemos acreditar. Mas foi num péssimo momento. Apenas algumas semanas depois de finalizarmos toda a papelada da adoção. Mas já era tarde demais. Nós não podíamos devolvê-lo.

Não acredito que estou ouvindo isso.

— Que tipo de problemas?

— Desculpe?

— Você falou que disseram que Leo tinha "alguns problemas".

— Só disseram que ele *podia ter*. Era cedo demais para ter certeza. Ele podia também estar perfeitamente bem. E ele esteve, enquanto era bebê. Sempre muito quieto, nunca nos deu muito trabalho. Não como Daisy, ela sempre foi um problema para dormir. Chorava por horas, deixava nós dois loucos. Só mais tarde, quando tinha uns quatro ou cinco anos, Leo começou a ficar um pouco, você sabe, estranho.

— E quando disseram que ele podia ter problemas, explicaram por quê?

— Aparentemente, sua mãe estava cumprindo pena e não pôde cuidar dele direito. Tinha problemas com bebida, esse tipo de coisa. Foi por isso que ele acabou no orfanato.

Eu respiro fundo. Faz sentido. O jeito aéreo, as variações de humor. E o que vi com meus próprios olhos, dois dias atrás. A pergunta é se isso é *tudo*. Se isso para por aqui.

— O que o médico disse?

Ele bufa.

— Sharon não gosta dele. Diz que tudo o que aquele médico faz é se meter onde não é chamado. Até onde sabemos, Leo tem apenas um atraso no desenvolvimento, e o médico não tem como provar o contrário. Ela sempre diz que o jeito de criar nossos filhos não é da conta de mais ninguém.

E isso faz sentido, também. A última coisa que Sharon ia querer é que alguém achasse que ela estava criando uma criança imperfeita. Ou que ela teve que recorrer à adoção para conseguir uma.

— Todo o problema que ele está tendo na escola, as agressões verbais, o bullying…

Barry parece exasperado.

— Leo precisa apenas aprender a se defender, só isso. Deixar de ser o fracote que ele é. Olhe, na verdade não é tão ruim. É sério. Na maioria dos dias, não dá nem para perceber que ele é diferente. É um bom garoto. Dócil.

— Até recentemente.

— Bom, é.

— Você sabe por quê? Alguma coisa aconteceu que possa ter desencadeado isso?

— Não tenho ideia.

— Ele sabe que é adotado?

Ele balança a cabeça.

— Não, nós não contamos a ele.

Eu conto até dez.

— Não acha que está ficando um pouco tarde para contar uma coisa dessas a ele? Em algum momento, Leo vai acabar descobrindo, e, quanto mais velho for, pior.

Eu sei muito bem disso. Meus pais nunca me contaram que não sou seu filho biológico, mas carrego isso comigo há mais de trinta anos. Descobri quando não era muito mais velho do que Leo, remexendo na escrivaninha de meu pai sem permissão. Bisbilhoteiros não descobrem nada de bom. Mas não foi por isso que não contei; eu sabia, instintivamente, do jeito que as crianças sempre sabem, que isso era algo que eu nunca poderia conversar abertamente com eles e, até hoje, nunca fiz isso.

Barry dá de ombros.

— Não depende de mim, parceiro. E não adianta discutir com Sharon. Pode acreditar em mim.

Quando saio da cela, soco a parede por conta da frustração e machuco o pulso. Ainda estou sacudindo a mão para me livrar da dor quando meu telefone toca. É Everett.

— Queria ligar para você ontem à noite — diz ela. — Mas achei que você já estaria dormindo. Olhe, andei pensando sobre Leo. E me lembrei daquele e-mail do médico no qual ele se referia a Leo ir fazer "seu check-up". É uma coisa estranha de se dizer, não é? Faz parecer que os Mason iam lá o tempo todo. Isso não é normal, é? E o médico foi muito cauteloso… Toda a conversa no fim sobre precisar de autorização para liberar qualquer informação sobre a família. Acho que ele estava tentando nos dizer alguma coisa. Sob o disfarce de estar fazendo exatamente o oposto.

Então ela também chegou lá. Ela é inteligente. Everett vai longe.

— Recebi um e-mail de Challow hoje de manhã — digo. — As provas no carro mostram que Leo é adotado.

— Meu Deus… E eles não nos contaram?

— Nem me fale. Claro, isso não importaria, se fosse toda a questão. Mas não é.

Eu conto a ela o que Mason acabou de me dizer.

— Merda — diz ela. Então, rapidamente: — Ontem, quando estava sentada com ele, ele disse que era tudo sua culpa, mas, quando perguntei o que ele queria dizer com aquilo, Leo se fechou imediatamente. Então, hoje de manhã, eu saí do banho e o encontrei embaixo da cama. Ele disse que tinha perdido alguma coisa e acendido um fósforo para ajudar a procurar. Parte do colchão já tinha queimado. É um milagre o lugar inteiro não ter pegado fogo. Ele disse que encontrou os fósforos na gaveta.

Então é a minha vez:

— Merda.

***

Página do Facebook de "Encontrem Daisy Mason"

Ainda não há notícias de Daisy, apesar de uma grande busca da polícia na área em torno de sua casa. A polícia interrogou os pais, e agora há relatos de que um adolescente não identificado está "ajudando nas investigações". Se você mora na área de Oxford e viu alguma coisa suspeita na tarde ou na noite da terça-feira (19), por favor, ligue para a polícia. Mande chamar o detetive Adam Fawley no telefone 01865 0966552. Se você estava viajando de férias e ainda não se atualizou com as notícias, isso é especialmente importante.

Jason Brown, Helen Finchley, Jenni Smale e outras 285 pessoas curtiram isso

PRINCIPAIS COMENTÁRIOS

Dora Brookes Acabamos de voltar de alguns dias fora e só agora vimos essa notícia terrível. Não sei o que fazer. Eu vi um homem botar alguma coisa em uma caçamba em nossa rua naquela tarde. Estamos a menos de um quilômetro da área residencial de Canal Manor. Sei que a data era essa porque foi o dia em que viajamos. Ele estava usando uma jaqueta fluorescente e um capacete. Tem tanta construção acontecendo por aqui que não dei importância a isso na época. Mas agora estou me perguntando: será que isso pode ter alguma coisa a ver com o desaparecimento de Daisy? Fui lá agora e dei uma olhada, e a casa está vazia e ainda não tem ninguém no local. Parece que a obra nunca começou, então por que um operário teria ido até ali? O que as pessoas acham? Eu não consegui ver o que ele pôs na caçamba, então pode não ser nada. Não quero desperdiçar o tempo da polícia.
Domingo, 24 de julho de 2016 às 16:04

Jeremy Walters Acho que você devia ligar imediatamente para a polícia.
Domingo, 24 de julho de 2016 às 16:16

Julie Ramsbotham Concordo. Não se preocupe em incomodar a polícia. Eles preferem saber, tenho certeza. Aí eles podem verificar direito.
Domingo, 24 de julho de 2016 às 16:18

Dora Brookes Obrigada aos dois. Vou fazer isso.
Domingo, 24 de julho de 2016 às 16:19

***

Richard Donnelly vive em uma grande casa geminada dos anos 1930 na periferia de Wolvercote. Parece muito a casa dos Rahija, na verdade, menos as privações, as drogas e a melancolia geral. Quando paro em frente à casa, posso vê-lo tirando malas do carro. Ele tem a expressão cansada de um homem que acabou de desfrutar de duas semanas ininterruptas com os três filhos pequenos.

Quando me apresento, ele fica imediatamente cauteloso.

— Eu já lhe disse, detetive. Não posso divulgar nada sobre a família Mason sem a devida autorização.

— Eu sei, dr. Donnelly. Não vou pedir que o senhor faça isso. O que proponho é lhe contar o que já sabemos, então perguntar se o senhor pode me dar alguma informação geral. Só informação médica básica. Nada específico sobre os Mason.

Ele pensa.

— Está bem, concordo com isso. Por que o senhor não entra? Vou pedir para minha esposa preparar um chá. Por que nunca conseguimos beber um chá decente no exterior?

— É o leite — digo, percebendo que estou falando igual a Sharon Mason.

As plantas do quintal precisam desesperadamente de água e de uma aparada, mas há um banco embaixo de uma pérgola que tem vista para Port Meadow. Posso ver quatro ou cinco cavalos de cor creme com algumas manchas castanhas. Eles estão parados tão imóveis e em uma composição tão perfeita, que mal parecem reais. Mas então uma cauda se agita, e a ilusão se desfaz. Nós trouxemos Jake para ver esses cavalos uma vez, depois que alguém no escritório de Alex disse que uma das éguas tinha tido um potrinho. Ele devia ter apenas dois ou três dias, saltando, pulando e agitando a cauda pequenina. Nós tivemos que praticamente arrastar Jake para casa.

— Não tinha ideia de que o senhor estivesse tão perto de Meadow.

— No inverno — diz Donnelly, botando duas canecas sobre a mesa — dá para ver os pináculos do quarto do meu filho.

Espero que ele sirva o chá, então começo:

— Há duas coisas que sabemos agora que não sabíamos quando a detetive Everett entrou em contato com o senhor pela primeira vez. A primeira é que Leo Mason é adotado. A segunda é que sua mãe biológica era alcoólatra.

Ele não diz nada, mas por sua expressão tenho certeza de que isso não é novidade para ele, mesmo que fosse para mim.

— Então, dr. Donnelly, o que pode me dizer sobre os efeitos de longo prazo da Síndrome do Alcoolismo Fetal?

Ele parece cético.

— Apenas teoricamente?

— Apenas teoricamente.

Ele baixa sua xícara.

— Não me diga que o senhor ainda não pesquisou no Google.

— É claro. Mas quero ouvir do senhor.

— Está bem, esta é a versão oficial: como provavelmente já descobriu, os efeitos na criança podem variar muito, mas o denominador comum na maioria dos casos é dano neurológico. Isso causa um espectro de dificuldades de aprendizado de leves a severas. Também há complicações físicas: problemas hormonais, e órgãos como o fígado e os rins podem ser afetados. — Ele hesita. — Problemas estomacais podem ser outro sintoma. É bastante raro, mas pode acontecer.

Nuka, o vomitão, penso. Em seguida, penso em como as crianças podem ser observadoras.

— O sinal físico mais comum é aqui. — Ele leva a mão ao rosto. — Sabe a depressão entre a boca e o nariz? Ela se chama sulco nasolabial. Em crianças com Síndrome do Alcoolismo Fetal, esse sulco é frequentemente subdesenvolvido. É muito característico, quando você sabe o que procurar.

Foi o que percebi em Leo, quase na primeira vez que o vi. Mas não me dei conta do que significava. Não na época.

— Há algum exame para detectar isso? Fisiologicamente.

— Não, não há nenhum exame definitivo. E isso pode aumentar o problema. A Síndrome do Alcoolismo Fetal pode ser frequentemente confundida com autismo ou transtorno do déficit de atenção, mesmo por um médico experiente, porque boa parte do comportamento é bastante parecida; as crianças podem ser hiperativas e sua coordenação física pode ser ruim. Elas têm os mesmos problemas com empatia, também, então frequentemente têm dificuldade de estabelecer relacionamentos e lidar com outras pessoas. Especialmente em grupos.

— Então crianças assim podem ser alvos fáceis para bullying.

— Infelizmente, sim. E, se acontece, elas em geral não lidam com isso muito bem. Elas não são boas em pensar nas consequências de suas ações, então têm uma tendência a agir impulsivamente, e isso pode piorar ainda mais a situação.

Como tentar acertar o olho de outra criança com um lápis, por exemplo.

Donnelly dá um suspiro.

— Essas crianças precisam de bastante apoio. Precisam de um ambiente doméstico estável e de especialistas treinados para ajudá--las a desenvolver as técnicas de que precisam para lidar com seus problemas. Não há uma saída fácil, detetive. Os pais de uma criança com Síndrome do Alcoolismo Fetal encaram anos de cuidados com paciência e zelo. E isso pode ser uma tarefa cansativa e ingrata.

— Mas e se a criança não tem esse apoio, e se os pais se recusam a reconhecer o problema?

Ele olha para mim, depois desvia o olhar.

— Às vezes pode levar muito tempo para os sintomas se tornarem pronunciados. Nessas circunstâncias, os pais podem relutar a fazer um julgamento rápido; as pessoas, em geral, não gostam de rotular os filhos. Nesse caso, eu monitoraria a criança de perto e recomendaria uma consulta com o pediatra comunitário se e quando eu achasse necessário. Ou útil.

— E os pais podem se recusar a fazer isso?

Ele fica vermelho.

— A maioria das pessoas quer o melhor para seus filhos.

Isso não é uma resposta, e ele sabe disso.

— Mas os pais *podem se recusar*?

Ele assente.

— E aí, o que acontece?

— Se, *em teoria*, eu me visse em uma situação dessas, eu continuaria a monitorar a criança e pensaria em falar com a enfermeira da escola. Também passaria bastante tempo explicando aos pais a importância de conseguir a ajuda profissional de um especialista quanto antes. Enfatizaria que as consequências a longo prazo poderiam ser catastróficas: vício em drogas, violência, agressão sexual. Há algumas estatísticas horríveis dos Estados Unidos, onde, como sempre, eles estão muito mais avançados em relação a essas coisas que nós. Vi um relatório que estimava que pessoas com Síndrome do Alcoolismo Fetal têm dezenove vezes mais chances de acabar na prisão.

O que não faz nada além de confirmar meus piores medos.

Eu me levanto para ir embora, mas há nitidamente algo mais na mente do médico.

— Detetive — diz ele, me encarando nos olhos. — Crianças com Síndrome do Alcoolismo Fetal costumam ter uma tolerância extremamente grande à dor. Então o que pode acontecer, às vezes, é que elas jogam toda essa raiva e frustração acumuladas em si mesmas. Em outras palavras…

— Eu sei — digo. — Elas machucam a si mesmas.

***

Quinn está desligando o computador quando chega a ligação. Ele prende o fone contra o ombro enquanto fecha todos os programas, escutando apenas parcialmente. Então, de repente, ele se senta ereto e segura o telefone com força.

— Diga de novo. Tem certeza?

Ele remexe os papéis em sua mesa, procurando uma caneta.

— Qual o endereço? Loughton Road, nº 21. Entendido. Vou ligar para a perícia e dizer que vou me encontrar com eles lá. É, eu sei que hoje é domingo, porra.

Então ele se levanta, pega o paletó e sai.

***

Quando estaciono em frente à minha casa, o celular apita. Alerta de e-mail. Eu abro o arquivo e o examino, então ligo para Everett.

— Você pode levar Leo Mason até Kidlington amanhã às nove da manhã? Vamos precisar que Derek Ross o acompanhe, então pode ligar para ele e organizar isso, também. Peça desculpa, mas diga que não há alternativa. Em relação a Sharon, ela pode assistir pelas câmeras se quiser, mas não pode estar na sala. E se ela quiser levar um advogado, pode fazer isso, também. Não vou discutir. Mas quero você lá. Se Leo confia em alguém aqui, esse alguém é você.

Estou saindo do carro quando o telefone toca outra vez. Mal consigo entender as palavras devido ao pânico.

— Devagar… Onde ela está? Em que hospital? Está bem, não se preocupe. Nós vamos cuidar disso. Concentre-se apenas em Janet.

Eu encerro a ligação e fico ali parado por um momento. Quando entro na sala alguns minutos depois, Alex ergue os olhos e pergunta por que estou chorando.

***

Já tem uma multidão se reunindo quando Quinn chega à Loughton Road. Um oficial da perícia forense está desenrolando uma fita azul e branca diante da entrada da casa, e dois outros estão removendo itens da caçamba, um por um. Cadeiras velhas, rolos de carpete apodrecido, balanças de banheiro quebradas, placas de gesso se desfazendo. Não importa quanto uma região é rica, o lixo ainda é jogado na caçamba dos outros. Um dos policiais conduz Quinn até uma mulher de meia-idade com um vestido solto e legging preta, parada logo atrás da faixa. Ela está com o cabelo preso em um coque malfeito, uma dessas mulheres que deixa o cabelo crescer, mas nunca o deixa solto. Ela parece agitada, e começa a falar antes mesmo que Quinn a alcance.

— Ah, policial… Fui eu quem liguei. Queria ter sabido sobre Daisy antes, me sinto péssima por ter demorado tanto para entrar em contato, mas não tínhamos televisão no chalé, e não tenho internet no celular. É caro demais, não é? E ninguém nunca consegue sinal em Exmoor mesmo…

— Srta. Brookes, não é? — diz ele, pegando seu tablet. — Pelo que entendi, a senhorita viu um homem botar alguma coisa na caçamba na tarde de terça-feira, certo? Quando, exatamente? A senhora lembra?

— Ah, devia ser umas cinco. Nós queríamos sair mais cedo, é uma viagem longa, mas aí tive que buscar a roupa na lavanderia e tinha fila, então as coisas foram acontecendo…

Meu Deus, pensa Quinn. *Será que ela consegue parar de falar?*

— Então por volta das cinco, na terça-feira. Qual era a aparência do homem?

— Como disse ao outro policial, ele estava usando uma daquelas roupas de plástico amarelo vibrante…

— Roupa fluorescente?

— É, isso mesmo. Uma jaqueta e um capacete, até uma máscara, sabe? Essas brancas que usam durante a lixação. O cara que tirou o acabamento texturizado do teto do nosso banheiro tinha uma igual. Eu devia ter me dado conta de que era um pouco estranho, devia ter chamado vocês antes. Estou tão preocupada que isso possa ter feito alguma diferença… O senhor não acha isso, acha…?

— A senhorita pode descrevê-lo? Altura, peso?

— Bom, na verdade, muito pouco. Ele estava curvado atrás da caçamba, então eu não consegui ver muito.

— Está bem, a senhorita se lembra de alguma coisa sobre o que ele botou na caçamba, qualquer coisa?

— Infelizmente não estava prestando muita atenção, policial. Phoebe, nossa chihuahua, estava latindo porque não gosta de ficar esperando no carro. Elspeth estava tentando acalmá-la, e um jovem horrível fez um gesto grosseiro para mim quando eu estava voltando da lavanderia porque buzinei quando ele atravessou a rua enquanto o sinal estava verde. Não acho isso justo, o senhor acha? Eu tinha todo o direito de estar ali…

— E quanto à caçamba, srta. Brookes?

Ela pensa por um momento.

— Bom, tudo o que posso dizer é que, o que quer que tenha sido, ele podia carregar com facilidade com apenas uma das mãos, então não era muito pesado. E estava enrolado em alguma coisa. Disso tenho certeza. Mas não era um saco plástico. Não refletia a luz. Eu com certeza me lembro de perceber isso.

Então, de desprezo deliberado, Quinn passa para admiração relutante. Ainda mais quando, alguns minutos depois, um dos membros da equipe da perícia o chama e pega alguma coisa de dentro da caçamba. Algo leve o bastante para ser erguido com apenas uma das mãos e embalado em jornal.

***

Quando chego ao Hospital John Radcliffe, já é quase noite. Passo dez minutos dirigindo em círculos procurando o departamento certo, e mais dez até encontrar um lugar para estacionar. Lá dentro, os corredores estão desertos, tirando uma eventual enfermeira cansada e faxineiros empurrando carrinhos com esfregões e baldes. No segundo andar, uma mulher maternal no posto de enfermagem me pergunta se eu sou um parente.

— Não, mas tenho isso.

Ela olha para minha insígnia policial, então para mim, desconfiada.

— Tem algum problema do qual nós não sabemos, detetive?

— Não, nada disso. O pai, o sr. Gislingham, trabalha para mim. Eu só queria ver como Janet está.

— Ah, entendo — diz ela, tranquilizada. — Bom, nós não vamos saber ao certo por algum tempo, infelizmente. Ela teve fortes dores abdominais e um sangramento hoje mais cedo, então nós a estamos mantendo sob observação.

— Ela pode perder o bebê?

— Esperamos que não — diz ela, mas seu rosto contradiz as palavras. Na idade de Janet, as probabilidades não costumam ser boas. — Nós simplesmente ainda não podemos ter certeza. Nesse estágio, não há muita coisa que possamos fazer além de mantê-la confortável e confiar na natureza para se acertar sozinha. O senhor quer ver o sr. Gislingham? Já que fez todo esse esforço para chegar aqui?

Hesito. Não entro em uma maternidade desde o nascimento de Jake. Nós temos um vídeo do parto, seu rostinho amassado gritando por sua primeira lufada de ar, seus punhos diminutos abrindo e fechando, e aquele tufo de cabelo escuro que ele nunca perdeu, embora tenham nos dito que ele perderia. Escondi a fita no sótão. Não consigo aguentar a felicidade. Sua fragilidade insuportável.

A enfermeira está olhando para mim, com o rosto cheio de preocupação.

— O senhor está bem?

— Desculpe. Só estou cansado. Na verdade, eu não quero incomodá-los.

— Na última vez que olhei, seu colega estava dormindo na poltrona. Mas vamos dar uma espiada rápida. Ele pode gostar de ver um rosto amigo.

Eu a sigo pelo corredor, tentando não ver os berços, os novos papais deslumbrados. Janet está em um quarto individual. Quando olho pela janela de vidro na porta, as cortinas estão fechadas e ela está dormindo, com uma das mãos aninhada sobre a barriga e a coberta embolada na outra. Gislingham está na poltrona na extremidade da cama, com a cabeça jogada para trás. Ele está com um aspecto horrível, o rosto muito pálido.

— Não vou incomodá-lo. Isso não vai ajudar em nada.

Ela dá um sorriso simpático.

— Está bem, detetive. — Ela me dá um tapinha no braço. — Não vou me esquecer de dizer a ele que o senhor esteve aqui.

Ela escolheu a profissão certa, é exatamente a pessoa que você gostaria de ter por perto se houvesse acabado de ter um filho. Ou se tivesse perdido um.

***

16 de abril de 2016, 10h25
94 dias antes do desaparecimento
Área comercial, Summertown, Oxford

Azeem Rahija está sentado em seu carro em frente ao banco. Do outro lado da rua, a Starbucks está cheia com os clientes de sábado. Azeem pode ver Jamie a uma das mesas. Ele tem um copo à sua frente e uma bolsa de lona aos pés. Está tamborilando com os dedos sobre a mesa e não para de olhar para a porta.

Azeem acende um cigarro e baixa a janela do carro. Do outro lado da rua, um homem abre a porta do café. Está na casa dos quarenta anos. Usa um jeans apertado e casaco de couro. Ele está conversando no celular e gesticulando muito enquanto fala. Duas mulheres na mesa do canto olham para ele quando passa, e ele apruma um pouco os ombros. Jamie olha fixamente até que ele termine a ligação e se sente à mesa, pendurando a jaqueta nas costas da cadeira.

Azeem não tem ideia do que eles estão conversando, mas é óbvio que as coisas não estão correndo bem. O homem não para de balançar a cabeça. Parece que Jamie está perguntando a ele por quê. Então há um longo momento em que nenhum dos dois diz nada. O homem se levanta e aponta para o copo na frente de Jamie, que balança a cabeça. O homem dá de ombros, então se vira e vai na direção do balcão para se juntar à fila do café. Ele para no caminho para falar com as mulheres da mesa do canto.

Azeem observa Jamie estender a mão até a jaqueta do homem e pegar seu celular. O garoto ergue os olhos para se assegurar de que o homem não esteja olhando, mas ele está ocupado demais paquerando as mulheres. Jamie digita por algum tempo. Então sorri. Não é um sorriso bonito. Ele bota o telefone de volta onde o encontrou e, quando o homem volta alguns minutos depois, Jamie se levanta. O homem faz uma tentativa pouco convincente de fazê-lo se sentar outra vez, mas

Jamie o ignora. Ele pega sua bolsa e sai andando entre as mesas até a porta. Ele para na calçada por um momento para acender um cigarro, em seguida desvia dos carros ao atravessar a rua. Azeem vê o homem na Starbucks se recostar na cadeira e respirar fundo, em seguida pegar a colher do café. O alívio em seu rosto é inconfundível.

Jamie bate na janela, e Azeem se inclina até lá e abre a porta.

— Filho da mãe de merda — diz Jamie com os dentes cerrados, jogando a bolsa no banco de trás.

— Eu disse, cara. Escrotos como ele... só pensam em si mesmos.

Azeem vê muitos programas norte-americanos.

— É, certo — diz Jamie. — Eu podia ficar sem a droga do seu *eu te disse*.

Azeem dá de ombros. Ele não vê o pai há anos.

Jamie dá um trago demorado no cigarro e olha para Azeem.

— Mas eu aprontei para ele. Aprontei direitinho.

— O que, você está falando do celular?

Jamie sorri, estreitando os olhos.

— É. O celular. Não tinha nem a droga de uma senha. Babaca burro.

Os dois riem, então Azeem liga o motor e sai cantando pneus, quase acertando o para-choque traseiro do Nissan Navarra estacionado em frente. Um garotinho no banco de trás os observa se afastar, em seguida se vira para olhar novamente para o homem na janela da Starbucks.

Ele se mudou para a mesa no canto com as duas mulheres.

***

Na sala de ocorrências na manhã seguinte não há piadas, não há brincadeiras, na verdade não há muito de nada. A sala emudecida fica totalmente silenciosa quando tomo meu lugar à frente. Eles devem achar que estou trazendo más notícias.

— Desconfio que a maioria de vocês já sabe que Janet Gislingham foi levada ontem para o hospital. Se eu souber de alguma coisa, qualquer coisa, vou informá-los, mas, no mínimo, devemos supor que Chris não vai trabalhar nos próximos dias, então vamos precisar garantir que tenhamos cobertura. Quinn, quero que você resolva isso.

Quinn se levanta de onde estava sentado na beira de sua mesa.

— Chefe, também preciso atualizar todo mundo com o que aconteceu ontem à noite. Recebemos uma ligação de uma mulher que viu um homem com uniforme de proteção jogar alguma coisa em uma caçamba na tarde em que Daisy desapareceu. Ela achou suspeito porque ainda não há trabalhadores naquele canteiro de obras. Enfim, nós verificamos e recuperamos um embrulho feito de jornal. O *Guardian*, para ser exato. Datado de um dia antes, 18 de julho.

— O que havia nele?

— Um par de luvas extragrandes resistentes a cortes. Do tipo usado por pedreiros. Com uma coisa plástica cinza nas palmas e laranja fluorescente nas costas. E tem sangue, também. Assim como outras manchas nas costas que são de uma cor avermelhada que acredito ser algo diferente. A perícia forense já está fazendo os testes nelas.

Eu olho ao redor da sala.

— Então, quando achamos que Barry Mason podia estar parecendo cada vez menos um suspeito, ele volta direto ao centro de tudo.

— Tem mais uma complicação, também. — Desta vez, é Everett. — Acabei de falar com David Connor no telefone. Vocês sabem... o pai de Millie. Ele tem conversado com ela novamente sobre Daisy, e ela contou uma coisa que não tinha contado antes. Sobre a véspera da festa. Quando as crianças estavam na casa dos Connor experimentando as fantasias. Aparentemente, Daisy implorou a Millie que não contasse a ninguém.

— Alguma coisa sobre Daisy?
— Não, chefe. Sobre *Leo*.

***

— Como você está, Leo?

Leo ergue os olhos para mim, em seguida torna a baixá-los. Ele está usando uma camisa de futebol do Chelsea grande demais para ele e um short. Os dois joelhos e uma das pernas estão arranhados. Derek Ross está sentado ao lado dele do outro lado da mesa, e Sharon está na sala ao lado com o advogado nos observando pelo vídeo. Com seu vestido sem mangas e o bolero, ela parece ter acabado de passar por ali a caminho de um veleiro.

Everett passa uma lata de Coca-Cola para o garoto e dá um sorriso.

— Caso você sinta sede.

— Agora, Leo — começo. — Infelizmente tenho que fazer algumas perguntas a você, e algumas delas podem ser um pouco perturbadoras. Mas, se você ficar nervoso, quero que nos conte, está bem? Você entendeu?

Ele assente; está brincando com o anel de alumínio da lata.

— Você se lembra dos bombeiros que chegaram na sua casa para apagar o incêndio?

Ele torna a assentir.

— Quando há um incêndio daqueles, o bombeiro encarregado precisa fazer um relatório, para descobrir o que aconteceu.

Nenhuma reação.

— Bom, eles acabaram de me mandar uma cópia desse relatório. Quer que eu conte o que ele diz?

Ele não ergue os olhos, mas a lata de repente se move bruscamente, e o anel de alumínio se solta.

— Diz que eles, no fim das contas, não acham que o coquetel Molotov veio da rua atrás da casa. Eles, no início, acharam isso, mas perceberam que estavam errados. Na verdade, tudo está ligado à forma como a janela se quebrou. É um pouco como aqueles seriados policiais na TV. Encontrar todos os pedaços de vidro e montá-los novamente.

— Tipo *CSI* — diz Leo, ainda com os olhos baixos. — Eu já vi esse. E *Law & Order*.

— Isso mesmo. É exatamente o que estou querendo dizer. Enfim, depois de fazer todas aquelas coisas inteligentes, os bombeiros agora acham que o fogo começou dentro da casa. E eles sabem em que quarto foi, porque encontraram gasolina. Eles não encontraram em mais nenhum lugar. Só em um quarto.

Silêncio.

— Você sabe onde o fogo começou, Leo?

Ele dá de ombros, mas seu rosto está vermelho.

— Foi no seu quarto, não foi?

Silêncio. Derek Ross olha para ele, em seguida, faz sinal de positivo para mim com a cabeça. Podemos continuar.

— Você se lembra — digo depois de algum tempo — do dia em que nos conhecemos? Depois que Daisy desapareceu? Você disse que gostou dos fogos de artifício na festa. Você se lembra disso?

Ele assente.

— Era essa a aparência deles, Leo? Você acordou com o barulho do lado de fora e, quando olhou pela janela do seu quarto, viu os coquetéis Molotov explodirem no jardim e achou que fossem fogos de artifício?

Silêncio outra vez.

— Quer que eu conte a você o que aconteceu? Acho que você viu que um deles não tinha explodido, então desceu, o pegou e o levou para casa, deixando a porta dos fundos aberta. Acho que pegou fósforos na cozinha e tornou a subir. E acho que você acendeu a bomba lá em cima, e foi assim que o incêndio começou.

Seu rosto, agora, está muito vermelho. Derek Ross se inclina em sua direção e põe a mão delicadamente em seu braço.

— Tudo bem, Leo?

— Você pode nos contar — digo. — O que aconteceu depois disso? Você ouviu sua mãe chamando você?

A voz dele está muito baixa, tão baixa que preciso me debruçar para a frente para captá-la.

— Ela estava no andar de baixo.

— Mas você não tentou descer? As chamas estavam grandes demais?

Ele balança a cabeça.

— Você não estava com medo? Você não percebeu que podia se machucar?

Ele dá de ombros.

— Eles não iam se importar. Eles só ligavam para Daisy. Não para mim. Eles queriam me devolver.

Sinto Everett olhando para mim. Ela sabe tão bem quanto eu o que temos que fazer em seguida. Embora eu me odeie por fazer isso, embora não possa prever o dano que possa estar causando.

— Leo — digo com delicadeza. — Você sabe o que significa a palavra "adotado"?

Ele assente.

— Daisy me contou. Ela disse que eu não era irmão dela de verdade. Disse que era por isso que ninguém me amava.

Duas lágrimas grandes brotam em seus olhos e começam a escorrer lentamente pelo rosto.

— Isso foi uma coisa muito má de se dizer. Vocês estavam discutindo?

Ele assente.

— Ela disse isso no dia em que desapareceu?

— Não, foi há séculos. No meio do semestre.

Cerca de dois meses atrás, então. Por volta da época em que Leo começou a se comportar de modo estranho. Por volta da época em que ele começou a partir para o ataque. Não é algo surpreendente. Coitado.

— Você sabe como ela descobriu?

— Ela estava escutando escondido. Nossos pais não sabiam que ela estava ouvindo. Ela estava sempre fazendo isso. Daisy sabia muitos segredos.

Eu aponto para Everett. É a vez dela.

— Conte para a gente sobre o dia em que Daisy desapareceu — diz ela com delicadeza.

Mais lágrimas, brotando em silêncio.

— Eu estava com raiva quando Daisy saiu correndo e me deixou com aqueles garotos. Eu gritei com ela.

— Então vocês tiveram outra discussão? O que ela disse?

— Ela disse que tinha outro irmão. Um de verdade. Ela disse que nosso pai tinha um filho verdadeiro, e que ele ia ver o garoto em vez de mim, e que ele não precisava mais de um adotado.

— Isso deixou você bravo?

Os olhos dele encaram o chão.

— Eu já sabia que eles não se importavam comigo.

Posso ver, então, a aflição nos olhos de Everett. Há mais sofrimento naquela sala do que um menino pode aguentar.

— E o que aconteceu quando você chegou em casa? — pergunta Everett, por fim. — Você viu a Daisy?

Os olhos dele passam brevemente pelo rosto dela.

— Eu já falei. Eu não *queria* ver ela. Não sei o que aconteceu. Eu estava com a música ligada.

— Leo — digo, me esforçando para manter a voz firme. — Você nos contou agora mesmo que estava com muita raiva. Você tem certeza de que não foi ao quarto dela quando voltou? Nós todos entenderíamos se você ainda estivesse com raiva. Ela disse coisas muito más para você. Eu ficaria aborrecido se alguém dissesse essas coisas para mim. E às vezes, quando as pessoas ficam com raiva, alguém se machuca. Você tem certeza de que isso não aconteceu com Daisy?

— Tenho — diz ele.

— Você ficou com raiva na escola, não foi? De um daqueles garotos que estava fazendo bullying com você. Você tentou enfiar um lápis no olho dele.

Leo dá de ombros.

— Ele estava me machucando.

— E mais alguma coisa aconteceu no dia anterior ao desaparecimento de Daisy? Quando vocês estavam na casa dos Connor, experimentando as fantasias uns dos outros?

Leo enrubesce.

— Não foi minha intenção.

— A sra. Connor contou que você bateu na Daisy. Que você partiu para cima dela com algum tipo de varinha de mágico.

— Era feiticeiro. Mágicos são para crianças.

— Mas isso, na verdade, não importa, não é, Leo? Por que você bateu nela?

— Ela estava dizendo coisas más sobre mim. As meninas estavam rindo.

— Então… Isso aconteceu de novo no dia da festa? Ela disse coisas más outra vez, e você ficou com raiva e bateu nela? Ela, talvez, tenha caído e batido a cabeça? Eu entenderia se foi isso o que aconteceu. Assim como a detetive Everett. Assim como Derek.

Ele balança a cabeça.

— E se uma coisa dessas aconteceu com sua irmã — continuo. — Tenho certeza de que você estaria muito arrependido. Arrependido e triste. E a coisa natural a fazer seria procurar sua mãe e contar a ela. Tenho certeza de que ela ajudaria você a consertar as coisas. Foi isso o que aconteceu, Leo?

Eu mal consigo imaginar o que está acontecendo neste momento na sala ao lado. Mas não me importo.

Leo torna a balançar a cabeça.

— Ela não é minha mãe. Daisy não é minha irmã.

— Mas ela ajudou você… Sua mãe ajudou você a consertar as coisas depois de sua discussão com Daisy?

— Eu já *disse*. Eu não vi a Daisy. Ela estava no quarto dela.

Everett e eu trocamos um olhar.

— Então foi como você contou para nós — digo. — Você chegou em casa, e a música de Daisy estava ligada, e você não a viu de novo.

Ele assente.

— Você estava no seu quarto, ouvindo música também.

Ele torna a assentir.

— Estava usando fones de ouvido?

Leo hesita.

— Eu tinha minha música, também.

— Sua música *e* seus fones de ouvido?

— Tanto faz. Eu odeio eles. Eu odeio *todos* eles.

E provavelmente ele só queria acabar com tudo aquilo. E quem pode culpá-lo. Leo agora está chorando bastante.

Eu pego suas mãos com muita, muita delicadeza, e enrolo as mangas grandes demais que ele sempre usa mesmo no calor. Ele não tenta me deter.

Eu olho para as linhas sobre a pele. Imagino que tenha começado logo depois que ele descobriu que não tinha uma família. O médico sabia, e acho que a escola desconfiava, também. Mas nenhuma das pessoas que devia amar e cuidar dele percebeu que havia algo errado. Pobre Leo. Pobre Jamie. Pobres garotos abandonados e solitários.

— Eu sei o que é isso, Leo — digo, delicadamente. — Meu filho também fez isso uma vez.

Eu sinto Everett se enrijecer ao meu lado. Ela não sabia. Ninguém sabia. Nós não contamos a ninguém.

— Isso me deixou muito triste, e levei muito tempo para entender, porque eu o amava muito, e achei que ele soubesse disso. Mas eu entendo agora, e acho que sei por que ele fez isso. Fazer isso dói menos que todo o resto, não é? Faz com que a sensação seja um pouco melhor. Mesmo que por pouco tempo.

Derek Ross estende a mão e passa o braço em torno do menininho chorando.

— Está tudo bem, Leo. Está tudo bem. Nós vamos resolver. Vamos resolver tudo.

No corredor, Sharon já está esperando. Ela parece furiosa.

— Como você *ousa* — diz ela, aproximando-se demais e apontando uma unha vermelha comprida para mim. Essas são novas, também. — Como *teve a coragem* de me arrastar para tudo isso... Se aquele garoto estúpido fez alguma coisa com Daisy, eu não sei *de nada*. Desde o começo você está insinuando que eu sou uma péssima mãe, e agora está realmente sugerindo que aquele garoto matou minha filha e que eu o *acobertei*? O que lhe dá o direito... O que lhe dá o maldito *direito*...

— Sra. Mason — começa o advogado, alarmado. — Na verdade, eu não acho...

— Se eu fosse você... — sibila ela, ignorando-o e aproximando ainda mais o rosto do meu — ... pensaria duas vezes antes de começar a fazer acusações contra *outras* pessoas em relação a como elas criam os filhos. Afinal de contas, minha filha só está desaparecida. Seu filho está *morto*.

***

4 de abril de 2016, 22h09
106 dias antes do desaparecimento
Barge Close, nº 5, sala

Barry está vendo um seriado policial americano na TV. Uma lata de cerveja posicionada na mesa ao lado. De repente, a porta se abre, e Sharon entra com raiva na sala. Ela está com seu casaco de couro em uma das mãos e um pedaço de papel na outra.

— Mas que porra é essa?

Barry ergue os olhos, vê o que ela está segurando e leva a mão à lata.

— Ah, isso.

— É. *Isso*.

Barry dá de ombros. A indiferença é, talvez, um pouco forçada.

— É só uma garotinha recortando fotos de revistas. Todas fazem isso na idade dela. Daisy não sabe o que isso significa.

— Ela não é mais tão nova… Já tem oito anos.

— Como disse, não é nada de mais.

O rosto de Sharon está vermelho de fúria.

— É *nojento*, é o que isso é. Você acha que sou burra, mas eu tenho olhos. Eu vejo o jeito que você a pega, o jeito como a põe no colo… E agora *isso*…

Barry larga a lata.

— É sério que você está me dizendo que não posso pegar minha própria filha no colo?

— Não do jeito que você faz.

— E que merda você está querendo dizer com isso?

— Você sabe exatamente o que estou querendo dizer. Eu vejo os olhares que ela dá para você…

— Ela olha para mim como se eu fosse seu maldito *pai*.

— … e todos aqueles sussurros, as expressões de desdém para mim.

— Não posso acreditar que estou escutando isso. Quantas vezes nós teremos que passar por essa mesma velha história? Ninguém está olhando para você com desdém. Você está imaginando isso.

— E você é o pai da década — retruca Sharon com sarcasmo.

Barry se levanta.

— Pelo menos não tenho ciúme de minha própria filha.

Sharon fica boquiaberta.

— Como você *ousa*?

— Por que, na verdade, tudo se resume a isso, não é? É igual a Jessica.

— Não ouse trazê-la para essa situação. É completamente diferente.

— *É exatamente a mesma coisa.* Você simplesmente não suporta ser a segunda melhor, não é? Ser qualquer coisa que não o centro das atenções o tempo inteiro. Aconteceu com Jessica e está acontecendo de novo. Com sua própria filha. Você nunca para de se gabar dela quando Daisy não está presente, mas nunca diz nada gentil na frente dela. Você nunca diz que ela está bem-vestida ou que é bonita...

— Minha mãe nunca disse que eu era bonita quando eu era criança.

— Essa não é *a droga da questão*. Só porque sua mãe era uma vaca não significa que você precisa ser também.

— Daisy já é bem mimada sem que eu colabore. Ela precisa aprender que não deve ficar esperando que o mundo gire ao seu redor. Ela não é uma *princesinha*, apesar do que você diz a ela toda hora, todo maldito dia.

Barry vai até a lareira, então se vira para olhar para a esposa.

— Você está mesmo me dizendo que faz isso deliberadamente? Que faz isso *para ensinar uma lição* a ela? — Ele balança a cabeça. — Às vezes eu me pergunto até se você a ama de verdade.

Sharon empina o nariz.

— E você dá *amor demais*. Eu só estou equilibrando as coisas. Ela, no fim, vai me agradecer.

— *Meu Deus*. Depois de tudo pelo que você teve que passar para tê-la, pelo que *nós dois* passamos, é assim que você agradece? Às vezes acho que nunca vou te entender.

Sharon diz alguma coisa, mas é baixo demais para ouvir. O rosto dela enrubesce.

— O que você disse?

Ela se vira para ele e seu nariz se ergue novamente em desafio.

— Eu disse que é difícil amar alguém que odeia você.

Barry dá um suspiro teatral.

— Daisy não te *odeia*. Ela faz de tudo para te *agradar*. Todos fazemos isso. Estamos pisando em ovos o tempo inteiro nesta casa.

— Você não sabe as coisas que ela diz. Coisas feias e provocantes. Você não vê, porque ela nunca faz isso quando você está por perto. Ela é inteligente.

Barry leva as mãos aos quadris.

— Como o quê?

— O que você quer dizer com isso?

— Você diz que ela não faz na minha frente, então me dê um exemplo. Alguma coisa que ela te disse.

Sharon abre a boca e torna a fechá-la. Então começa:

— Ela disse que a mãe de Portia estava criando um clube do livro e que elas iam começar com *Orgulho e preconceito*, mas que ela já tinha dito que eu não estava interessada.

— Bom, você não está interessada, está? Você odeia esse tipo de coisa. Você não iria nem se implorassem de joelhos. Então, qual é o problema?

— É o jeito como ela falou. Como se eu não fosse me interessar porque fosse burra demais para entender Jane Austen.

— Você está vendo coisas demais em tudo isso. Ela só tem oito anos.

— E outra vez ela disse como a mãe de Nanxi Chen era estudiosa, ou algo assim, e contou para as duas que eu tinha sido candidata a miss South London.

— E daí? Qual o problema? Ela tem orgulho de você. E Nanxi deve ter ficado muito impressionada. Ela veria você como uma rainha do baile ou algo assim. Isso é algo importante nos Estados Unidos.

Sharon olha para ele com desprezo.

— Você, na verdade, não entende, não é? Daisy deve ter feito com que isso parecesse algum mercado de gado patético cheio de garotas sem nada na cabeça e inúteis andando de um lado para outro de biquíni.

Barry joga as mãos para o alto.

— Eu desisto. Eu desisto mesmo. Simplesmente não acho que meninas de oito anos pensem assim. Você é a mãe linda dela, e Daisy só está se exibindo por você, e tudo o que você consegue fazer é procurar alguma coisa suja e inexistente para criticar.

— Como você poderia saber o que ela anda fazendo? Você nunca está aqui para ver.

— Meu Deus, agora eu sou o culpado.

Ela se move na direção dele.

— Então está admitindo? É por isso que você tem voltado tarde? Você está aprontando por aí?

— Eu estou na droga da academia. Ou trabalhando.

— Então, se eu telefonasse para a academia, é isso o que eles diriam, certo? Que você vai lá três ou quatro vezes por semana?

— Se quer mesmo fazer isso, vá em frente. Mas, antes de fazer isso, pergunte a si mesma o que vai parecer… O que eles vão pensar? Que você é uma mulher desesperada?

— Você já teve o suficiente de mim. Estou ficando gorda e você quer me trocar por um modelo mais novo. Alguma mulher sensual com peitos grandes. Eu vejo o jeito que você olha para mulheres assim.

— Ah, pelo amor de Deus, isso de novo, não. É por isso que você revira meus casacos? Procurando recibos? Bom, não vai encontrar nenhum. E pela última vez, para que fique registrado, você *não está gorda*.

— Estou usando três números a mais do que quando nos casamos. E depois que tive Daisy…

— Você não pode culpá-la por isso. Meu Deus, Shaz…

— *Não me chame assim!*

Há uma pausa.

— Desculpe.

Ele engole em seco e dá um passo à frente.

— Olhe, sei que você não está… não está tão magra quanto antes. Mas você sabe o que eu acho disso. Não acho que ter tido Daisy tem a ver com isso. Eu sempre lhe digo para ir ao médico. Você não come nada, e mesmo assim…

Há lágrimas nos olhos dela. Lágrimas de raiva.

— E mesmo assim eu continuo *engordando*. É isso o que você quer dizer, não é?

— Não, você não está gorda. Só não está igual ao que era antes…

— Antes de ter Daisy — diz ela enquanto amassa o papel em sua mão. — Antes de eu ter a *porra da Daisy*…

Há um barulho, então, do lado de fora da sala, e Barry se vira para olhar.

— Meu Deus, isso não foi ela, foi? Você sabe como aquela garota é, sempre escutando atrás das portas.

Ele abre a porta e vê a filha desaparecer escada acima.

Daisy para no patamar e olha para baixo, para o pai, com seu rostinho coberto de lágrimas.

— Eu odeio ela… Eu *odeio* ela! Queria que ela estivesse morta para que eu pudesse ter outra mãe, uma mãe que me amasse…

— Daisy, princesa — diz Barry, começando a subir a escada e estendendo as mãos na direção dela. — Claro que nós amamos você, somos sua mãe e seu pai.

— Eu não *quero* ser sua princesa. Eu odeio você. Quero ficar *sozinha*!

Então sua filha sai correndo e bate a porta do quarto.

***

— Então, como estamos com a perícia?

São onze e meia, e estamos de volta à sala de ocorrências em St. Aldate. Incluindo Everett, que foi substituída no hostel por Mo Jones. Ela disse que precisa levar o pai ao médico mais tarde, por isso delegou a tarefa — mas, se ela já não aguenta mais Sharon, não posso dizer que a culpo. Quinn abaixa o telefone.

— Estão nas preliminares. Nenhuma impressão no jornal, mas o sangue nas luvas… é definitivamente de Daisy.

Eu respiro fundo. Então ela está mesmo morta. Não há dúvida em relação a isso agora. Sei há muito tempo, acho que todos nós sabemos. Mas saber e encontrar provas não são a mesma coisa. Mesmo quando você faz isso há tanto tempo quanto eu.

— Também tem outro DNA — diz Quinn, rompendo o silêncio. — Está dentro e fora das luvas, e bate com o DNA de Barry Mason.

Com isso, uma onda de sucesso atravessa a sala. Não de triunfo — como poderia ser, nessas circunstâncias —, mas todos sabemos que não há razão para as luvas do homem estarem em uma caçamba aleatória, a quase dois quilômetros de sua casa, cobertas com o sangue de sua filha.

— E tem mais uma coisa — continua Quinn. É uma descoberta importante. Isso fica óbvio só de olhar para ele. — Há fragmentos de brita nas luvas, brita e herbicida. Parece uma combinação estranha para alguém que apenas constrói algo nas casas, então alguma mente brilhante pensou em testá-la e compará-la com a mistura usada para assentar trilhos ferroviários. E é *exatamente* a mesma. E descobriram que o herbicida é do mesmo tipo usado pela empresa ferroviária. É um troço muito forte, você não pode simplesmente entrar e comprar na loja de material de jardinagem e construção.

As pessoas estão olhando umas para as outras, o nível de ruído está aumentando. Todos estão pensando a mesma coisa: só há um lugar ali perto que cumpre todas as exigências, e ele fica a menos de oitocentos metros de onde encontramos as luvas.

— Está bem — digo, elevando a voz. — Quinn, vá até a passagem de nível. Mande as equipes de busca encontrarem você lá.

— Eles já cobriram aquela área uma vez, chefe — começa a dizer Baxter. — Bom, podem cobrir outra vez. Porque parece que deixamos alguma coisa passar.

No corredor, Anna Phillips vem na direção de minha sala, agitando um pedaço de papel.

— Eu a encontrei — diz ela com um sorriso.

— Como assim?

Seu sorriso vacila um pouco.

— Pauline Pober? Lembra? A mulher que foi citada naquele artigo sobre os Wiley, quando Jessica morreu.

— Ah, certo. Onde ela está?

— Ela está muito bem de saúde e morando em uma cidadezinha a apenas quinze quilômetros daqui, acredita? Eu marquei de passarmos lá para conversarmos com ela amanhã de manhã. Se estiver tudo bem por você, eu gostaria de ir. Sei que sou civil e tudo mais, mas, depois de localizá-la, eu gostaria, sabe, de ver o que vai acontecer.

Eu não tenho coragem de dizer a ela que nossas prioridades mudaram.

— Bom trabalho, Anna. Sério. E gostaria que você fosse lá para vê-la. Mas leve um policial com você, para cumprir todos os requerimentos corretos.

— Gareth… quer dizer, o sargento-detetive Quinn, vai encontrar alguém.

— Ótimo. Depois conte para mim o que ela disse.

Ela deve ter percebido algo em meus gestos distraídos, porque um lampejo de dúvida passa pelo seu rosto.

— Certo — diz ela. — Vou fazer isso.

***

Quando Quinn chega ao estacionamento perto da passagem de nível, o vento aumentou e o ar está cheirando a chuva. Ele percebe de repente a sorte que eles tiveram por o tempo estar seco, já que as luvas foram jogadas na caçamba — uma chuva podia ter apagado todas as provas. Quando ele desce, Erica Somer se aproxima, vinda de um carro policial estacionado à frente. Seu cabelo está preso em um rabo de cavalo, mas o vento o joga em seu rosto. Quinn se lembra dela do distrito. Foi ela quem levou o DVD. Bonita. Na verdade, muito bonita. Embora o uniforme não ajude. Ele se pergunta como ela ficaria com os sapatos de salto que Anna Phillips usa.

Ele a segue pelo estacionamento até uma área cercada com painéis de metal de segurança. Há placas por toda parte dizendo CANTEIRO DE OBRAS: NÃO ENTRE.

Somer abre o portão e, depois que eles entram, ela o bate com um ruído metálico.

— Pedi ao administrador da obra que viesse nos encontrar aqui, sargento. Ele está ali, perto dos contêineres.

O homem estava obviamente esperando a chegada deles, porque desce a escada quando eles se aproximam. Ele tem orelhas de couve-flor e a cabeça raspada.

— Sargento-detetive Quinn? — diz ele, estendendo a mão. — Martin Heston. Sua colega me pediu a descrição completa de tudo o que fizemos nas duas últimas semanas.

Somer mandou bem, pensa Quinn, enquanto Heston entrega a ele uma planilha.

— Como podem ver, estávamos demolindo a passarela de pedestres velha e botando trilhos novos em uma das linhas.

— E a maior parte do trabalho tem sido feito à noite?

— Tem que ser, amigo. Não dá para fazer isso com os trens passando.

— E durante o dia, tem alguém por aqui a essa hora?

Heston faz um gesto indicando a área ao redor.

— Não quando estamos trabalhando durante a noite. Não faz sentido pagar funcionários para não fazer nada. Às vezes há entregas, e aí temos alguém no canteiro de obras, mas em geral é só isso.

— E o esquema de segurança?

— Não precisamos. Todo o material está trancado atrás de arame farpado do outro lado da linha. Nós tivemos que trazê-lo de trem, e esse é o único jeito de alguém tirá-lo daqui.

— Então se alguém viesse aqui durante o dia, não seria necessariamente visto.

Ele pensa sobre isso.

— Acho que seria possível vê-lo do outro lado, mas há muitas árvores no caminho. Quando a passagem de nível ainda estava aberta, havia pessoas aqui toda hora atravessando para ir para seus lotes de plantio. Elas costumavam estacionar aqui e levar suas coisas para lá, mas agora precisam ir através de Walton Well. Que fi…

— Eu sei onde fica.

Quinn olha ao redor. Há uma pilha de equipamento de jardim enferrujado a alguns metros de distância. Carrinhos de mão, enxadas, sacas vazias de adubo, pás enferrujadas, vasos de cerâmica quebrados.

Quinn abre a planilha.

— Então, o que estava sendo feito na noite do dia 19?

Heston aponta com o polegar.

— Terminamos de derrubar a passarela velha e trabalhamos nas fundações da nova.

— Espera aí, então vocês estão cavando um bando de buracos enormes em um lugar onde qualquer um pode simplesmente ir entrando?

Heston fica sério.

— Posso lhe garantir que seguimos todos os procedimentos de segurança. Esta área é completamente isolada.

Quinn olha para trás, pelo caminho que tinha feito para chegar até ali. Tem uma cerca, sim, mas apenas painéis soltos, e ele percebe que poderia forçar a entrada. Se tivesse que fazer isso. Se tivesse uma boa razão para tal.

Ele se volta para Heston.

— Pode me mostrar exatamente o que estavam fazendo?

Eles caminham até a passarela nova, onde os pilares estão começando a ser erguidos acima do solo.

— Qual a profundidade das fundações?

— Nós planejamos três metros — diz Heston. — Mas, quando começamos a cavar, os buracos não paravam de encher de água. Port Meadow é uma planície alagada, então nós sabíamos que isso ia ser um problema, mas foi muito pior do que esperávamos. Nós acabamos tendo que chegar a uns seis.

— Era isso o que vocês estavam fazendo naquela noite de terça-feira?

— Era.

— E se houvesse alguma coisa no fundo daquele buraco, algo pequeno como uma criança, você teria com certeza percebido? Mesmo no escuro?

Heston empalidece. Ele tem netas.

— Meu Deus… Você acha mesmo que alguém…? Mas a resposta é sim, nós teríamos percebido. Nós tínhamos lâmpadas fortes e estávamos bombeando a água para fora o tempo inteiro, então podíamos ver o que havia no fundo. Meus rapazes não teriam de jeito nenhum deixado de ver alguma coisa assim.

— Certo — diz Quinn, dobrando o cronograma e o devolvendo. — Dois passos à frente, três para trás.

Mas Somer ainda está olhando para Heston, que não está fazendo contato visual.

— Tem mais alguma coisa, não tem? — diz ela. — Alguma coisa que não teve a ver com "seus rapazes".

Heston fica vermelho.

— É algo improvável… Simplesmente não consigo ver isso acontecendo…

— Mas?

Ele olha para Somer por um momento, em seguida aponta para trás das fundações.

— Quando derrubamos a passarela antiga, empilhamos o entulho ali. Vocês podem ver onde ficava a pilha. Concreto, tijolos, brita... Tinha de tudo. Enfim, uma empresa recolheu tudo naquela noite. Nós não tínhamos permissão para fazer isso durante o dia devido aos procedimentos de...

— Segurança. Certo — interrompe Quinn. — E que empresa foi essa?

— Uma firma em Swindon. Mercers.

— Então deixe-me entender isso direito — diz Quinn. — Havia uma pilha de entulho ali naquela tarde, no dia 19. Mas naquela noite, essa sua firma...

— Isso não tem nada a ver comigo, amigo. Eu não decido quem é contratado.

— Está bem. Entendi. Enfim, essa firma veio naquela noite e levou o entulho embora.

— Isso, mas se está sugerindo que alguém pode ter enterrado alguma coisa ali e o cara que eles tinham na escavadeira não viu, você está exagerando. Isso não é a droga de um filme, essas coisas não acontecem na vida real.

— O que *exatamente* eles fizeram com o entulho, senhor? — pergunta Somer em voz baixa.

Os ombros dele se curvam um pouco.

— Eles o levaram de caminhão para o depósito de reciclagem. Eles trituram tudo e transformam em cascalho. Não deixam que vá para aterros.

Quinn olha para ele, em seguida balança a cabeça, tentando desfazer a imagem que sua mente conjurou.

— Meu Deus.

— Como disse — diz Heston rapidamente —, vocês estão procurando no lugar errado. Isso simplesmente não aconteceria.

— Embora estivesse escuro… e embora eu esteja achando que vocês não se importam tanto com a iluminação para um trabalho simples de carregamento como esse, certo?

— Não eram meus rapazes. Vocês vão ter que falar com a Mercers.

— Ah, nós vamos, sr. Heston. Nós vamos.

Quando Quinn se vira para ir embora, Somer dá um passo na direção dele.

— Foi sorte ou eles sabiam?

— Como assim?

— Quem quer que tenha sido, quem matou Daisy, foi sorte eles terem vindo aqui no dia em que o entulho seria recolhido? Ou havia algum jeito de saber?

Quinn olha outra vez para Heston, que dá de ombros.

— Nós entregamos panfletos em toda a área avisando quando provavelmente vai haver mais barulho que o habitual. Isso não impede as reclamações, mas pelo menos ninguém podem argumentar que não foi informado.

— Então isso incluiria o trabalho de demolição?

— Claro. É um dos serviços mais barulhentos. Os panfletos foram distribuídos no fim da semana anterior. Por toda a área em um raio de 1,5 quilômetro da obra.

— Incluindo Canal Manor?

— Está brincando? Temos mais reclamações deles do que de qualquer outro lugar.

***

À uma da tarde, Quinn me liga do canteiro de obras para me atualizar.

— Demos uma olhada mais atenta na barreira de segurança antes de ir embora. E eu estava certo, no lado mais distante, onde prenderam os painéis na cerca do estacionamento, eles são presos apenas por cabos amarrados. E alguém sem dúvida entrou por aquele caminho: todos os nós foram cortados. Ninguém percebeu porque toda a área é coberta de arbustos de amora, e quem quer que fez isso simplesmente empurrou o painel de volta para onde estava antes. Aposto minha hipoteca que é de onde vieram as manchas vermelhas que encontramos nas luvas. Estragou a droga do meu terno.

Eu dou um sorriso. Sei que não devia fazer isso, mas faço.

— Vou de carro até Swindon agora — continua Quinn. — Não parece bom, mas tenho que ver por mim mesmo.

— Você quer que a perícia o encontre lá?

— Ainda não, chefe. Vamos primeiro esperar para ver se tem alguma coisa para eles encontrarem.

— Está bem. Vou mandar Everett cobrir você na passagem de nível.

Eu deixo de ouvi-lo quando um trem passa com um guincho altíssimo. Então ele pergunta:

— Alguma notícia de Gislingham?

Dou um suspiro.

— Eu deixei uma mensagem. Mas, não, nenhuma notícia ainda.

— Coitado. Vamos torcer para que isso seja um bom sinal.

Eu também espero, mas meu coração teme o contrário.

***

Entrevista com Barry Mason, realizada no distrito policial de St. Aldate, Oxford

25 de julho de 2016, 13h06

Estão presentes o detetive-inspetor A. Fawley, o detetive A. Baxter e a dra. E. Carwood (advogada)

AF: Para os propósitos desta gravação, o sr. Mason acabou de ser preso por suspeita de assassinato. O sr. Mason foi informado de seus direitos. Então, sr. Mason, estou certo em supor que alguém na sua profissão teria uma grande quantidade de equipamento de segurança?

BM: É, o que que tem isso?

AF: Descobrimos uma jaqueta, um capacete e botas de segurança na traseira de sua picape, e havia vários itens similares em sua casa.

BM: E daí?

AF: O senhor também tem luvas desse tipo?

BM: Alguns pares.

AF: Poderia descrevê-las?

BM: O que, você agora é um assessor de seguradora?

AF: Faça o que estou pedindo, sr. Mason.

BM: Eu tinha um par preto, e um que era laranja e cinza. Satisfeito?

AF: Um par de luvas laranja e cinza foi encontrado ontem em uma caçamba na Loughton Road.

BM: Repito: E daí?

AF: Exames nessas luvas comprovaram de forma conclusiva que o senhor as estava usando. O senhor sabe como elas chegaram até lá, sr. Mason?

BM: Não tenho a menor ideia. Não consigo nem lembrar a última vez que as vi.

AF: Então o senhor não as botou pessoalmente naquela caçamba na tarde de 19 de julho?

BM: É claro que não. Aonde vocês querem chegar?

AF: O senhor tentou se camuflar para não ser reconhecido, e fez isso usando outros itens de uniformes de proteção?

BM: Isso é loucura. Esse foi o dia da festa… Eu não tinha tempo, e muito menos qualquer outra coisa.

AF: E por que diabos eu ia me dar a todo esse trabalho pela droga de um par de luvas?

AF: Porque o senhor usou essas luvas para se livrar do corpo de sua filha, e foi assim que elas acabaram cobertas pelo sangue dela.

BM: Espere aí, o que você quer dizer com *sangue* dela? Você está dizendo que a encontrou? Por que ninguém me contou…

EC: [*intervindo*]
Isso é verdade, detetive? Vocês encontraram Daisy?

AF: Ainda não. Mas agora acreditamos saber onde seu cliente desovou o corpo. Porque as luvas que ele jogou fora na Loughton Road têm traços de um tipo especial de mistura. Tão especial, na verdade, que sabíamos que ela ia nos levar direto ao local onde ele a enterrou.

BM: [*para a dra. Carwood*]
Ele está falando sério?

EC: Posso ter um momento a sós com meu cliente?

AF: Leve todo o tempo de que precisar. Entrevista encerrada às 13h14.

***

Na passagem de nível, a chuva de repente fica mais forte, passando de um chuvisco para um temporal. Everett para o carro bem em frente ao portão e se inclina na direção do banco traseiro para pegar sua capa de chuva. Embora o céu ao norte ainda esteja de um azul brilhante, as nuvens estão escuras como nos meses de novembro, e o vento está agitando as árvores. Parece que as equipes de busca acabaram de começar: um grupo está examinando a pilha de velhos carrinhos de mão e lixo de jardim, e outros estão fazendo uma busca minuciosa da faixa que leva do portão até o local da pilha de entulho. Eles com certeza tiraram a pior sorte: a chuva já está transformando o chão em uma lama alaranjada.

Ela desce do carro e levanta a gola para se proteger da chuva. Um trem está vindo na direção deles saído da estação de Oxford, com seus passageiros olhando pelas janelas embaçadas para os carros da polícia, para a equipe de perícia forense com seus trajes brancos, todo o maldito circo. Um adolescente em um dos vagões está tirando fotos com o celular. Everett só torce para que Fawley tenha se lembrado de informar a assessoria de imprensa.

Então há um grito, acima do ruído da chuva. Quando Everett se aproxima, um perito está removendo com delicadeza algo de debaixo das rodas enferrujadas de um dos carrinhos de mão. Está tão sujo que é difícil dizer o que é, mas então ele abre o item para que todos possam ver. Duas mangas amarfanhadas, botões reluzentes, pompons na gola.

— É um cardigã — diz Everett devagar. — Daisy tinha um assim. Estava em torno de seus ombros nas imagens das câmeras de segurança. Na última vez que foi vista.

***

> BBC Midlands Today
> Segunda-feira, 25 de julho de 2016 – Atualizado pela última vez às 15h28
>
> **NOTÍCIA URGENTE: Pai é preso pelo desaparecimento de Daisy Mason**
>
> Um pronunciamento do Departamento de Investigação Criminal de Thames Valley acabou de confirmar que Barry Mason foi preso por estar envolvido com o desaparecimento de sua filha. Daisy, de 8 anos, foi vista pela última vez há uma semana, e nos últimos dias houve especulação crescente de que um

membro da família pudesse ser o responsável. Fontes próximas à investigação dizem que Barry Mason, de 46 anos, vai ser acusado de assassinato e mais um crime sem conexão, que, acredita-se, seja de natureza sexual. Outro pronunciamento será feito amanhã de manhã, quando serão dados detalhes das acusações. Não está claro, ainda, se o corpo de Daisy foi encontrado.

Supõe-se que a família Mason esteja escondida depois de um incêndio criminoso em sua casa na semana passada, que estaria ligado à campanha de ódio feita contra eles nas redes sociais.

***

Richard Robertson @DrahcirNostrebor - 15h46
Então, no fim das contas, foi o pai. Devia estar abusando dela, pobrezinha #DaisyMason

Anne Merrivale @Annie_Merrivale_ - 15h56
Toda essa história de #DaisyMason é simplesmente horrível. Espero que tranquem o pai e joguem a chave fora #JustiçaParaDaisy ✿✿

Caroline Tollis @NadaTollis - 15h57
@Annie_Merrivale_ A polícia disse que encontrou o corpo? Não consigo achar nada na internet #DaisyMason

Anne Merrivale @Annie_Merrivale_ - 15h59
@NadaTollis Também não vi nada. Meu companheiro diz que eles não precisam de um corpo se conseguirem passar pelo teste de "presunção de morte"

Caroline Tollis @NadaTollis - 16h05
@Annie_Merrivale_ Eles, então, devem ter algum tipo de prova. Algo conclusivo, que o pai não consiga contra-argumentar #DaisyMason

Anne Merrivale @Annie_Merrivale_ - 16h06
@NadaTollis Eu ainda me pergunto se alguém pode ter oferecido a ela uma carona para casa. Alguém que ela conhecia e que só depois descobriu não ser de confiança

Caroline Tollis @NadaTollis - 16h07
@Annie_Merrivale_ Mas precisava ser alguém com quem Daisy teria ido, e não há ninguém que se encaixe nisso…

Caroline Tollis @NadaTollis - 16h08
Não que eu tenha sabido de nada assim, e se a polícia tem provas contra o pai, então não pode ser o que aconteceu, pode? @Annie_Merrivale_

Anne Merrivale @Annie_Merrivale_ - 16h09
@NadaTollis Acho que não. E não é como se alguém pudesse ter plantado provas ou incriminado ele. Não tem ninguém com motivo

Garry G @EspadaseSandálias - 16h11
#DaisyMason Eu falei. Foi o pai. Maldito pedófilo

Scott Sullivan @GuerreiroNervoso - 16h13
Ouvi um boato de que o pai foi preso por posse de pornografia infantil. Coisa pesada. Só Deus sabe o que ele fez com aquela menina #DaisyMason

Angela Betterton @AngelaGBetterton - 16h17
Todo mundo na escola de Daisy está arrasado com a notícia – ela era muito querida, uma criança muito feliz. Haverá uma cerimônia em sua homenagem no início do próximo período letivo #DaisyMason

Elspeth Morgan @ElspethMorgan959 - 16h17
Espero que, com tudo isso, alguém esteja cuidando de Leo — talvez ele também tenha sido abusado #DaisyMason✿

Lilian Chamberlain @LilianChamberlain - 16h18
@ElspethMorgan959 Essa história toda é mto triste #JustiçaParaDaisy ✿✿✿

Jenny T @56565656Jennifer - 16h20
@ElspethMorgan959 @LilianChamberlain Ainda digo que naquela foto ela não parecia uma vítima de abuso — ela parecia muito feliz, como se estivesse esperando alguma coisa

Lilian Chamberlain @LilianChamberlain - 16h22
@56565656Jennifer Sei o que quer dizer, mas talvez fosse só a festa. Uma coisa para tirar toda a tristeza de sua cabeça #JustiçaParaDaisy ✿ @ElspethMorgan959

Jenny T @56565656Jennifer - 16h24
@ElspethMorgan959 Pode ser. É que isso não sai da minha cabeça, só isso @LilianChamberlain #DaisyMason ✿✿✿

***

— Chefe, estou em Mercers.

Quinn parece estar dentro de um túnel de vento. Uma lufada carrega as palavras, mas ainda posso ouvir o tom de derrota em sua voz, e no fundo as pancadas secas e os rangidos de maquinaria pesada.

— Imagino que as notícias sejam ruins.

— Enviei uma foto. Ela chegou?

Eu pego meu celular e abro a foto. Um espaço amplo, como uma mina a céu aberto, cercado por dunas enormes de detritos. Três caminhões derramam sua carga em meio a uma nuvem de poeira densa e branca e, no centro, uma máquina enorme e amarela tritura o entulho em algo que não parece muito mais que areia.

Eu torno a pegar o celular.

— Merda. Entendo o que você quer dizer.

— Eles não sabem nem exatamente onde o material que veio de Oxford foi parar. E mesmo que soubessem, Deus sabe quantas toneladas de outros detritos foram derramadas por cima desde então. É *pior* do que procurar uma agulha em um palheiro. É a porra de um beco sem saída.

Ele normalmente não fala palavrão. Não comigo, pelo menos.

— Some a isso o fato de eles estarem se recusando terminantemente a aceitar que podem ter deixado passar um corpo. Por menor que fosse, por mais cuidadosamente que alguém possa tê-lo embalado. Eles não querem ceder.

— Mas eles não podem provar isso.

Ele dá um suspiro.

— Não, é claro que não. Mas nós também não podemos provar. Então a pergunta é: você acha que temos o suficiente? Será que o Serviço de Promotoria da Coroa vai estar pronto para acusá-lo, embora não tenhamos um corpo?

— Ev acabou de ligar. Parece que eles encontraram alguma prova física na travessia da linha férrea. E pode ter mais uma coisa, também. Estou esperando que a empresa ferroviária retorne meu contato.

A voz dele se anima um pouco.

— Estou a caminho.

***

Vinte minutos mais tarde, o e-mail chega. Eu baixo o vídeo em anexo e o assisto, depois chamo a equipe até a sala de ocorrências e nós o vemos juntos. Há alívio, e há consenso, e até mesmo uma ou duas lágrimas. Nada de comemorações, nada de excessos, mas sim orgulho por ter feito um bom trabalho. E eles fizeram mesmo. Baxter se oferece para deixar uma mensagem para Gislingham ("localizar aquele Ford Escort foi um belo exemplo de trabalho policial"), e no meio disso tudo chega uma ligação do chefe adjunto perguntando quando poderemos informar a imprensa.

***

Pouco depois das três da tarde, Emma Carwood chega, e mandamos buscar Mason. Eu detestei esse homem basicamente desde o momento em que botei os olhos nele, mas uma pequena parte de mim, na verdade, fica com pena quando o sargento de custódia chega com ele. Barry parece vazio. Como se os ossos houvessem desaparecido e apenas a pele o estivesse mantendo de pé. Nada mais de peito estufado. Ele se senta como um velho.

— Sr. Mason, esta entrevista é a continuação da que foi suspensa às 13h14. Agora são 15h14, e estou tornando a ligar a fita. Estão presentes o detetive-inspetor Adam Fawley, o sargento-detetive em exercício Gareth Quinn, o sr. Barry Mason e a dra. Emma Carwood.

Eu ponho meu laptop na mesa e o viro para que fique de frente para Mason. Então abro o vídeo. Ele olha fixamente para a tela, esfrega os olhos, então olha de novo.

— Eu não entendo. Por que está me mostrando isso?

— Essas, sr. Mason, são imagens da câmera interna de um trem da CrossCountry. Esse trem em especial saiu de Banbury às 16h36 da terça-feira, dia 19 de julho, chegando em Oxford às 16h58. Como vai ver, às 16h56 o trem começa a reduzir a velocidade ao se aproximar da estação, e o senhor vai notar rapidamente a área em torno da velha passagem de nível.

Mason leva as mãos à cabeça e crava as unhas no couro cabeludo. Em seguida, olha para mim.

— Você me deixou perdido. Isso é um pesadelo. Eu não tenho a menor ideia do que está acontecendo.

Eu boto as imagens em câmera lenta e vemos os lotes de cultivo entrarem em quadro à direita, e a maquinaria pesada estacionada ao lado. Então aperto a pausa e aponto para a tela.

— Ali — digo.

À esquerda da linha férrea há uma pessoa de capacete, calça e jaqueta de segurança. Ela está de costas para nós, mas está nitidamente empurrando um carrinho de mão pelo estacionamento na direção das novas fundações e da pilha de entulho mais além. Há um breve momento em que podemos ver um brilho rápido de uma luva laranja, então o trem se afasta e a imagem desaparece.

Barry Mason olha para mim sem entender nada.

— Ainda não compreendo.

— Este é o senhor, não é, sr. Mason?

Ele olha para mim, boquiaberto.

— Isso é uma piada? Não, claro que *não sou eu, porra*.

— O senhor tem roupas fluorescentes como essa, não tem?

— Tenho, mas milhares de outras pessoas também têm. Isso não prova nada.

Emma Carwood intervém.

— O senhor está alegando seriamente que meu cliente foi até a passagem de nível, botou o corpo de sua filha em um carrinho de mão qualquer, depois o desovou naquela pilha do que quer que seja, tudo isso em plena luz do dia, sem que nenhuma pessoa percebesse nada?

— Acho que a senhora ficaria surpresa com quanto isso teria sido fácil, dra. Carwood. Os moradores locais estão tão acostumados a ver operários naquele lugar que provavelmente não teriam olhado duas vezes para ele.

— E o carrinho de mão em questão? O senhor o tem? O senhor o examinou?

— Nossos peritos forenses recolheram vários carrinhos de mão do local e os estão analisando agora. Além de dois outros itens que acreditamos terem importância para o caso. Nós vamos, é claro, mantê-los totalmente informados. Posso recomeçar o interrogatório?

Ela hesita, em seguida assente.

Eu me viro para Mason.

— Então, sr. Mason, como já informamos, encontramos um par de luvas com seu DNA e o sangue de sua filha. O mesmo tipo de luva que o homem neste vídeo está claramente usando. Nós também encontramos partículas de brita da ferrovia nas luvas. O senhor ainda está dizendo que não é esse homem?

— Estou, claro que estou. Eu não passei nem perto desse lugar a essa hora. Como já falei mil vezes, estava andando de carro por aí, depois fui para casa. Foi isso.

— Nós não encontramos nada para corroborar sua história, sr. Mason.

— Eu não dou a mínima, foi isso o que aconteceu.

— Está bem — digo. — Vamos simplesmente aceitar, em nome da argumentação, que sua história seja verídica. Explique para mim como luvas com seu DNA acabaram em uma caçamba na Loughton Road.

— Eu posso tê-las deixado em algum lugar, qualquer um pode tê-las pegado.

— Quando o senhor as viu pela última vez? — pergunta Quinn.

— Eu já falei que não sei. Não lembro.

— Certo — respondo. — Vamos aceitar isso também. Só em nome da argumentação. Próxima pergunta: como o sangue de sua filha foi parar nelas?

Ele engole em seco.

— Eu não sei.

— Nenhuma explicação? Vamos lá, sr. Mason, um mentiroso contumaz como o senhor deve conseguir fazer melhor que isso.

— Não há motivo para sarcasmo, detetive — interrompe Emma Carwood.

— Olhe — diz Mason, com a voz embargada. — Algum de vocês tem filhos?

Eu abro a boca, mas não sai nenhum som.

— Não — diz Quinn rapidamente. — Não que isso seja relevante.

— Bom, se vocês tivessem, saberiam que eles estão sempre se machucando. Eles caem, ralam os joelhos... O nariz de Daisy sempre sangra, o sangue se espalha por todo lado. Essas luvas estavam jogadas na casa, isso pode ter acontecido de muitos jeitos.

— Imagino que tenha feito testes no carro de meu cliente, detetive — diz Emma Carwood. — Assim como nas roupas fluorescentes que ele tinha na traseira. Até onde sei, vocês não encontraram nenhuma prova incriminadora. Nenhum fluido, nenhum DNA, nada.

Quinn e eu trocamos um olhar. Isso ainda me incomoda. Ele não ter deixado nenhum traço na picape. Ele não me parece um cara meticuloso. Não mesmo. Embora, como Quinn foi rápido em observar, todo mundo fique mais meticuloso quando há o suficiente em jogo.

Eu mudo de rumo.

— Sua filha já esteve no estacionamento ao lado da passagem de nível, sr. Mason? Para uma caminhada em Port Meadow, talvez?

Ele põe os braços sobre a mesa e esconde a cabeça entre eles.

— Não — responde, com voz abafada. — Não, não, não, não, não.

Emma Carwood se inclina em sua direção e toca seu ombro.

— Barry?

Então, de repente, ele se senta aprumado. Há lágrimas em seus olhos, mas ele limpa o rosto com uma manga e chega para a frente na cadeira.

— Mostre essas malditas imagens novamente — diz ele, apontando para a tela. — *Mostre de novo.*

— Certo — digo, enquanto levo o cursor para três minutos antes e aperto o play.

— Reduza a velocidade — pede Barry depois de um momento. — Aí, *mais devagar*.

Estamos todos olhando fixamente para a tela. Toda a sequência dura apenas dois ou três segundos. Nós vemos a pessoa com o carrinho de mão dar alguns passos, com a cabeça baixa. Só isso.

Barry Mason se senta ereto, como um homem renascendo dos mortos.

— Esse não sou eu, detetive. E posso provar. Está me ouvindo, gravou isso em sua maldita fita? *Eu posso provar que esse não sou eu.*

***

São 17h45, e Quinn e eu estamos parados atrás de Anna Phillips enquanto ela digita em seu teclado.

— Tem certeza de que não conseguimos uma imagem melhor, para ver seu rosto?

Ela balança a cabeça, com os olhos ainda na tela.

— Infelizmente, não. Eu tentei, mas ele está de costas para nós o tempo inteiro.

— Inferno — diz Quinn em voz baixa. — Isso é tudo do que precisávamos, droga.

— Mas o que Mason disse... Você acha que ele está certo?

— Me dê um segundo — diz ela, com a testa franzida. — Eu baixei um aplicativo de fotogrametria. Eu nunca usei um antes, mas espero que ele nos dê algum tipo de resposta.

— Mas que diabos faz essa foto sei lá o quê?

— Ela cria modelos tridimensionais a partir de fotos comuns. Na verdade, é bem impressionante, olhem.

Três cliques e a imagem da câmera do trem se abre em 3-D. Uma réplica da realidade paira suspensa em um universo azul, como um daqueles cortes transversais que se costumava ver em livros de geografia. Posso ver a pessoa com o carrinho de mão, a linha férrea, as árvores, a extremidade mais distante do estacionamento, até os arbustos ao longo da linha. Anna move o cursor e a imagem começa a girar. Para a esquerda, para a direita, para cima, para baixo.

— É preciso o bastante para lhe dar medidas corretas — diz ela. — Alturas, distâncias entre objetos, esse tipo de coisa. Eu provavelmente poderia dizer a vocês a velocidade do trem se me dessem tempo o suficiente.

— Eu só preciso saber se o que Mason disse é verdade.

Após alguns cliques do mouse, pontos em um *grid* aparecem por toda a imagem. Mais um clique e a imagem em 3-D desaparece, deixando apenas linhas entre os pontos, e números em cada interseção. Anna se recosta na cadeira.

— Acho que ele está certo. Talvez não com tanta precisão, mas sim, ele está certo.

***

Às 11h15 da manhã seguinte, Anna Phillips para em frente à pequena casa geminada vitoriana de Pauline Pober. Há malvas no jardim e pés de borragem infestados de abelhas. O detetive Andrew Baxter afrouxa a gravata e olha pela janela do carro. A chuva da noite passou, e o sol já está quente.

— Isso tem toda a cara de uma busca infrutífera — diz ele com impaciência. — Nós já prendemos Mason, então de que adianta isso?

Anna desliga o motor.

— A julgar pelo que vi ontem, a prisão de Mason não é tão sólida. E, de qualquer forma, eu disse à sra. Pober que estávamos vindo. Seria falta de educação simplesmente não aparecer.

Baxter murmura alguma coisa sobre velhas fofoqueiras e gatos, que Anna decide ignorar. Eles saem do carro e ela tranca o veículo. Enquanto pegam o caminho até a porta da frente, uma cortina se agita na casa vizinha. Anna foi criada em uma cidadezinha como esta, ela sabe como podem ser um caldeirão infestado de piranhas.

Mas, longe de estar à espera de sua chegada, a sra. Pober leva uns bons três minutos para atender a porta. Há uma mancha escura em uma de suas bochechas e um cheiro um tanto desagradável — e muito característico.

— Desculpem — diz ela, com um sorriso largo e esfregando as mãos em uma calça imunda. — Os canos entupiram outra vez, por isso precisei desentupir. Vamos para os fundos. O ar lá está um pouco melhor, se vocês sentiram meu cheiro.

Anna contém um sorriso diante da expressão no rosto de Baxter, e os dois a seguem pela casa até um quintal pequeno, mas deslumbrante. Um pequeno quadrado gramado com flores disputando espaço nas margens. Lavandas, clematites, penstemons, cravos e gerânios azuis.

— Nós tínhamos um jardim três vezes maior antes de Reggie morrer — explicou ela. — Isso é tudo com que consigo lidar sozinha.

— É muito bonito, sra. Pober — diz Anna, sentando-se em uma das cadeiras.

— Ah, pode me chamar de Pauline, por favor — pede ela, espantando uma vespa. — Querem uma bebida? Tenho Stellas geladas na geladeira.

— Não, obrigado, não bebemos em serviço — diz Baxter com um tom de voz martirizado.

— Então, como posso ajudá-los, policiais? Vocês disseram ao telefone que era sobre aquele acidente terrível em Lanzarote de muitos anos atrás.

— Isso mesmo — responde Anna. — Nós estávamos nos perguntando se há alguma coisa que você possa nos contar, qualquer coisa que não tenha saído na imprensa.

Pauline se recosta na cadeira e passa uma das mãos na testa.

— Bom, isso foi há muito tempo. Não tenho certeza se posso ser de muita ajuda.

Anna olha para Baxter, que deixa bem claro que aquela investigação em particular é responsabilidade dela, não dele.

Ah, bom, pensa ela, *já que comecei, vou até o fim.*

— Você teve algum contato com os Wiley antes do acidente, Pauline?

— Eu me lembro de que eles estavam no mesmo voo que nós. Naquela época, nós já tínhamos viajado bastante, Reggie e eu, mas ficou evidente que eles eram totalmente novatos. Levaram um saco enorme com sanduíches para comer no avião e uma *garrafa térmica*, dá para acreditar?! Claro, isso foi muito antes do 11 de Setembro. A sra. Wiley estava nitidamente apreensiva em relação a voar. Eles estavam algumas fileiras atrás de nós, e eu pude ouvi-la a viagem inteira. Acho que não estava falando com ninguém em particular, só tagarelando para aliviar o nervosismo.

— E as meninas, Sharon e Jessica?

Pauline dá um sorriso.

— Jessica era um amorzinho. Assim que o aviso do cinto de segurança foi desligado, ela passou o tempo inteiro andando de um lado para outro no corredor, arrastando um urso de pelúcia enorme. Ela perguntava como as pessoas se chamavam. Muito fofa. Dava para ver que os pais a adoravam.

— E Sharon?

Pauline respira fundo.

— Bom, quatorze anos não é uma idade fácil, é? Com o início das provas, menstruação e tudo mais.

A careta que Baxter faz não tem preço.

— E vocês estavam no mesmo hotel também?

— Estávamos, e nós os vimos algumas vezes. Mas, para ser sincera, tínhamos ido até lá para observar aves, não para ir à praia. Reggie nunca conseguiu ficar parado sem fazer nada. Eu costumava dizer que ele tinha um formigueiro na bunda. Não parava quieto.

Anna abre um sorriso.

— Conheço alguns homens assim. Então vocês não viram muito os Wiley?

— Eles sem dúvida eram muito reservados. Também tive a impressão de que nunca haviam se hospedado em um hotel antes. Eram coisas pequenas, como não saber que o café da manhã era um bufê, e o que fazer em relação a gorjetas. E eu não vi nenhum dos pais usando roupa de banho durante toda a semana. Até na areia era calça e camisa para ele, e um vestido sem mangas para ela. Era, na verdade, triste, pensando nisso agora. Era como se soubessem que deviam se divertir, mas na verdade não tivessem ideia de como fazer isso.

— O que aconteceu naquele dia, o dia do acidente?

— Bem, disso eu me lembro. Não é uma coisa de que você se esquece facilmente, não é? O hotel tinha organizado uma festa na praia. Eles faziam isso toda sexta-feira. Brincadeiras e sorvete para as crianças, e à noite um churrasco para os adultos. Tudo muito agradável. Algumas crianças estavam brincando com os botes infláveis, e eu me lembro de ver Sharon e Jessica juntas em um deles, com um polvo na lateral. Tudo era parte do tema, imagino. Enfim, algum tempo depois, um dos jovens garçons começou a perguntar onde elas estavam, e revelou-se que ninguém as tinha visto em pelo menos meia hora. Então, meu Deus, o inferno começou. A sra. Wiley começou a gritar, e o sr. Wiley berrou com os funcionários, então alguém disse que achava que podia ver o bote além da área para banho, e o sr. Wiley arrancou a camisa e entrou na água antes que qualquer um pudesse detê-lo.

Ela balança a cabeça, lembrando.

— Muitos dos pais mais jovens entraram na água atrás dele, e isso foi bom, porque o homem tinha percorrido apenas alguns metros e já estava completamente sem fôlego. Alguém precisou ajudá-lo a voltar para a areia. Foram dois garçons que chegaram até o bote. Só que, àquela altura, as duas meninas estavam na água. — Ela dá um suspiro. — Acho que vocês já sabem o resto.

— Como os Wiley ficaram depois?

— Como se chamam aquelas coisas que não morrem? Zumbis. É isso. Zumbis. Parecia que o mundo deles tinha desmoronado. Na época, você não recebia o tipo de apoio que as agências de viagem oferecem atualmente, então os coitados ficaram zanzando pelo hotel até o voo para casa. Eles apareciam nas refeições e não comiam. Ficavam sentados no lobby olhando para o nada. Uma tristeza.

— E Sharon?

— Ah, ela ficou muito abalada. Eu estava lá quando eles a levaram de volta para a praia. Ela deve ter engolido muita água do mar, porque estava passando muito mal. Mas depois que voltou do hospital, acho que não vi nenhum dos pais falar uma palavra com ela. Só uma vez. Havia uma atividade qualquer no hotel, eu esqueci o quê, e Sharon deve ter tido vontade de participar, porque, no meio do café da manhã, o pai dela se levantou e gritou que ela devia demonstrar um pouco de respeito, que aquilo era tudo culpa dela e que ele queria que ela tivesse morrido em vez de Jessica. Então jogou o guardanapo longe e foi embora. Essa foi a última vez que eu os vi.

Ela dá um suspiro.

— Coitada daquela menina. Coitada dela. Coitada mesmo. Eu sempre me perguntei como, no fim das contas, as coisas tinham sido para ela.

Há um silêncio. Então, de repente, Pauline chega para a frente na cadeira, olhando para os dois com desconfiança explícita.

— É por isso que vocês estão aqui, não é? Não consigo acreditar que não percebi. Sharon, esse é o nome daquela mulher cuja filha desapareceu. Daisy… É ela, não é? É por isso que estão aqui.

— Bom — começa Anna, mas a sra. Pober ainda está falando.

— Vocês não acham que foi um acidente, não é? Acham que ela matou a irmã e agora matou a filhinha — prossegue.

— Nós não temos certeza de nada, sra. Pober — afirma Baxter. — A investigação ainda está em andamento…

— Eu sei o que isso significa, meu jovem. Significa que vocês acham que foi ela, mas não podem provar. E agora querem que *eu* seja uma prova contra ela.

— Nós só queremos ter toda a informação que pudermos — diz Anna com delicadeza.

Pauline fica de pé, trêmula.

— Acho que é melhor vocês irem embora.

É uma saída desconfortável para os três. Nos degraus da entrada, Anna se vira para agradecer, mas a porta já está se fechando.

— Sra. Pober? Posso lhe fazer mais uma pergunta? Não é sobre Sharon, prometo.

A porta se abre um pouco. Só uma fresta.

— Você disse que a festa na praia tinha um tema. Algo a ver com a decoração do bote.

Pauline assente, mas está na defensiva.

— O tema era *Octopus's Garden.* Jardim dos polvos.

— Como na música dos Beatles? Então havia decoração de peixes, conchas, cavalos-marinhos, coisas assim?

— Esse tipo de coisa, é. E as crianças menores podiam usar fantasias.

— Verdade? — diz Anna, dando um passo à frente. — E o que Jessica estava vestindo?

***

27 de julho de 1991
Hotel La Marina, Lanzarote

A garota acorda cedo na primeira manhã das férias. Todos os outros ainda estão dormindo. Ela sai da cama de armar pequena que está dividindo com a irmã e se veste depressa, com cuidado para não acordar os pais. O pai está deitado de costas, roncando, e o rosto da mãe parece impaciente, mesmo dormindo. Ela pega a sandália de dedo amarela e fecha a porta silenciosamente ao sair. Hesita por um momento, tentando lembrar onde ficava a escada. Tem um elevador, também, mas ela nunca usava um desses, e tem medo de ficar presa dentro dele sozinha. O pai fez com que eles subissem três lances de escada quando chegaram na noite anterior, respirando com dificuldade e parando a cada curva na escada.

Quando chega ao térreo, a área da recepção está deserta. Tem uma placa no balcão da recepção com uma campainha para tocar em emergências, e, em algum lugar, a alguma distância dali, há o som de mesas sendo arrumadas para o café da manhã. Mas não é isso o que ela está procurando.

As primeiras duas portas que ela tenta abrir estão trancadas, mas finalmente consegue sair. Finalmente está livre. Quando chega à praia, tira a sandália e fica descalça, hesitante no início, mas depois corre na direção do mar. O sol ainda está fraco, o ar ainda está fresco, e apenas ela é dona de todo esse grande dia lindo. O céu azul enorme, as ondas cintilantes beliscando e fazendo espuma na areia lisa e molhada. Ela não ficava feliz assim em anos. Na verdade, desde o nascimento da irmã. Desde que tudo mudou.

Ela fecha os olhos e ergue o rosto na direção do sol, vendo a vermelhidão por dentro das pálpebras, sentindo o calor na pele. Quando torna a abrir os olhos, há uma mulher andando devagar pela beira da água. Ela está com uma menininha com um chapéu de sol de tecido cor-de-rosa e um vestidinho florido. A mulher está segurando a menina cuidadosamente pela mão enquanto ela salta as ondas, gritando e espirrando água. Quando se aproximam o suficiente, a mulher sorri para ela.

— Você acordou cedo.

— Estava empolgada demais para dormir. Nunca viajei para o exterior.

— É tão bom ter a praia só para você, não é? Nós moramos bem perto da baía. Adoramos caminhar nas primeiras horas da manhã.

A mulher se abaixa até a menininha e ajeita seu chapéu. A menina ergue os braços na direção da mãe, que a levanta alto, tão alto como se na direção do sol, então beija a criança sorridente e feliz e começa a girá-la e a girá-la naquele ar reluzente.

A garota observa, prendendo a respiração, como se estivesse tendo um vislumbre do paraíso.

A mulher põe a menina delicadamente na areia outra vez, e elas prosseguem em sua caminhada. Já estão quase fora de alcance quando a menina a chama.

— Qual é o nome da sua filhinha?

A mulher se vira e volta a sorrir enquanto o vento aumenta por um momento e sopra seu cabelo, seus brincos compridos e o vestido branco de algodão.

— Daisy — diz ela. — O nome dela é Daisy.

***

— Então a senhora acredita, sra. Mason, que seu marido foi responsável pela morte de sua filha?

Sharon cruza e descruza as mãos sobre o colo. Ela não trouxe a bolsa, não hoje.

— Acharam as luvas dele naquela caçamba. Elas tinham o sangue dela e o DNA dele.

É dia 9 de janeiro de 2017, na Oxford Crown Court, nº 2. O céu do lado de fora está escuro, e a chuva açoita a claraboia acima. Apesar do fato de o salão estar congelante, os assentos para o público estão lotados: é a primeira vez que Sharon Mason vai testemunhar em um julgamento. Ela está usando um vestido azul-marinho com gola e mangas brancos. Provavelmente não foi ela quem o escolheu.

O promotor ergue os olhos de suas anotações.

— Na verdade, um teste posterior também encontrou traços de seu DNA, não foi?

— Só na parte externa — retruca ela. — Ele sempre as deixava jogadas. Eu sempre precisava guardá-las, mas nunca as *usei*.

— Mas mesmo que tivesse feito isso, não haveria, necessariamente, seu DNA dentro delas, haveria, sra. Mason? Não se a senhora usasse outra luva por baixo. Luvas de borracha, por exemplo. Elas são bem fáceis de conseguir.

Ela empina o nariz.

— Eu não sei nada sobre isso.

— Como ouvimos o detetive-inspetor Fawley dizer, durante seu interrogatório a senhora defendeu que foi seu marido quem matou Daisy e se livrou do corpo. A senhora disse que ele a estava molestando, e devia tê-la matado em um ataque de fúria ou para impedir que ela divulgasse o abuso. Isso está correto?

Sharon não diz nada. Há um murmúrio na galeria onde o público está, com as pessoas se entreolhando.

O promotor faz uma pausa e examina suas anotações, em seguida ergue a cabeça.

— Bom, vamos examinar as provas, sim? Prova 18 do processo, Excelência — diz ele, fazendo um gesto com a cabeça na direção da juíza.

— Obrigada, dr. Agnew.

Agnew se vira na direção do júri.

— Como ouvimos aqui, a polícia usou um software especial de simulação para analisar as imagens feitas por uma câmera a bordo de um trem, que passou pela passagem de nível de Oxford aproximadamente às cinco da tarde no dia em que Daisy desapareceu. Acredito que agora podemos mostrar isso ao júri em uma tela grande.

Um funcionário liga uma tela de computador, e uma imagem pausada do vídeo aparece.

O promotor pega um apontador eletrônico e dirige a luz vermelha para a tela.

— Eu chamo sua atenção para o que vocês podem ver aqui. A Promotoria da Coroa defende que este carrinho de mão contém o corpo de Daisy Mason, e isso foi confirmado pelo exame, realizado por especialistas forenses, de manchas de sangue encontradas em um carrinho de mão jogado no canteiro de obras. Deixe-me ser absolutamente claro: a pessoa para quem vocês estão olhando nesta imagem é o assassino de Daisy.

Ele olha ao redor. O ar está carregado de tensão.

— A qualidade do vídeo, infelizmente, não permite dar um close mais detalhado. Entretanto, fico satisfeito em dizer que a tecnologia digital não nos abandonou por completo.

Ele torna a apertar o controle remoto, e a imagem de fotogrametria aparece. Várias etiquetas foram aplicadas ao modelo: *trilhos ferroviários, lotes de cultivo, pilha de detritos*. O promotor faz uma pausa, permitindo que todos absorvam aquilo.

— Essa tecnologia foi aplicada com sucesso tanto em investigações criminais quanto em procedimentos jurídicos, e ela se provou confiável. As descobertas que estou prestes a mostrar aos senhores também foram verificadas de forma independente pela realização de uma reconstituição física no local em questão, cujos detalhes os senhores vão encontrar em suas pastas.

Outro clique, e um *grid* de linhas e números se sobrepõe ao modelo.

— Como podem perceber — continua ele —, este software em especial nos permite recriar uma fotografia bidimensional em três dimensões. Em realidade virtual, se preferirem. E como alguns desses objetos têm um tamanho conhecido, a cerca, por exemplo, podemos usar o modelo para deduzir a largura, ou a altura, de outros objetos, cujas dimensões *não são* conhecidas. Usando esse software, a polícia provou de forma conclusiva que a pessoa mostrada na imagem não tem mais que 1,70 metro. — Ele olha para o júri.

A corte entra em polvorosa. A juíza pede silêncio.

O promotor se vira para Sharon.

— Qual é a altura de seu marido, sra. Mason?

Sharon se remexe no assento.

— É 1,88 metro.

— Certo. Então eu digo à senhora: é absolutamente impossível que a pessoa neste vídeo seja seu marido.

— Eu não tenho como saber. O senhor teria que perguntar a ele.

Ele sorri. Enigmático como um gato.

— Talvez a senhora possa nos dizer a *sua* altura, sra. Mason.

Sharon olha para a juíza.

— Tenho 1,70 metro.

— Desculpe — diz o promotor. — Não entendi direito.

— Tenho 1,70 metro — repete ela.

— *Exatamente* a mesma altura da pessoa mostrada nessa imagem.

— É apenas uma coincidência.

— Será? — Ele gesticula novamente para a tela. — A senhora pode me descrever o que vê aqui? Que sapato essa pessoa está usando?

Sharon estreita os olhos.

— Parecem tênis de corrida.

— Concordo. Tênis de corrida azuis. Um sapato um tanto estranho para um operário de construção, não acha? Com certeza ele devia estar usando botas de segurança ou algo assim, não?

— Eu não faço ideia.

Agnew ergue uma das sobrancelhas, então diz:

— Acredito que a senhora goste de correr, não, sra. Mason?

— Eu não *corro*. Eu me *exercito*.

— Na verdade, nos disseram que a senhora costumava correr todo dia, vários quilômetros.

Ela dá de ombros.

— Na maioria dos dias.

— E a senhora usava tênis de corrida?

Ela lança um olhar na direção dele.

— O que mais eu usaria?

— E quantos pares a senhora tem?

Ela, agora, parece aturdida.

— Eu tinha um par para o inverno, quando o chão está enlameado. E um par mais novo.

— E de que cor era o par mais novo?

Há um momento de hesitação.

— Azul.

— Da mesma cor desses, mostrados aqui?

— Acho que sim.

— Então nós devemos acreditar que isso também é mera coincidência?

Sharon lança um olhar cheio de veneno ao promotor, mas não diz nada.

— As testemunhas especializadas nos disseram... não é verdade? Bem, nos disseram que os tênis de corrida recuperados de sua casa tinham traços de brita de ferrovia encrustados nas solas.

A advogada de defesa se levanta.

— Excelência, já foi determinado, e confirmado por testemunhas, que minha cliente corria em Port Meadow e costumava usar a passagem de nível para chegar lá, antes que fosse fechada. Há, portanto, uma explicação perfeitamente plausível para a presença de brita nos tênis.

Ela olha para o júri, reforçando esse detalhe, então volta a se sentar.

O promotor tira os óculos.

— Não obstante a intervenção da dra. Kirby, eu lhe digo, sra. Mason, que a imagem que temos na tela é uma imagem *sua*. Usando as roupas fluorescentes de seu marido, com o rosto e o cabelo escondidos, empurrando um carrinho de mão contendo o corpo de sua filha. A senhora usou as roupas e as luvas *dele*, luvas que mais tarde descartou na Loughton Road. Mas seria impossível usar as botas dele, que são tamanho 43, considerando que a senhora calça apenas 36. Por isso os tênis de corrida.

— Não sou eu, já disse. Eu não estava lá.

— Então onde a senhora estava às cinco da tarde daquele dia? Na hora mostrada na tela?

— Em casa — responde ela, entrelaçando os dedos das mãos. — Eu estava em casa.

— Mas isso não é verdade, é? A senhora contou à polícia que deixou seus filhos sozinhos em casa naquela tarde e saiu de carro por pelo menos quarenta minutos. E essa — indica ele com o apontador — é exatamente a hora mostrada nas imagens de vídeo.

— Precisei ir ao mercado — diz ela, de cara fechada. — Fui comprar maionese. Para a festa.

— Mas a senhora *diz* que não encontrou, por isso não há nenhum registro dessa compra. E ninguém se lembra da senhora na loja à qual disse que foi, não é?

— Isso não prova que eu não fui lá.

— Também não prova que *foi*, sra. Mason. Pelo contrário: a Promotoria da Coroa defende que a senhora utilizou esses quarenta minutos para ir até o estacionamento ao lado da passagem de nível e enterrar o corpo de sua filha no entulho da antiga passarela. Entulho que, a senhora *sabia*, depois de receber convenientemente um folheto em sua casa, seria recolhido naquela mesma noite.

Ele clica no controle remoto, e então uma imagem de Daisy aparece na tela. Ela está sorrindo. Um sorriso charmoso e banguela. É de três dias antes de seu desaparecimento. Então ele ergue um saco plástico.

Há expressões de espanto em meio ao público, e um ou dois jurados levam a mão à boca.

— Prova 19, Excelência. A análise de DNA provou que esse dente pertencia a Daisy Mason. Como ouvimos antes, ele foi encontrado no cascalho do local, perto daquela pilha de entulho, por uma equipe de busca da Polícia de Thames Valley. — Ele pega o apontador novamente e gesticula na direção da tela. Uma marca vermelha aparece, marcando o ponto. Então se vira para o júri. — Tenho certeza, senhoras e senhores, de que Daisy esperava deixar isso embaixo do travesseiro como qualquer outra garotinha. Talvez vocês mesmos tenham filhos, que fizeram o mesmo. Mas nenhuma fada vai aparecer para recolher isso, não é, sra. Mason?

A advogada de defesa se levanta.

— Isso é mesmo necessário, Excelência?

A juíza olha por cima dos óculos para o promotor.

— Continue, dr. Agnew.

Ele faz uma mesura.

— Então, sra. Mason, vamos recapitular. Se foi seu marido quem matou sua filha, há apenas duas possibilidades. Ou ele a matou depois de chegar em casa às cinco e meia, ou ele voltou mais cedo naquela mesma tarde, enquanto a senhora estava em sua busca infrutífera por maionese. Nós podemos eliminar a primeira alternativa, porque o horário não bate com a prova do vídeo. Sendo assim, se ele a matou nesse momento, isso aconteceu enquanto a senhora estava em casa, e a senhora, portanto, deve tê-lo ajudado a encobrir isso, já que não relatou o crime à polícia. Suponho que a senhora *não* tenha sido tão conivente, não é mesmo?

— Não.

— Nós, portanto, ficamos com os quarenta minutos em que a senhora esteve fora de casa. Entre aproximadamente 16h35 e 17h15. Durante esse tempo, seu marido teria que voltar para casa, se dar conta de que inesperadamente a senhora não estava, aproveitar a oportunidade para matar sua filha, embalar o corpo com tanto cuidado que nenhum traço foi deixado em sua picape e sair. Tudo em quarenta minutos. Ele, então, teria que ir de carro até o estacionamento, botar Daisy no carrinho de mão onde, de forma um tanto inexplicável, *conseguiu* deixar provas, e esconder o corpo dela na pilha de entulho antes de jogar as luvas na caçamba, remover a roupa fluorescente e voltar para casa antes das 17h30. Isso é muita coisa. Será que ele já pensou em participar daqueles game shows de corridas em supermercados?

O público dá algumas risadas, mas a juíza nitidamente não acha isso engraçado. Agnew recomeça:

— Só que há uma falha nessa história, não há, sra. Mason? Porque a pessoa que enterrou o corpo, naquela hora e naquele lugar, a pessoa que podemos ver nesse vídeo, *não pode ser seu marido.*

Sharon se recusa a olhá-lo nos olhos. Suas bochechas estão coradas, mas seu rosto está pálido.

— Então quem é, sra. Mason?

— Eu não tenho ideia. Já lhe disse.

— Eu acho que a senhora sabe exatamente quem é. É *a senhora*, não é?

Ela empina o nariz.

— Não, não sou eu. Quantas vezes vou ter que repetir? *Não sou eu.*

***

19 de julho de 2016, 17h18
Dia do desaparecimento
Loughton Road, Oxford

A mulher encosta o carro no meio-fio e desliga o motor. Até agora, estava tudo bem. O trem das 16h58 estava no horário, e mesmo que ninguém no trem a tenha notado, ela tem quase certeza de que todas as cabines dos maquinistas têm câmeras atualmente. E, em relação ao carrinho de mão e ao que ela está vestindo, com certeza a polícia vai ter provas suficientes.

Agora, ela só tem que se livrar das luvas. E, para isso, precisa de mais uma testemunha. Uma mulher de meia-idade, de preferência. Uma bisbilhoteira. Elas são o tipo que percebe as coisas. É incrível como é difícil ser notada, mesmo quando você está querendo ser. As pessoas são distraídas demais. Todas tão absortas em si mesmas.

Ela abre a folha de jornal em seu colo e verifica as luvas. Podia tê-las deixado no ponto de travessia, mas você precisa dar à polícia alguma coisa para fazer em um caso de assassinato. Alguma coisa para solucionar, como as peças de um quebra-cabeça, de modo que eles possam montá-las novamente e achar que encontraram a resposta. Porque, na verdade, não havia outro jeito.

Tinha que ser assassinato.

Daisy precisava morrer.

***

— Então, sra. Mason — diz Agnew. — A senhora afirma que não é a pessoa nas imagens. Embora essa pessoa tenha exatamente sua altura. Embora essa pessoa tenha tênis de corrida idênticos aos seus. Embora essa pessoa esteja usando roupas fluorescentes iguais às que seu marido guardava em casa. Há um limite para tantas coincidências, sra. Mason.

— Qualquer um pode conseguir essas roupas.

Agnew dá um passo para trás, em um gesto exagerado de surpresa.

— Então a senhora quer *mudar a sua história*, sra. Mason? A senhora agora está sugerindo que foi *outra pessoa* que matou Daisy, e *não* seu marido?

— Bom, deve ter sido, não é? — Ela, agora, beira o sarcasmo. — Se não foi ele, deve ter sido outra pessoa. Mas com certeza não fui eu. *Não é minha culpa.*

— Entendi. E concordo que não é especialmente difícil obter uniformes de proteção fluorescentes. É possível comprar praticamente qualquer coisa na internet hoje em dia, com relativo anonimato. Mas como a senhora concilia isso com a linha do tempo neste caso? Sua filha desapareceu em algum momento na tarde de 19 de julho. Isso nós sabemos. Essas imagens foram feitas pouco antes das cinco da tarde. Isso nós também sabemos. A pessoa mostrada aqui devia, portanto, *já ter* uniformes de proteção à disposição. Além das pessoas realmente trabalhando na indústria da construção civil, há *poucas* pessoas a quem isso se aplica. Além da senhora, é claro.

A advogada de defesa se levanta, e a juíza gesticula com a cabeça em sua direção.

— Eu antecipo sua objeção, dra. Kirby.

— Eu retiro a última observação, Excelência — diz Agnew. — Mas tenho mais perguntas para a sra. Mason. Se a senhora agora está dizendo que foi algum sequestrador que pegou sua filha, por que se deu o trabalho de incriminar seu marido?

Sharon se recusa a olhá-lo.

— A senhora levou duas coisas para a polícia, não foi? Com o objetivo expresso de sugerir que seu marido estava molestando sua filha e, portanto, tinha motivo para matá-la. O cartão de aniversário incriminador, a prova número 7, que a senhora recuperou da lata de lixo depois que seu marido tentou jogar fora, e a fantasia de sereia que a senhora *disse* que ele tinha escondido no guarda-roupa, a prova número 8.

— Ele *escondeu*, era lá que estava, foi lá que eu a encontrei.

— A senhora também contou à polícia que não tinha ideia, até aquele momento, de que sua filha podia estar sendo abusada, não?

Silêncio. Agnew torna a botar os óculos e folheia as anotações.

— Essa afirmação está em contradição direta com o que seu marido já havia testemunhado. Ele diz que a senhora o acusou de ter algum tipo de fixação incestuosa com Daisy em abril de 2016, quando a senhora o confrontou em relação ao cartão de aniversário. E ainda assim a senhora não achou prudente contar isso a nenhuma autoridade competente.

Mais uma vez, silêncio. Sharon está apertando as mãos com tanta força que os nós dos dedos estão brancos.

— Foi vingança, não foi? — continua Agnew. — Pura e simples. A senhora descobriu que seu marido estava em um site de relacionamentos, conhecendo outras mulheres mais novas e dormindo com elas, e viu a oportunidade de se vingar dele incriminando-o pela morte de sua filha. A senhora deu à polícia material que o indicava como culpado e usou o uniforme de proteção fluorescente dele quando se livrou do corpo de Daisy, de modo que se alguém a visse ia supor que a pessoa que estava vendo não era uma mulher, mas um homem. Não a senhora, mas seu marido.

— Ele não estava só me traindo. Estava vendo pornografia. *Pornografia infantil.* — Ela se inclina para a frente e aponta para Agnew. — *Ele está preso por causa disso.*

Agnew ergue uma das sobrancelhas.

— Ah, mas a senhora na época não sabia que ele estava fazendo isso, sabia? A senhora só descobriu isso *depois* que Daisy desapareceu. Pelo menos foi isso que contou à polícia.

— Eu também não sabia que ele estava no site de encontros — retruca ela. — Como podia ser uma vingança se eu não sabia? Não sou *telepata.* Eu nem sabia que ele tinha aquele celular.

— Mas *sabia* que ele frequentemente voltava tarde do trabalho. *Sabia* que ele estava lhe dando desculpas cada vez mais esfarrapadas para essas ausências. E a senhora o acusou, por meses, e com regularidade monotemática, de ter um caso. Pode negar isso?

Sharon abre a boca, em seguida torna a fechá-la. Suas bochechas ficaram muito vermelhas.

— Então vamos repassar tudo mais uma vez, está bem? — informa Agnew. — Para que todos entendamos bem essa sua nova história. Pelo que entendi, a senhora estava em casa se preparando para a festa quando seus filhos chegaram da escola. Daisy às 16h15 e Leo às quatro e meia. Daisy ligou a música no quarto. A senhora descobriu com Leo que os dois tiveram algum tipo de discussão, mas não subiu para ver como Daisy estava. Logo depois das quatro e meia, a senhora saiu para comprar maionese, deixando as crianças sozinhas em casa. Às 17h15 a senhora voltou, sem a maionese. Mais uma vez, não subiu para ver como Daisy estava. Nem Leo, por falar nisso. Seu marido chegou às cinco e meia e também não subiu para ver as crianças. Os convidados começaram a chegar para a festa às sete, e durante a noite inteira a senhora viu a filha de uma vizinha correndo de um lado para outro com uma fantasia de margarida e não *percebeu* que não era sua filha.

Alguém no público grita "E tem o abuso!", e a juíza ergue o olhar rispidamente.

— Silêncio, ou vou mandar esvaziar a corte.

Agnew respira fundo.

— Quando *exatamente*, em meio a tudo isso, sra. Mason, sua filha desapareceu?

Sharon dá de ombros, evitando seu olhar.

— Deve ter sido quando eu saí.

— Então estamos de volta aos famosos quarenta minutos? A senhora quer que acreditemos que um pedófilo desconhecido, um intruso aleatório, por acaso escolheu *aquele exato momento* para invadir sua casa?

— Ela podia conhecê-lo. Ela pode tê-lo conhecido antes e deixado que entrasse. O *senhor* não a conhece. Ela *gostava* de guardar segredos. Ela *gostava* de fazer as coisas pelas minhas costas.

Quando ela diz isso, há mais um burburinho entre o público, e os advogados de defesa trocam olhares ansiosos.

— Na verdade — diz Agnew, virando-se para olhar o júri —, os membros do júri podem muito bem se surpreender com uma mãe que diz tais coisas da própria filha, da filha *morta*…

A dra. Kirby faz menção de se levantar novamente, mas Agnew rapidamente a detém.

— Eu retiro a última observação, Excelência. Mas vou, se possível, perguntar à ré se ela pode citar um exemplo, qualquer exemplo, de uma atitude *realmente* falsa por parte da filha.

— Bom — responde ela, rapidamente. — Ela estava vendo aquele meio-irmão nojento dela, só para começar. E eu não sabia *nada* sobre isso.

— E a senhora está pedindo ao júri que acredite nisso?

— Está me chamando de mentirosa? Nós não sabíamos. *Eu* não sabia. Eu teria dado um maldito fim nisso se soubesse.

Era uma armadilha, e ela caiu direitinho.

— Entendi — diz Agnew após uma longa pausa. — A senhora tem o hábito, sra. Mason, de *dar um fim* nas coisas de que não gosta?

Dessa vez, é a juíza quem intervém.

— O júri vai ignorar essa última observação. Continue, por favor, sr. Agnew.

O promotor consulta suas anotações.

— Não importa se a senhora sabia que Daisy estava vendo o meio-irmão, não foi Jamie Northam que foi até a casa naquele dia, foi, sra. Mason? Porque sabemos que ele estava a trinta quilômetros de distância, num ensaio de casamento em Goring. A senhora está dizendo que Daisy estava se encontrando com alguma outra pessoa também, que ela tinha uma segunda pessoa com quem se encontrava secretamente? Um pouco improvável, visto que era uma criança de oito anos sem celular nem acesso a computadores. E, mesmo que essa pessoa existisse, Leo não teria ouvido se ele tivesse chegado à porta naquela tarde ou invadido?

Sharon encara o promotor; sua raiva, agora, está perigosamente palpável.

— Ele estava com fones de ouvido.

Mas Agnew não reduz a pressão. Ele fez seu dever de casa.

— Mas, mesmo assim, ele com certeza teria percebido, com certeza teria lhe contado assim que a senhora voltasse. Afinal de contas — diz ele, encarando-a, reforçando cada palavra —, a senhora é mãe dele, *ele é seu filho…*

É a gota d'água.

— *Aquele garoto não é meu filho!* — As palavras saem antes que ela consiga contê-las. — E em relação a ouvir qualquer coisa ou fazer qualquer coisa, o senhor deve estar brincando. Tem *alguma coisa errada com ele*. Desde pequeno. Ele incendiou a porra da casa, pelo amor de Deus. Se alguém tem culpa, é a mãe dele. *Não eu*.

Kirby está novamente de pé, fazendo uma objeção, e as pessoas estão gritando e apontando. Passam-se quase cinco minutos até que a ordem seja restabelecida. E, durante todo esse tempo, Sharon fica ali sentada, arquejando.

— Então a senhora insiste em sua história — diz Agnew. — Que não viu Daisy depois que ela chegou em casa. A senhora não falou com ela nem a viu.

Ela enrubesce, mas não fala nada.

— Nesse caso, como a senhora explica isso? — Ele ergue outro saco plástico da mesa à sua frente. — Prova número 9, Excelência. Um pequeno cardigã de algodão encontrado embaixo da pilha de carrinhos de mão no estacionamento. Um cardigã que, como sabemos, foi identificado como o que Daisy Mason estava vestindo no dia de seu desaparecimento.

Ele aperta o controle remoto, e as imagens das câmeras de segurança do portão da escola aparecem na tela. Há mais expressões de espanto por parte da corte: a polícia não tinha liberado isso antes. Ninguém tinha visto essas imagens. Agnew deixa que eles assistam. Deixa que vejam Daisy viva, Daisy rindo, Daisy sob o sol. Então ele congela a imagem.

— Essa é a última vez que Daisy foi vista. O cardigã está amarrado em volta de seus ombros e, como podem ver, está completamente limpo. As duas mangas estão visíveis, e não há marcas.

Ele torna a erguer o saco com a prova.

— Sei que vai ser difícil que o júri consiga discernir, em meio à lama e à sujeira, mas análises comprovaram que há manchas de sangue na manga esquerda deste cardigã. E o sangue não é de Daisy. É de outra pessoa. E essa pessoa, sra. Mason, é a senhora.

Ele faz uma pausa, deixando que isso seja compreendido por todos.

— Então talvez possa nos dizer como seu sangue foi parar no cardigã. Poderia nos explicar, sra. Mason?

— Encontrei o cardigã na escada depois de ouvi-la chegar. Quando ia falar com ela. Então o peguei e o pendurei no gancho na entrada. Eu estava arrumando a casa. Para a festa. Não percebi que minha mão ainda estava sangrando, ou o teria posto na máquina de lavar.

— Então quando a senhora percebeu que o cardigã tinha desaparecido?

Ela olha para ele, então empina o nariz.

— Quando Leo chegou em casa. Eu simplesmente supus que ela tinha descido e o pegado.

— E a senhora nunca mencionou isso à polícia? Nem uma vez, em todas aquelas horas de entrevistas antes que eles a prendessem?

— Não achei que fosse importante.

A corte fica em silêncio. Ninguém acredita nela. Mas isso é tudo o que ela tem.

Há uma pausa muito, muito longa.

***

19 de julho de 2016, 16h09
Dia do desaparecimento
Barge Close, nº 5, cozinha

Ela sabia que ele estava mentindo. Havia algo na voz dele, os sons na ligação. Muitos ecos. Ele não estava em um lugar aberto, em um canteiro de obras; estava em um ambiente fechado. Um aposento com outras pessoas nele. Ela agora conseguia farejá-las. O ruído de fundo de suas mentiras.

Ela baixa o telefone com cuidado e olha para o chão da cozinha. A maionese está se solidificando em uma massa grossa e pegajosa, com moscas zumbindo ao redor. Há vidro por toda parte, estilhaços pequeninos triturados pelos pés. Quando a porta da frente se abre cinco minutos depois, Sharon está de quatro, recolhendo os pedaços com uma toalha de papel.

— Daisy? É você?

Sharon fica de pé e pega um pano de prato. Há sangue em suas mãos.

— *Daisy!* Você me ouviu? Venha cá agora!

Depois de algum tempo, Daisy aparece, arrastando a mochila pelo chão. A boca de Sharon se curva; há duas manchas vermelhas nas bochechas dela.

— Foi você que fez isso, não foi? — pergunta ela, gesticulando para a bagunça no chão. — Você foi a última na cozinha esta manhã. Só pode ter sido você.

Daisy dá de ombros.

— É só maionese.

Sharon dá um passo na direção dela.

— Eu fiquei *o dia inteiro* fora, fazendo compras e resolvendo as coisas para a festa, e agora preciso sair *de novo*, porque você não pôde se dar o trabalho de me contar o que fez. E, afinal de contas, o que diabos você estava fazendo mexendo na maionese? Ninguém come maionese no *café da manhã*. Ou isso é mais uma coisa que suas amigas chiques fazem? Mais uma coisa que somos simplesmente *grosseiros* demais para entender?

Daisy abre a boca, mas muda de ideia. Ela olha fixamente para a maionese, depois para a mãe. Seu nariz se empina em um gesto de desafio. As duas nunca se pareceram tanto.

— Você acha que é boa demais para esta família, não acha? — diz Sharon, caminhando na direção da filha. — Não ache que não sei por que a tal Portia e a tal Nanxi Chen não vêm hoje. Você tem vergonha de nós, não tem? Você empina esse narizinho nojento para a *própria família*, igual àquelas vaquinhas metidas. Como você ousa, *como você ousa...*

Daisy se vira para ir embora, mas Sharon se lança adiante e a segura pelo ombro, puxando o cardigã.

— Não dê as costas para mim, mocinha. Eu sou sua mãe, você vai me tratar com respeito.

Daisy se solta da mãe, e as duas ficam ali paradas por um momento, se encarando.

— A srta. Madigan nos contou — diz Daisy devagar, com seu rostinho pálido, incluindo os lábios — que respeito é algo que você precisa conquistar. Você o ganha por causa das coisas que fez. *Você* nunca fez *nada*. Você nem é mais *bonita*. É por isso que o papai está procurando outra pessoa. Ele vai arranjar uma mulher nova, e *eu* vou ter uma nova mãe.

Tudo acontece antes mesmo que Sharon saiba o que está fazendo. A mão erguida, o tapa doloroso, a marca vermelha-viva. Sharon cambaleia por um momento, horrorizada. Não apenas com o que fez, mas com a expressão no rosto da filha. A expressão fria, dura e triunfante.

— Você não é minha mãe — murmura Daisy. — Não mais. Prefiro *morrer* a ficar igual a você.

Então a menina se vira, pega a mochila e sai andando.

— Daisy? *Daisy! Volte aqui agora!*

Uma porta se fecha no andar de cima, e a música começa. *Bum bum bum* ecoando pelas paredes finas.

Sharon vai até a pia e se serve de um copo de água com a mão trêmula, e, quando se vira outra vez, Leo está ali parado, olhando para ela.

— Você está sangrando — diz ele.

***

Quando Agnew recomeça, é com delicadeza, quase com simpatia.

— Há outra versão do que aconteceu naquele dia, não há, sra. Mason?

Sharon vira o rosto.

— Durante os meses que levaram à morte de sua filha, a senhora tinha se convencido de que seu marido estava tendo um caso. Esse ciúme e essa suspeita tinham se tornado tão envolventes, tão perigosamente obsessivos, que a senhora perdeu toda a habilidade de pensar com racionalidade. Toda mulher para quem seu marido olhava, toda mulher que sorrisse para ele, reforçava essa mesma convicção terrível. A senhora tinha até começado a ver *sua própria filha* como uma rival em potencial, alguém que roubava o amor e a atenção que, a senhora achava, deviam ser seus por direito.

Sharon baixa a cabeça. Ela está chorando. Lágrimas secas e infelizes de autocomiseração.

— Então, naquela tarde, tudo chegou a um clímax. Seu marido telefonou para lhe dizer que ia chegar mais tarde do que havia prometido, deixando você com todo o trabalho para organizar a festa. Não só isso: a senhora estava convencida de que ele não estava com um cliente, como dizia, mas com outra mulher. Quem sabe, talvez a senhora tenha ouvido uma voz feminina ou os ruídos de taças de vinho ao fundo. O que quer que fosse, foi o bastante para fazê-la surtar. A senhora simplesmente não podia mais aguentar. Nesse estado mental amargo, raivoso e ressentido, subiu até o quarto de sua filha. E o que a senhora encontra? Encontra-a, ainda com o uniforme da escola, com seu cardigã rosa e bonito em torno dos ombros, prestes a experimentar uma fantasia. Uma fantasia completamente diferente daquela que a senhora tinha conseguido para ela, a um custo alto, e que percebeu nesse instante que ela a havia simplesmente dado para outra menina. O que ela disse, sra. Mason? Que o pai ia amá-la ainda mais se a visse de sereia? Ela disse que era mais bonita que a senhora?

A cabeça de Sharon se ergue bruscamente. "Não", articula ela sem emitir som. "Não. Não foi assim."

Mas ele ainda não terminou.

— Para qualquer outra pessoa, para qualquer outra mãe, um momento desses seria mundano, trivial. Mas não para a senhora. Para a senhora, foi o gatilho de uma fúria repentina que teria consequências apavorantes e irreparáveis. Porque aquela fantasia trouxe consigo, com a nitidez mais horrenda, outra menininha inocente que roubou a atenção que a senhora achava que deveria ser sua. Outra garotinha cujo pai a amava mais do que amava a senhora. Uma menininha bem parecida com Daisy. Sua irmã, Jessica.

— Excelência! — exclama Kirby, ficando de pé em um pulo. — Isso é extremamente prejudicial…

— Jessica! — continua Agnew, levantando a voz. — Que morreu, aos dois anos, em um acidente que ninguém conseguiu explicar. Morreu quando estava sozinha com *a senhora*. Morreu quando *a senhora* deveria estar cuidando dela. Essa é outra de suas "coincidências", sra. Mason, ou *duas* garotinhas morreram *em suas mãos*?

Sharon está balançando a cabeça; suas lágrimas estão furiosas. Furiosas, incrédulas e implacáveis.

— O que sua irmã estava vestindo quando morreu? — Ele se inclina para a frente. — *O que ela estava vestindo, sra. Mason?*

***

Página do Facebook de "Encontrem Daisy Mason"

Esta publicação é apenas para agradecer a todos que apoiaram a campanha #JustiçaParaDaisy. É difícil acreditar que sua própria mãe possa ter sido culpada de um crime tão horrível, mas pelo menos há a chance de um encerramento com o veredito. Nossos melhores sentimentos estão com o pobre Leo, que vai viver com as consequências do abuso dos Mason pelo resto da vida. Nós vamos encerrar esta página em aproximadamente uma semana, mas vocês ainda podem contribuir para o livro de condolências on-line.

Jean Murray, Frank Lester, Lorraine Nicholas e outras 811 pessoas curtiram isso

PRINCIPAIS COMENTÁRIOS
Nicola Anderson Soube que Leo foi levado para um lar adotivo. O menino não pode ficar com o pai de jeito nenhum, mesmo quando ele for solto.
Quarta-feira, 1º de fevereiro de 2017 às 10:22

Liz Kingston Espero que agora que temos um veredito Daisy possa finalmente descansar em paz e nós paremos de ver todas essas histórias estúpidas de pessoas dizendo que viram ela por aí. Vi três pessoas fazerem isso no Twitter só na semana passada.
Quarta-feira, 1º de fevereiro de 2017 às 10:23

Polly Maguire Eu vi algumas dessas também. Uma delas estava convencida de que tinha visto Daisy no porto de Liverpool, só que na verdade era uma criança de cabelo ruivo curto. Outra pessoa disse que a viu em Dubai, e outra em algum lugar no Extremo Oriente. Honestamente, as pessoas são muito irresponsáveis. Não ajuda o coitado do Leo ter todos esses boatos horríveis circulando por aí.
Quarta-feira, 1º de fevereiro de 2017 às 10:24

Abigail Ward Concordo, e só queria dizer que o melhor memorial para Daisy seria fazer doações para a Sociedade Nacional para a Prevenção da Crueldade contra as Crianças. A violência contra crianças tem que acabar. Você pode fazer uma doação aqui.
Quarta-feira, 1º de fevereiro de 2017 às 10:26

Will Haines Concordo. Ou uma obra de caridade que ajude crianças com Síndrome do Alcoolismo Fetal. Trabalhei com essas crianças, e elas precisam de muito apoio. Se é

realmente esse o problema de Leo, só espero que ele consiga o amor de que precisa.
Quarta-feira, 1º de fevereiro de 2017 às 10:34

Encontrem Daisy Mason Grandes ideias, um tributo adequado a duas crianças doces e inocentes.
Quarta-feira, 1º de fevereiro de 2017 às 10:56

Judy Bray Passei por aquela passagem de nível da ferrovia na semana passada e havia pilhas e pilhas de flores. As pessoas deixaram vasos de margaridas. Foi muito emocionante. Algumas pessoas no meu vagão começaram a chorar.
Quarta-feira, 1º de fevereiro de 2017 às 10:59

***

Dois dias depois do veredito, temos um dia inesperado de sol. Um dia de clima frio, belo de um jeito que as bordas suaves do verão nunca conseguem ser. Filetes de nuvens em formato de rabo de cavalo correm por um céu enorme e inacreditavelmente azul. Eu compro um sanduíche e vou andando até a área de recreação. Um grupo de meninos pequenos está correndo por ali atrás de uma bola, e há um casal muito idoso sentado na companhia um do outro em um banco do outro lado. É engraçado como homens velhos começam a se parecer com mulheres velhas, e mulheres velhas, com homens velhos. Como se a diferença entre os gêneros perdesse a força, ou mesmo a relevância, quando nos aproximamos de nosso fim. Eu não escuto Everett se aproximar. Ela me oferece um café.

— Se importa se eu lhe fizer companhia?

Eu, na verdade, me importo, mas dou um sorriso e digo:

— Claro que não. Sente-se.

Ela se senta, encolhida para se proteger do frio, com as mãos enluvadas enroscadas em torno do copo.

— Acabei de receber uma ligação de Gislingham — diz ela. — Eles esperam poder levar Billy para casa em breve. Os médicos estão muito satisfeitos com quanto ele está evoluindo bem.

— Isso é uma ótima notícia. Vou dar uma ligada para ele.

Há um silêncio.

— Você acha mesmo que foi ela? — pergunta Ev, por fim.

Então é isso.

— Acho — digo. — Acho, sim.

— Você não acha que ela foi condenada pelas razões erradas? Quer dizer, porque as pessoas os odiavam, e por causa do Twitter e de todo aquele abuso, em vez de por causa das provas?

Eu dou de ombros.

— Não tem jeito de saber isso. Tudo o que importa é que conseguimos o resultado certo, independentemente de como tenha acontecido. Mas não acho que havia nada de errado com as provas. Nós fizemos um bom trabalho, *você* fez um bom trabalho.

Ela olha para mim por um momento, então encara o parque. Duas gaivotas mergulham baixo acima do playground, e uma das crianças pequenas começa a chorar.

— Tem uma coisa que não consigo tirar da cabeça.

Eu dou um gole no café e expiro uma baforada de ar quente.

— O quê?

— Aquelas luvas. As que ela jogou na caçamba. Elas estavam enroladas em páginas do *Guardian*.

— E daí? O que tem isso?

— Quando nós a estávamos entrevistando, ela disse várias vezes: "Nós não lemos o *Guardian*, nós lemos o *Daily Mail*!" Ela não parava de dizer isso.

Eu sorrio, mas com simpatia. Isso tem origem na consciência, e é algo que vale ser cultivado nesse trabalho.

— Não acho que isso signifique nada, Everett. Ela pode ter encontrado um exemplar, comprado um exemplar. Podia até já estar na caçamba. Esses casos sempre têm pontas soltas, e vão deixá-la maluca se permitir. Então não deixe que isso preocupe você. Nós pegamos a pessoa certa. E, de qualquer forma, quem mais podia ter sido?

Ela olha para mim por um momento, em seguida baixa os olhos.

— Acho que você tem razão.

Nós ficamos sentados em silêncio, então ela se levanta e dá um sorriso para mim.

— Obrigada, chefe — diz ela, antes de tomar seu caminho de volta para o distrito. Devagar no começo, mas, enquanto a observo, seu passo se acelera. Quando está subindo a escada, é ela mesma outra vez, ágil, preparada e objetiva.

Quanto a mim, me levanto rigidamente, me dirijo ao carro e saio na direção do anel viário. Oito quilômetros depois, viro à direita na Kidlington High Street e paro em frente a um bangalô amarelado com seixos no reboco. Há tinas cheias de neve dos dois lados da porta e brinquedos de cachorro coloridos espalhados pelo jardim da frente. A mulher que atende a porta quando toco a campainha está na casa dos quarenta anos. Ela está usando um suéter de lã tricotado e uma calça de moletom e segura um pano de prato em uma das mãos. Posso ouvir uma velha canção pop dos anos 1980 no rádio ao fundo. Quando ela me vê, dá um sorriso largo.

— Detetive, que prazer. Eu não fazia ideia de que o senhor estava a caminho.

— Desculpe, Jean. Eu só estava passando e pensei…

Mas ela já está gesticulando para que eu entre.

— Não fique parado aí fora no frio. O senhor veio ver o Gary?

— Não é uma visita oficial, só queria ver como ele está indo. E, por favor, me chame de Adam.

Ela torna a sorrir.

— É bom que você ainda tenha interesse, Adam. Ele foi para o parque jogar futebol com Phil. Embora desconfie que o cachorro ache que tudo seja para seu próprio benefício. — Ela esfrega as mãos no pano de prato. — Me dê um segundo e vou botar a chaleira no fogo. Eles vão voltar a qualquer minuto, e Phil vai estar arfando. — Ela torna a sorrir. — Nós arrumamos o quarto de Gary desde a última vez que você esteve aqui, pode dar uma olhada, se quiser.

Ela desaparece na cozinha e eu fico ali parado por um momento, então dou alguns passos à frente e abro a porta. Há pôsteres de jogadores de futebol nas paredes, meias soltas emboladas embaixo da cama, uma capa de edredom do Chelsea, um Xbox e uma pilha de jogos. Uma bagunça. Uma bagunça feliz, comum e cotidiana.

A porta então faz barulho quando Jean a chuta para abri-la. Ela tem duas canecas de chá.

— O que você acha? — pergunta ela enquanto me entrega uma.

— Acho que você fez um trabalho fabuloso — digo. — E não estou falando da decoração. Tudo isso... é exatamente do que ele precisa. Normalidade. Estabilidade.

Ela se senta na cama e alisa a coberta com a mão.

— Não é difícil, Adam. Ele só precisava ser amado.

— Como está a escola nova?

— Bem. O dr. Donnelly e eu passamos muito tempo com sua professora anterior antes que ele começasse, falando sobre tudo. Ele ainda está se adaptando, mas estou com os dedos cruzados. Acho que vai dar tudo certo.

— E ele gostou de voltar ao nome original?

Ela sorri.

— Acho que o fato de ter um Gary no time do Chelsea ajuda bastante. Mas, sim, deixar "Leo" para trás é a melhor coisa que podia ter acontecido a ele. Em todos os sentidos. É um novo começo.

Ela sopra o chá e eu caminho até a janela e olho para o quintal. Há um gol no lado mais distante e algumas bolas de futebol sobre a grama enlameada. E, no batente da janela, um pratinho azul de porcelana. Do tipo em que você coloca chaves ou moedas. Mas nesse há apenas uma coisa. Uma coisa prateada que capta a luz. Parece algum tipo de amuleto, algo que você usaria em uma corrente ou uma pulseira. Dificilmente o que você esperaria que um garoto tivesse. Eu o pego e olho intrigado para Jean.

— Ah, a irmã deu isso para ele — explica ela. — E isso me lembra uma coisa. Gary quer mandar um e-mail para aquela detetive simpática. Everett, não é? Ele quer pedir desculpa por causar todo aquele transtorno no hostel. Essa coisa que você está segurando… é o que ele estava procurando quando aconteceu. Foi isso o que ele achou que tinha perdido.

— Sério?

Eu torno a olhar para aquilo, girando-o em minha mão. Ele tem a forma de um ramo de flores, ou folhas, mas pendurado de cabeça para baixo, como um visco de Natal.

— Deve significar muito para ele.

Ela assente.

— É alguma espécie de amuleto. Para afastar as coisas ruins. A professora de Daisy deu a ela, que o deu para Gary. É, no entanto, estranho mesmo assim.

— Por que diz isso?

Ela toma um gole de chá.

— Gary na verdade não quer falar sobre isso, e eu não o forcei, mas tive a impressão de que Daisy o deu para ele naquele dia, no dia em que desapareceu. Sinto um calafrio toda vez que penso nisso. Sei que parece loucura, mas é quase como se ela soubesse. Mas como ela podia saber, a pobrezinha?

Então há o barulho de chaves na porta, e a casinha de repente se enche com um clamor de vozes e o caos de um cachorro imundo.

— Jean, Jean, eu fiz três gols de pênalti! — grita ele, enquanto entra no quarto fazendo barulho, com um golden retriever saltitante logo atrás. — Um depois do outro: *bang, bang, bang!*

Então, ele para, porque percebeu que Jean não está sozinha. Suas bochechas estão rosadas de frio, e seu cabelo está mais curto que da última vez que o vi. Ele está sem a franja que o ajudava a se esconder, mas não precisa mais dela: ele me olha direto nos olhos. Percebo que está surpreso, porque não esperava me ver, mas só isso. Ele não está assustado; não mais.

— Oi, Gary — digo. — Só passei aqui para ver como você está. Jean diz que você está indo muito bem. Fico muito feliz em ouvir isso.

Ele se abaixa rapidamente para acariciar o cachorro atrás das orelhas.

— É bom aqui — diz ele, olhando para mim novamente.

E não consigo pensar em quaisquer outras três palavras que pudessem dizer mais. Não apenas sobre o passado, mas também sobre o futuro.

— Três gols de pênalti? — continuo. — Nada mau. Continue assim, e você vai ficar tão bom quanto aquele jogador que você gosta, qual é mesmo o nome dele? Ele bate pênaltis, não bate?

Gary dá um sorriso, e eu percebo, com um fantasma de autorreprovação, que é a primeira vez que o vejo fazer isso.

— Hazard — diz ele.

Quando volto para o carro, fico ali sentado por um momento, pensando. Sobre Gary, que recebeu uma segunda chance, e Daisy, que não recebeu. E sobre a segunda chance que eu nunca tive, e eu trocaria tudo o que já possuí para recebê-la.

Amanhã vai fazer exatamente um ano. Precisamente um ano. Daquele dia.

Estava chovendo pelo que pareciam semanas — as nuvens nunca se abriam. Cheguei em casa cedo, porque queríamos conversar com Jake e eu não queria fazer as coisas de forma apressada. Não queria que ele fosse para a cama com isso na cabeça. Tínhamos uma consulta com o psicólogo infantil no dia seguinte. Alex tinha sido radicalmente contra, insistindo que nossa clínica geral sabia o que estava fazendo, e Jake não se machucava havia semanas. Que nosso filho não era um "caso" que eu podia solucionar com minha mente, e aumentar as coisas agora podia deixar tudo pior. Mas eu insisti.

Eu insisti.

Eu me lembro de levar as latas de lixo para dentro, xingando os lixeiros por deixá-las espalhadas na entrada de carros. Eu me lembro de jogar as chaves na mesa da cozinha e de pegar a correspondência, perguntando onde estava Jake.

— Lá em cima — disse Alex, enchendo o lava-louça. — Ouvindo música. Diga a ele que o jantar sai em meia hora.

— E aí nós vamos falar com ele?

— E aí nós vamos falar com ele.

Nos meus pesadelos, eu subo os degraus rastejando, consciente de que há uma catástrofe terrível da qual apenas a velocidade pode me salvar, mas incapaz de me movimentar mais rápido que chumbo dentro d'água. A porta entreaberta. O crepúsculo. O brilho da tela do computador. A cadeira vazia. Os segundos terríveis e agradáveis enquanto estou ali parado, sem saber. Pela última vez, sem saber. Então dou meia-volta, supondo que ele deve estar no banheiro, em meu escritório…

Enforcado
Ali
A faixa do roupão parcialmente enterrada em seu pescoço…
As marcas vermelhas em sua pele…
Aqueles olhos…

E eu não consigo salvá-lo. Não consigo descê-lo. Não consigo fazer com que o ar entre em seus pulmões. Não consegui chegar cinco minutos antes. Porque isso foi tudo. Cinco minutos. Foi o que os médicos disseram.

Aquelas malditas latas de lixo.

Meu menino.

Meu menino muito, muito precioso e perdido.

EPÍLOGO

17 de agosto de 2016, 10h12
29 dias depois do desaparecimento

O *ferry boat* toca seu apito à medida que ganha velocidade e sai das docas de Liverpool na direção do mar da Irlanda. As gaivotas mergulham e alçam voo em torno da embarcação, gritando e circulando. Apesar do sol, há uma brisa fria no convés de observação, onde Kate Madigan está parada junto à amurada, olhando para as nuvens, para outros barcos, para as pessoas no cais ficando cada vez menores à medida que o barco se afasta. Algumas delas estão acenando. Não para ela, ela sabe disso — as pessoas sempre acenam para barcos —, mas isso se soma, da mesma forma, à sensação de finitude. À sensação de que toda uma existência está recuando com a água, metro após metro cintilante.

Porque agora não há retorno. Nunca mais. Ela respira fundo com a sensação de alívio e sente o ar puro encher seus pulmões, limpando sua alma. Ela ainda não consegue acreditar que as duas escaparam. Depois de todas aquelas semanas de mentiras e ocultações, de ficar deitada na cama à noite, com o coração batendo forte, esperando pelas pancadas na porta. E, mesmo hoje, suas mãos estavam tremendo quando ela dirigiu até o terminal do *ferry boat*, esperando ver a polícia à espera. Bloqueando o caminho de fuga, negando a elas sua nova vida preciosa. Mas não havia nada. Não havia aquela pequena detetive valente e determinada; nem aquela mulher com o cabelo sem graça e os olhos alertas e inteligentes, e as perguntas que chegaram muito perto de atingir o alvo. Nada. Apenas um jovem tripulante para verificar suas passagens e liberá-las com um aceno.

E elas estão *livres*. Os riscos que correu; o planejamento, o cuidado, a antecipação de todos aqueles detalhes fatais e traiçoeiros, tudo valeu a pena. E, sim, outras pessoas pagaram o preço, mas, até onde ela sabia, elas receberam apenas o que mereciam. Uma mãe que economizava seu amor e um pai que o perverteu. Quem pode dizer qual dos dois causou mais estragos? Qual merecia o maior castigo? Sua avó costumava dizer que Deus garante que seus pecados o encontrem, e talvez, nesse caso, fosse verdade. Os vídeos no celular dele, o sangue no cardigá: nada disso podia ter sido previsto, mas ambos foram devastadores. Quer fosse por intervenção divina ou dela própria, a justiça tinha realmente sido feita. O pai foi pego em uma situação criada por ele mesmo e a mãe por uma armadilha que a capturou do mesmo jeito que libertou sua filha. E isso era tudo o que importava no fim: não quem foi condenado, mas a verdade da morte, a crença nela. Porque com isso todas as buscas iam terminar. E em relação ao garoto, bom, ela verificou. Discretamente, para não chamar atenção. Mas na verdade, em sua posição, como professora da irmã dele, era natural que ela quisesse saber. E ela *queria saber*, queria ter certeza. E disseram a ela que ele está bem. Na verdade, mais do que bem. Todos concordam que foi a melhor coisa que poderia ter acontecido. Porque agora ele também está recebendo o que merece: uma segunda chance. A mesma chance milagrosa, contra as probabilidades e capaz de mudar uma vida que ela tem agora.

— *Mamãe, mamãe!*

Ela se vira e vê uma garotinha correndo na sua direção, com o rosto iluminado de alegria. Kate se agacha e a abraça, balançando a criança com delicadeza e carinho, sentindo seu hálito cálido no rosto.

— Você me ama, mamãe? — sussurra a menina, e Kate se afasta e olha para ela.

— Claro que amo, querida. Muito. *Muito mesmo.*

— Tanto quanto sua outra filhinha? — Há certa ansiedade em sua voz.

— Amo, querida — diz Kate com delicadeza. — Amo vocês duas do mesmo jeito. Meu coração se partiu por algum tempo quando ela morreu, porque ela ficou muito doente e eu não consegui salvá-la. Por mais que eu tentasse, por mais que eu me esforçasse. Mas eu *posso* salvar *você*. Ninguém nunca mais vai machucá-la — diz ela, acariciando os cachos macios e ruivos da menina, agora tão parecidos com os seus. — Porque agora sou sua mãe.

— Ninguém mais acreditou em mim — sussurra a menininha. — Só você.

Os olhos de Kate se enchem de lágrimas.

— Eu sei, querida. Fico muito triste por você não ter tido mais ninguém com quem pudesse conversar, ninguém que a amasse como você merece. Mas tudo isso acabou. Você foi muito corajosa e inteligente. Pegar as luvas, guardar o dente que você perdeu... Eu nunca teria pensado em nada disso.

Ela toma a criança nos braços e a abraça, agora mais forte.

— Eu *prometo* que nunca vão encontrar você. Eu *nunca* vou perder você. Você não vai se esquecer disso, vai?

Ela sente a menininha balançar a cabeça.

— Então — diz ela, esfregando os olhos e segurando a mão da criança —, vamos dar um último adeus à Inglaterra?

Elas se aproximam da amurada ao pôr do sol. A menina, agora, está com os olhos arregalados de empolgação, apontando, rindo, acenando para o *ferry boat* que passa por elas no caminho inverso.

No convés, a alguns metros de distância, uma senhora idosa está sentada em sua cadeira de rodas com cobertores arrumados em torno dos joelhos. Ela olha com simpatia para a menina.

— Você está se divertindo muito, está mesmo.

A criança olha para ela e assente com vigor, e Kate sorri.

— Estamos a caminho de Galway — diz ela, feliz. — Eu tenho um trabalho lá. Sabrina está ansiosa por esta viagem de *ferry boat* há meses.

— Sabrina? — diz a mulher. — Que nome bonito. Tem, também, um belo significado. Sempre digo que é bom ter um nome que signifique alguma coisa. Sua mãe lhe contou o que ele significa?

A menina torna a assentir.

— Eu adoro. É como um segredo. Eu gosto de segredos.

Então ela sorri. Um sorriso charmoso e banguela.

AGRADECIMENTOS

Oxford deve ser uma das cidades mais ficcionalizadas no mundo, então você pode imaginar meu medo de ousar acrescentar mais um romance — e, especificamente, um romance policial — ao grande número dos já escritos sobre o lugar onde tenho a sorte de morar. Espero que a Oxford de *Onde está Daisy Mason?* pareça real para qualquer um que a conheça, e meus leitores sem dúvida serão capazes de encontrar muitas das ruas e muitos dos prédios que menciono em um mapa da cidade — também é digno de nota que muitas das ruas laterais e outras locações específicas sejam de minha própria invenção. E, é claro, qualquer semelhança com pessoas reais que de fato morem aqui é mera coincidência. Nomes de usuários de Twitter foram criados com dezesseis ou mais caracteres para evitar qualquer identificação acidental com contas verdadeiras. Se há alguma semelhança com nomes de usuário reais, não foi intencional.

Algumas palavras de agradecimento para as pessoas que ajudaram a fazer com que este livro fosse publicado. Primeiro para minha agente incrível, Anna Power, para minha adorável editora na Viking, Katy Loftus, e também minha copidesque com olhos de águia, Karen Whitlock. Para meu marido, Simon, por perguntar "Por que você não escreve um livro policial?" naquela praia no Caribe. E para meu querido amigo Stephen, por ser, como sempre, um de meus primeiros leitores.

Em relação aos profissionais, gostaria de agradecer ao detetive Andy Thompson, da Polícia de Thames Valley, por suas observações e seus conselhos extremamente úteis; e a Joey Giddings, meu próprio e muito inteligente "CSI". Aprendi muito com eles, e *Onde está Daisy Mason?* é um livro muito melhor devido à ajuda dos dois.

Também gostaria de agradecer ao advogado Nicholas Syfret, Conselheiro da Rainha, que foi uma mina de informação sobre procedimentos da corte e os elementos jurídicos da história.

Obrigada, também, ao professor David Hills, por toda a sua ajuda com os aspectos técnicos de engenharia e construção; e ao dr. Oli Rahman, por responder tão pacientemente (se me perdoa o trocadilho) as minhas perguntas médicas. É desnecessário dizer que, se restam alguns erros, são todos de minha responsabilidade, e não das pessoas que foram gentis o suficiente para me ajudar.

DIREÇÃO EDITORIAL
Daniele Cajueiro

EDITOR RESPONSÁVEL
André Marinho

PRODUÇÃO EDITORIAL
Adriana Torres
Suelen Lopes

REVISÃO DE TRADUÇÃO
Carolina Vaz

REVISÃO
Mariana Bard

PROJETO GRÁFICO DE MIOLO E DIAGRAMAÇÃO
Larissa Fernandez Carvalho

Este livro foi impresso em 2024, pela Vozes, para a Nova Fronteira.
O papel do miolo é Avena 80g/m2 e o da capa é cartão 250g/m2.